학교를 철학하다

학교를 철학하다

사토 마나부의 학교개혁의 철학

사토 마나부 지음 · 신지원 옮김

學校改革の哲學

♀️에듀니티

故 이나가키 타다히코 선생님께 바칩니다.

교육이라는 영위는 그 자체가 철학적 실천이며 교육실천은 철학적 사상에 의해 수행된다. 이 책은 '배움의 공동체'를 통한 학교개혁의 기초이자 추진력이 된 나의 철학적 탐구에 관한 논문들을 수록한 것이다. 내 대부분의 학술 논문은 총 5부작의 책에 수록되어 있다. 『교육과정의 비평-공공성의 재구축을 향해-』(1995년), 『교사라는 아포리아-반성적 실천을 향해-』(1996년), 『배움의 쾌락-대화적 실천을 향해-』(1999년), 이 책인 『학교개혁의 철학』(2012년) 그리고 『교육사상의 탈구축』(출간 예정), 이렇게 5권이다. 학술논문을 편찬한 이 5부작은 한국에서는 아직 출판되지 않았고, 이 책이 첫 출판이 된다.

아이들의 배울 권리를 중심으로 수업을 바꾸고, 나아가 학교를 바꾸는 개혁은 현실과의 생생한 격투이며, 더욱이 이것은 육체의 격투가 아닌 지성과 사상을 통한 격투이다. 이러한 격투의 실천이 나를 철학적인 사색과 탐구로 인도해주었다. 따라서 나의 철학연구는 통상적인 교육 철학의 연구와는 궤를 달리하며, 교육학의 경계를 넘어 탈영역적인 탐구로서 구체화되어 왔다. 이 책에서도 역사학, 철학, 윤리학, 정치학, 문학비평 등 전문적인 학술지나 학술서에 집필한 논문이 다수를 차지하고 있다. 이 책을 읽어보면 그 모든 것이 나의 교육학과 '배움의 공동체'의 철학에 있어서 필요불가결한 탐구였다는 것을 이해할 수 있을 것이다.

한국에서의 이 책의 번역과 출판의 계획을 들었을 때, 그 작업이 얼마나 어려울지를 상상해보곤 말을 잃었었다. 문학비평을 비롯하여 이 책에 담긴 대부분의 논문들은 일본어로밖에는 표현할 수 없는 섬세한 표현으로 서술되어 있다. 더욱이, 이 책의 지식영역은 인문학과 사회과학 전반에 이른다.

그러한 성격을 가지는 이 책의 지극히 어려운 번역을 수행해준 신지원 씨에게 깊은 감사의 인사를 건네고 싶다. 신지원 씨는 일본어와 한국어 양쪽의 언어 환경에서 자라, 도쿄대학의 내 연구실에서 한국에서의 '배움의 공동체 학교개혁'을 주제로 박사논문을 집필한, 뛰어난 젊은 연구자이다. 이러한 경력으로 보아, 신지원 씨는 이 책의 최적의 번역자이며 실제로 그녀가 아니었다면 이 책의 번역은 불가능했을 것이라 생각한다. 또한 이 책을 출판하게 해주신 에듀니티의 김병주 대표께 감사드리고 싶다. 그의 따뜻한 지원이 없었다면 나의 많은 저서가 한국의 독자와 만날 수 없었을 것이다.

이제까지 한국의 많은 교사, 교육 행정 관계자, 학자, 지식인 들과의 만남을 되돌아보면, 이 책은 일본에서의 인기 이상으로 한국에서 사랑받지 않을까 생각된다. 이 책을 계기로 국경을 넘은 지적인 대화가 앞으로 더욱 풍성해지기를 바란다.

2018년 11월 15일

저자 사토 마나부

들어가며 ————

교육 사상은 모두 철학적 탐구의 성격을 가지고 있다. 교육적인
행위나 경험의 의미를 사유하며 전개되는 교육실천 연구에서는 더
욱더 그렇다. 교육의 실천이나 연구의 기초에 철학이 있다는 것만
이 아니다. 교육의 실천이나 연구 그 자체가 철학적 실천이며, 철학
적 탐구로서 성립한다. 이제까지의 나의 모든 교육연구에서 철학적
사유와 탐구는 언제나 떼어낼 수 없는 것이었고, 때로는 그것이 주
된 모티브가 되어 선도적인 아이디어가 되었다. 교육과정의 철학,
교사의 철학, 수업의 철학, 배움의 철학, 교육적 사고의 철학 등이
그것이다. 그들 중 대표적 논문은 이제까지 3부작(『교육과정의 비평 –
공공성의 재구축을 향해–』, 『교사라는 아포리아 – 반성적 실천을 향해–』, 『배움
의 쾌락 – 대화적 실천을 향해』)로 발간하여 다행히도 학술서답지 않게

많은 사람이 애독해 주었다.

이 책은 그 속편으로 내 논문 중에서도 철학적인 성격이 강한 것을 선별하여 편찬했다.

본서는 1부 '학교의 철학'과 2부 '철학적 단상'으로 구성되어 있다. 1부는 학교라는 장치를 읽어내기 위한 역사철학, 학교개혁의 기초가 되는 배움의 철학, 교육문화의 철학, 교육의 공공성의 기초가 되는 듀이의 정치철학 및 배움의 공동체 철학을 다룬 논문이 들어 있다.

2부는 시리즈 『경계를 넘는 앎』(越境する知)(도쿄대학출판회)을 편집하여 각각의 권에 주제를 제시하는 철학적 단상을 수록했고, 더불어 내 교육연구에 결정적인 영향을 준 키사라기 코하루如月小春, 츠모리 마코토 津守真, 이나가키 타다히코稲垣忠彦의 사상에 대해 논한 글과 '나'라는 1인칭의 네러티브에서부터 미야자와 켄지의 문학에 대해 해독한 글을 담았다. 2부의 각 편들은 직접적으로 '학교개혁의 철학'을 논한 것은 아니지만, 내 교육 탐구의 기저에 영향을 준 철학적인 사색을 다루고 있어 본서에 수록하기에 적절한 논문이라 생각한다.

본서의 각 장은 실험적이며 도전적인 창의로 집필된 논문이며, 다른 저작의 어떤 논문보다도 개인적인 애착이 크다. 스릴 넘치는 사고실험 시도의 일단을 즐겨주신다면 행복하겠다.

2부 · 철학적 단상

일러두기

– * 로 표기한 주석은 역자와 편집자가 붙인 것으로, 각각 '역주'와 '편주'로 구분하
  여 표기했습니다.

– 본서에 등장하는 '미야자와 켄지'는 그간 외래어 표기법에 따라 '미야자와 겐지'로
  번역되어 왔으나, 본서에서는 현지 발음에 따라 '미야자와 켄지'로 표기했습니다.

– 시 · 노래 · 영화 · 방송프로그램 · 논문 · 문서 제목은 「 」로, 잡지와 단행본 등 출
  판물은 『 』로, 합창극은 《 》로 묶었습니다.

1부

학교의 철학

1장

교향(交響)하는 배움의 공공권(公共圈)

──────── 신체의 기억에서 근대의 탈구축으로 ────────

　　교육의 장치를 내부에서부터 개혁하려 할 때 교육이라고 불리는 현상과 실천 사이에서 뚜렷한 윤곽의 신체가 그 모습을 드러낸다. 학교와 교실이라는 장소는 〈신체가 없는 말〉과 〈말 없는 신체〉가 경쟁하고 충돌하며 처절하게 싸우는 날이 반복되는 전쟁터이다. 당연히 교육이라는 영역에서 수행되고 있는 실천은 그 자체가 신체 기법일 수밖에 없다. 아티큘레이션articulation*의 하나로서 문화의

────────────

* 아티큘레이션이란 서로 다른 교육단계나 교육프로그램의 각 요소 및 각 단위 사이에 존재하는 상호접속 및 상호의존을 의미하는 전문용어로 20세기에 들어서 미국의 교육계에서 승인되어 쓰이게 되었다. 아티큘레이션이라는 단어는 본래 뼈와 뼈를 잇는 것, 혹은 그 접합점을 나타내는 '관절'이라는 의미와 장단을 넣는 것과 같은 음성학상 '분절화'라는 두 개의 의미를 갖고 있다. 이러한 어원으로 봤을 때 아티큘레이션은 무엇과 무엇을 '연결'함과 동시에 '구분'한다고 하는 불연속적인 면을 동시에 가진 것이라고 말할 수 있다. 이는 교육학에서의 아티큘레이션을 이해하는 데에 기본이 된다. 왜냐하면 아티큘레이션은 기존의 학교와 기성의 교육단계를 단순히 연결하는 것으로 끝나지 않고 각 학교 단계를 적절하게 나누고 구분한다는 것도 함께 연구되어야 하기 때문이다. ─편주

전승이나 배움이라 불리는 행위가 있고, 그 행위의 양식을 발견하고 탐구하고 비판하고 창조하는 것이 교육학pedagogy이라는 학문을 영위하는 것이라고 믿게 되었다.

개별적인 신체의 아티큘레이션의 발견은 역사와 교육의 관계에 대해서도 새로운 인식을 가져다주었다. 한편에 역사가 있고 다른 편에 교육(문화의 전승과 배움)이 있는 것이 아니다. 문화의 전승과 배움이라는 신체의 아티큘레이션의 작용으로 묻혀 있던 역사가 나타나고 창조되는 것이다. 개별적인 신체의 아티큘레이션의 궤적이 역사 그 자체이며, 그 창조의 행위 속에 교육이라는 실천도 포함되어 있는 것이다.

1. 오프닝

1997년 10월 5일 니가타현新潟県 오지야 소학교小千谷小学校의 아이들 950명, 교사 40명, 학부모와 시민 200명에 의한 합창극《학교의 창생》(각본/연출 · 사토 마나부, 작곡/편곡 · 미요시 아키라)이 시민과 교사 약 2,000명을 초대한 자리에서 막을 올렸다. 일본 최초의 공립학교인 이 학교의 창립 130주년을 기념하여 만든, 합창이 곁들여진 구성극의 첫 무대였다.

무대는 오프닝 주제곡의 합창으로 막이 오르면서 오지야시의 중심을 흐르는 시나노 강 기슭에서 4명의 아이가 바람 속의 목소리를 듣는 장면으로 시작된다.

마미: 얘들아 다 왔다. 이제 그 목소리를 들어볼까?

토시코: 그래, 다들 귀 기울여 봐.

마사미: 난 아무것도 안 들려. 바람 소리밖에 안 들려.

카즈야: 나도 강 소리하고 바람 소리밖에 안 들려.

마미: 눈을 감아봐. 귀를 기울여보면 바람 소리 속에… 아주 저 멀리에서.

마사미: 아, 바람 속에 아이들의 목소리가.

카즈야: 아, 나도 들려. 바람 속 아이들 목소리.

마미: 그렇지? 들리지? 바람 속에 아이들의 목소리가… 좀 더 귀를 기울여 봐.

토시코: 웃음소리랑 속삭이는 소리, 노랫소리, 그리고 무서운 소리도 들려. 신음 소리나, 외치는 소리….

카즈야: 흐느껴 우는 듯한 소리도 들려.

마사미: 맞아 후욱, 후욱하고. 하지만 끊겨서 들려서, 울고 있는지 외치고 있는지, 노래하는 건지… 나는 잘 모르겠어.

마미: 부드러운 바람이 불 때는 살짝 속삭이는 듯한 소리도 들려. 끊겨서 들리지만.

카즈야: 우리가 바람 속 목소리에게 말을 걸어볼까?

마미: 그래, 바람을 향해 소리쳐보자. (일제히) 거기 누구니? 대답해줘.

조명이 꺼지고 어둠 속에서 함성, 그리고 대포 소리와 총 소리. 4명의 아이들은 무대 밖으로 사라지고 보신전쟁戊辰戰争*으로 초토화된 나가오카長岡에서 도망쳐 온 아이들이 강 건너편에서 '여기야, 여기!' 하고 대답하며 무대에 등장한다.

오지야 소학교는 메이지원년(1868) 10월 1일에 창설되었다. 오지야의 직물 상인인 야마모토 히로키山本比呂伎는 전쟁으로 집을 잃고 떠돌던 나가오카번의 아이들을 데려와 교육하기 위해서 전재산을 털어 진덕관振德館을 개설했다. 두 번에 걸친 건백서建白書**에 의해 카시와사키현청柏﨑県庁의 인가를 받았다.

일본의 연호가 '게이오'에서 '메이지'로 바뀐 1868년 10월 1일의 일로, 일본 최초의 공립학교 탄생이었다. 당시 신정부는 '반역자의 자녀'를 돕지 말라는 보호금지령을 내려 '반역근절'을 강화했는데, 오지야로 피신한 고아들은 모두 사내아이들이었다. 여자아이들은 유괴되기도 하고 팔려가기도 했다고 한다. 야마모토는 건백서를 제출하면서 극형을 각오했다. 부인과 자녀를 병으로 잃은 야마모토는 전쟁의 소용돌이에 휘말려 부모를 잃고 떠도는 아이들에게 자신의 전재산과 인생, 모두를 바치기로 결심한 것이다.

'오지야교 진덕관小千谷校 · 振德館'의 창설은 교육사의 통설을 뒤

---

* 1868~1869년 일본에서 왕정복고를 거쳐 메이지 정부를 수립한 사츠마번(薩摩藩), 쵸슈번(長州藩), 도사번(土佐藩) 등을 중심으로 한 신 정부군과, 구 막부 세력 등이 대립한 내전.-역주

** 정부 등이 자신의 의견이나 취지를 설명한 글.-역주

집은 사건이다. 일본의 공립학교 창설은 지금껏 1868년 10월에 학교 설립 취지를 밝히고 1869년 2월에 설립된 교토후반쵸京都府番町의 교토소학교, 혹은 1868년 12월에 개교한 누마즈사관학교부속소학교沼津兵学校附属小学校가 최초라고 알려져 있었고 공립학교의 보급은 학제가 공포된 1872년 이후라고 일컬어져 왔다. 그러나 '오지야교 진덕관'은 교토 소학교가 개설되기 4개월 전, 누마즈사관학교부속소학교가 개설되기 2개월 전에 창설되어 공립학교 인가를 획득했다. 일본 최초의 공립학교가 신정부에 의한 학교 설립 시책 이전에 지역이 주체가 되어, 그것도 아이들의 보호와 구제의 공공권으로서 창설되었다는 사실은 종래 교육사의 상식을 넘어서는 사건이다.

이 학교의 역사는 오지야 사람들에게조차 알려지지 않고 묻혀 있었다. 야마모토의 두 권의 건백서—오지야교 진덕관의 창설을 자세히 기록한 「학교일지」, 학교 창립시기의 사정을 기록한 「오지야 민정국 일지」—가 발견된 것은 『오지야시사小千谷市史』(상·하, 자료집, 1969)의 편찬 과정에서였다. 옛 교사의 창고에서 사료를 발견한 쿠와하라 요시타로桑原芳太郎 교장도 이들 사료의 존재에 놀라 도쿄대학의 사료편찬소에서 감정을 받을 때까지는 섣불리 믿을 수 없었다고 했다.

나는 이 학교의 역사를 도쿄대학 교육학부 도서관에 있는 『오지야소학교사』(상·하, 1977)를 읽고 알게 되었다. 호시노 하츠타로星野初太郎 교장이 집필한 역작이었다. 근대교육사 연구의 골격을 형성한 카이고 토키오미海後宗臣(도쿄대학 교육학부 창설의 중심인물)는 오지야 소학교에 대한 조사를 2차 세계대전 직후에 실시했지만, 그 시점에서는 이 자료들이 발견되지 않은 상태였다. 카이고의 문하생이었던 이나가키 타다히코稻垣忠彦(도쿄대학 교육학부 명예교수)가 『오지야소학교사』를 도서관으로 가져왔고 이나가키의 제자였던 내가 이 책을 보게 된 것이다. 그러나 오지야 소학교 창설의 역사적 의의를 재확인한 것은 이 학교의 히라사와 켄이치平澤憲一 교장으로부터 '일본의 가장 오래된 학교에서 가장 새로운 교육에 도전하고 싶다'는 취지의 편지를 받고 학교개혁의 컨설팅을 개시한 1995년부터이다. 현장조사와 역사연구라는 두 가지 방법으로 '경계를 넘는 교육학'을 모색하고 '행동하는 교육학자'로서의 자세를 모색해 온 내게 오지야 소학교와의 만남은 우연이라고는 해도 운명적인 것이었다.

2. 신체의 시학詩学과 정치학

합창극《학교의 창생》은 오프닝 주제곡 「당신에게」의 합창으로 막을 올린다.

당신에게

작사 · 사토 마나부, 작곡 · 미요시 아키라

나뭇잎 사이로 새어나온 빛이 일렁이는 마당에 바람은 춤춘다
이 바람에 실어 나는 전하고 싶어라
하나의 말 하나의 소원
바람이 시작된 그 어디인가에서 살고 있는 당신에게

저녁노을의 마을을 강은 흘러간다
이 강물에 실어 나는 전하고 싶어라
하나의 목소리 하나의 노래
강물이 시작된 그 어디인가에서 살고 있는 당신에게

아침놀의 산에서 사람은 기도하네
기도 소리에 실어 나는 전하고 싶어라
하나의 역사 하나의 미래
저 하늘 어디인가에서 살고 있을 당신에게

학교의 기억은 교육공간의 안과 밖의 경계를 따라 좁은 틈을 메우려는 듯 떠오르는 추억이다. 매일 반복되는 수업시간에 창 너머 바라보던 교정의 풍경이 그 하나일 것이다. 한줄기 바람이 볼을 스치고 지나가면 시선은 바람에 이끌리듯 창가로 향한다. 바람에 흔들리는 잎사귀와 그 소란스런 햇살의 일렁임은 얼어붙은 교실 안의 신체를 녹이기 시작한다. 소학교 시절의 기억을 떠올려보면 한줄기 바람이 교실을 스쳐지나갈 때 바람과 빛이 만들어 낸 일

렁임으로 나의 신체는 되살아났고 마음은 하늘을 날았다. "바람아, 불어라, 불어라, 바람아 불어라. 나는 바람의 아이, 카제타로風太郎." 미야자와 켄지의 소설 『바람의 마타사부로風の又三郎』를 알지 못하는 나도 텔레비전 인기 프로였던 「카제타로」의 주제가를 흥얼거리며 주눅이 들고 움츠려들 때마다 나 자신에게 용기를 주곤 했다.

아이들은 누가 가르치지 않아도 스스로 바람과 호흡하며 시시각각 변화하는 빛과 그림자 속에서 자란다. '나'라는 존재가 부모나 교사보다 더 큰 누군가의 '아이'라는 것을 아이들은 알고 있는 것이 아닐까? 그 호흡이야말로 신체가 세상과 교신하고 있다는 확실한 증거이며, 빛과 그림자가 사물의 형체와 움직임을 만들어 내고, 사물과 사람이 말과 메시지를 넘어선 '또 다른 목소리'를 내고 있다는 사실까지도, 나아가 '나'를 둘러싼 침묵의 세계가 그 깊숙한 곳으로부터 장대한 교향곡을 울려퍼지게 하고 있다는 것도 알고 있었던 것 같다. 이 모든 것은 신체의 세포 하나하나가 기억하고 있는 것이며, 글을 읽고 한자를 쓰고 계산을 하게 되기 전에 '아이'라면 누구나가 알고 있는 것이라 생각한다. 나뭇잎 사이로 새어나온 햇살의 소란스런 일렁임은 나와 세계가 한순간도 멈춰있지 않는다는 사실을, 춤추는 바람은 브라운 운동Brownian motion*과 같이 나와 세계의 움직임이 천지의 커다란 순환의 한 장면이라는 것을 가

---

* 액체 또는 기체 속에 떠 있는 미립자가 끊임없이 계속하는 불규칙한 운동.-역주

르쳐주는 것이다.

그러나 근대의 시간은 나와 세계를 연결하는 '순환circulation'이라는 고리를 끊어놓았다. 학교의 시간에 짜여진 '반복'은 일방적이고 직선적인 교육 프로그램의 반복이며 배움의 신체가 체험하는 왕복과 순환의 반복이 아니다. 아무것과도 만나지 않고, 아무 일도 일어나지 않고, 아무것도 경험하지 않는 반복은 이미 반복의 의미를 상실했다 할 수 있다.

그렇다면 '나뭇잎 사이로 새어나온 빛이 일렁이는 마당'도 이제 더 이상 '마당'이 아니다. 시장市場을 시정市庭으로 표기하던 역사가 말해주듯이 마당은 서로 다른 사람들이 교류하는 장소로서의 공공권을 의미했다. 툇마루(일본어로는 '엔가와緣側', 인연을 나누는 장소)와 연결되어 '마당(다양한 사람들이 교류하는 장소)'이 주거 공간에 함께 있던 가옥의 역사를 떠올려보자. 현재의 마당은 공공권으로서의 기능을 상실했으며 마당은 이미 서로 다른 사람들이 교류하는 장소가 아니라 사적인 공간에 갇힌 사람들이 잠시 휴식하며 바라보는 '풍경'으로 변하고 말았다. 일방적인 시선에 담긴 '풍경'이 된 '마당'에 '다른 사람'은 존재하지 않게 된 것이다.

나뭇잎이 바스락거리고 흙바람이 춤추는 마당의 풍경은 공공권에서 살고 있는 신체의 잊힌 기억을 떠올리게 하는 '장치'이다. 바람과 나무에는 이 기억이 각인되어 있음에도 그곳에 살고 있는 우리는 이미 마당을 공공권으로 의식하지 않는다. 설령 잠시 경관에 매료되는 일이 있더라도 그 잔재를 느낄 수조차 없다.

한코藩校*, 테라고야寺子屋**처럼 가옥의 형태로 존재했던 교육공간이 교사校舍로 변모한 학교 건축의 역사에 있어서 툇마루와 마당역시 같은 운명을 따랐다. 사람과 사람이 쉬고 교류하는 장소인 툇마루는 근대의 교사에서는 외부를 차단한 통로에 불과한 '복도'로바뀌어 볕이 잘 드는 남쪽에서 북쪽으로 옮겨졌다. '교정'은 담으로외부와 차단되고 내부로 연결해주는 역할을 하던 툇마루도 사라지면서 그저 '풍경'으로 전락하고 만 것이다. 그 풍경에 숨겨진 잠자는 기억을 어떻게 깨울 수 있을까? 교실에 불어오는 시원한 바람처럼 모든 경계를 넘나들고, 모든 틈에 파고들어, 하나하나의 시공을열고 모든 존재를 커다란 순환에 맞춰 진동하게 할 수는 없을까. 사물과 사람이 저마다 고유의 울림을 갖게 할 수는 없는 것일까.

「당신에게」라는 시는 배움의 신체의 시학poetics이다. '바람'은다른 이와의 커뮤니케이션, '강'은 생활과 문화의 전승, '산'은 기도와 신체의 시학을 표현하고 있다. 「당신에게」라는 시를 창작할 때나는 음률의 연쇄와 의미의 연쇄 속에 많은 절단의 장치를 두고자했다. 패러다임의 구조를 만드는 것과 동시에 의미의 절단을 만드는 수법이 이 시의 창작기법이다.

먼저, '당신'이란 누구를 지칭하는가? 바람에 실어, 강물에 실어, 기도소리에 실어 '전하고 싶다'고 하는 욕망은, 이 욕망의 대상

---

* 에도시대에 각 번(藩), 즉 통치 조직이 그 자제들을 교육하기 위해 설립한 학교.-역주
** 에도시대의 사원(寺院)에서 마을 자제들에게 쓰기, 읽기, 계산 등을 가르친 학문 시설.-역주

이기도 각 연의 '당신'이라는 2인칭의 모호함으로 인해 갈 곳을 잃는다. '그 어디인가에서 살고 있는' '당신에게'라는 반복이 이 2인칭의 모호함을 나타내는 '장치'이다. '카나타(그 어디인가)'와 '아나타(당신)'가 갖는 음운의 동형성은 음률 이상의 의미를 띠고 있다. 일본어의 2인칭이 담고 있는 타자성他者性의 모호함과 확률이며, 그 특징은 '어디인가에'가 아니라 '어디인가에서'라는 표현 속에 담겨 있다. 음운으로 보나 낭독효과로 보나 '에서で'보다 '에に'를 선택해야 하겠지만, 여기서는 '어디인가에서'라고 할 수밖에 없다. 특정성을 띤 장소의 불특정성을 표현하기 위해서는 위치를 한정하는 조사 '에'보다 좀 더 넓은 의미의 '에서'야말로 일본어의 2인칭의 타자성을 표현할 수 있기 때문이다.

패러다임의 절단은 의미의 절단에 있어서 더욱 명시화된다. '바람'에 실어 '바람이 시작된 곳으로', '강물'에 실어 '강물이 시작된 곳으로'는 물리적 모순으로 소리를 전하는 행위의 불가능성을 나타낸다. 그러나 이 불가능성이 더욱 '하나의 말(소원, 목소리, 노래, 역사, 미래)'을 전달하려고 하는 '나'의 욕망을 간절한 것으로 만든다. '나는'이라는 주격이 높이 솟아 있는 듯 존재하는 것도 '나'라는 존재 안에 담겨 있는 타인과의 결합을 갈망하는 내적인 요구를 나타내는 것이다.

패러다임의 절단은 3연에서의 음률의 절단으로 생긴 의미의 반전에 의해 한층 명확해진다. '바람'에 호응하여 '바람이 시작된 어디인가'(1연), '강'에 호응하여 '강물이 시작된 어디인가'(2연)라는 운의 연쇄를 생각하면 3연은 '산'에 호응하여 '산이 시작된 어디인가'가 되어야 할 것이다. 그러나 이 연쇄는 절단되면서 '저 하늘 어디인가에 살고 있을 당신에게'라는 또 하나의 의미의 연쇄가 부상한다. 이 '하늘'은 '공空＝무無'라는 의미의 연결을 불러오고 세 번 반복된 '살고 있는'의 의미는 반전되어 '당신＝죽은 자'라는 극한의 타자로 이동하고 있다. 이 반전과 비약의 장치가 '바람'에 실어 '바람이 시작된 어딘가'로 '강물'에 실어 '강물이 시작된 어딘가'로 '목소리'를 전달하려고 하는 행위의 불가능성이라는 의미 절단의 귀결점이 되는 것이다.

그러나 '바람'에 실어 '바람이 닿는 곳'에 전달하려는 소리, '강물'에 실어 '강물이 흘러가는 곳'으로 전달하려는 소리보다 오히려 '바람이 시작된 곳'에 전달하려는 목소리, '강물이 시작된 곳'으로 거슬러 올라가 전달하려는 목소리가 진실성을 띠는 이유는 무엇일까? 3연에서는 살아 있는 자인 '당신'에게 전달하려는 목소리보다 죽은 자인 '당신'에게 전달하려는 목소리가 더욱 진실성을 띠게 되는 것은 왜일까? 거기에 기도로 향하는 상상력을 발현시키는 '장치'가 있는데 이 상상력을 통하여 나는 '나'와 '당신'의 대화적인 관계를 일본어의 전통적인 의미 속에서 찾으려는 도전을 의도했다.

일본어에서 1인칭(나, 私) 2인칭(당신, あなた)의 관계는 서구 언어권에서 1인칭과 2인칭 같은 대칭 관계에 있지 않다. 일본어의 '나'는 '우리'의 농밀한 관계 속에 깊이 자리 잡고 있다. '나'는 '나'의 집합체인 '우리(공동체, わたしたち)' 속의 단일체이며, '당신(타자)' 없이

도 존재하는 '나'이다. 그에 비해 서구 언어권에서의 '나'를 복수형 ls으로 한다 해도 '우리'가 되지는 않는다. '우리we'라는 표상은 '나 l'의 밖에 독립하여 존재하고 있으며 대상화되어 있다.(따라서 상대가 'we'라고 할 때 듣는 나는 그 'we'가 나를 포함한 것인지 아니면 나를 배제한 것 인지를 순간적으로 판단해야 한다.)

그런데 '나'의 복수형이 '우리'를 표현하는 말은 다른 언어에서 도 발견되는데, 그러한 민족에서는 조상숭배의 신앙이 공통으로 발 견된다고 한다. 즉 일본어의 '우리'는 죽은 이와 연결된 '우리'인 것 이다. 서구의 언어에서는 '우리'가 '당신과 나'라는 대칭 관계(시민사 회)를 기반으로 성립하고 있는데 비해 일본어의 '나'는 '우리'의 연 속성(공동체의 역사)을 기반으로 성립되었다 할 수 있다.

한편 서구의 언어에서 '당신you'은 '당신 한 사람'과 '당신들' 양 쪽 모두를 의미한다. 그런데 일본어의 '당신'이 '당신'의 집합체를 의미하는 경우는 없다. 일본어의 '당신'은 '저 어딘가에 있는 누군 가'(불특정의 특정)를 의미하기도 하고, 특정한 한 사람을 지칭하기도 한다. 또한 '저 어디인가かなた'를 어원으로 하는 '당신あなた(2인칭)' 은 문자 그대로 타자성을 포함한다. '당신'의 타자성을 어원인 '저 어디인가'와 연계함으로써 그곳으로부터 '나'라는 1인칭이 더욱 명 료하게 드러나는 것을 이 시는 의도하고 있다.

그 '나'가 메시지로 발신하는 '하나의 말(목소리, 역사)'과 '하나의 소원(노래, 미래)', '하나의'라는 반복이 환기시키는 특이성singularity 과 복수성plurality이야말로 이 오프닝의 주제곡이 제기하는 또 하나의 주제이다. 이 주제를 받아서 연극의 피날레에서는 오프닝에서 등장한 현대의 아이 네 명(마미, 토시코, 마사이, 카즈야)이 다시 등장하여 몽환극으로서의 효과를 또 한 번 발휘함과 동시에 '하나' 속의 특이성과 복수성을 확인하는 말을 연결하여 야마모토 히로키의 말의 대화적 합창을 이끌어 피날레 합창으로 막을 내린다. 마미와 토시코와 마사미와 카즈야의 말은 다음과 같이 연결된다.

> '우리는 하나의 소리 속에서 많은 소리를 들을 수 있어.'
> '우리는 하나의 목소리 속에서 많은 목소리를 들을 수 있어.'
> '우리는 하나의 노래 속에서 많은 노래를 들을 수 있어.'

3. 내란의 기억

오지야 소학교는 보신전쟁의 출발점이 된 이와무라 세이치로 岩村精一郎(군감)와 카와이 츠기노스케河井継之助(나가오카번의 대표)의 '오지야담판'이 있었던 지켄지慈眼寺라는 절과 아주 가까운 곳에 있다. 시인 니시와키 쥰자부로西脇順三郎의 생가도 근처에 있다. 츄에츠中越 지방의 제일가는 직물상이었던 니시와키 키치로에몬西脇吉郎衛門(니시와키 쥰자부로의 증조부)은 메이지 시대 이래 다이시 은행과 오지야 은행을 창설한 부호였는데, 야마모토 히로키의 가장 큰 이해자였으며 '오지야교 진덕관'의 존속을 재정적으로 지원한 중심

인물이었다. 니시와키 쥰자부로는 오지야 소학교의 교가를 만들었다.

　오지야 소학교를 처음 방문했을 때, 이 작은 마을에 큰 학교(니가타현에서 두 번째로 큰 규모)가 문화와 교육 공동체의 핵으로 존재하고 있다는 점이 인상적이었다. 이 학교는 담이 없이 지역에 열려 있고 교사校舍의 중심에 장애아 학급 교실이 있다. 학교를 뒷받침해온 마을의 역사도 흥미롭다. 이 지역은 적설량이 많기로 유명한 분지인데 시나노 강信濃川의 수운水運과 가도街道의 교차점으로서 상업과 문화와 종교의 전통이 깊다. 이 작은 마을에 100개 이상의 신사가 있으며, 산악 종교와 수험도修驗道*가 다양하게 존재했다고 한다. 이곳은 시나노에서 강을 따라 내려온 스와신諏訪神이나 서쪽 해안을 북상하여 시나노 강을 올라온 쿠쿠리히메白山菊理媛, 동북문화를 상징하는 하구로 곤겐羽黑権現이나 관동에서 북상한 닛코二荒 등 다양한 신들이 살고 있는 장소이다. 또한 훌륭한 화염火焰 토기가 다수 발굴된 죠몬유적이 지역 내에 40군데나 있는데 그에 반하여 야요이 문화의 유적은 거의 존재하지 않는 것으로 보아 이 지역의 산업과 문화는 아이누로 이어지는 고층古層 위에 자리 잡고 있다고 보인다.**

　이 학교를 계속 방문하면서 흥미로운 발견이 이어졌다. 이 마을

---

*　산에 들어가 힘든 수행을 함으로써 깨달음을 얻는 것을 목적으로 하는 일본 고래의 산악신앙을 불교와 접합한 일본 특유의 혼합 종교.–역주

**　아이누의 선조는 훗카이도에 살던 죠몬인으로 속조몬시대와 사츠몬시대를 거쳐 아이누 문화를 형성했다는 학설이 있으나 그 과정은 상세히 밝혀진 바 없다.–편주

사람들은 '오지야교 진덕관'의 존속과 함께 카시와자키현柏崎県으로 부터 독립하여 오지야현을 자치지역으로 건설할 것을 요구하는 운동을 일으켜 정부의 탄압을 받고 있었다. 유신 후 저항세력이 기반이 되어 1870년 오지야쵸町 이하 420개 마을(서명 178명)이 낸 탄원서에 정리된 오지야현 설치 구상은 오지야 민정국 관내에서만 735개 마을의 찬성을 얻었다. 같은 해 3월 오지야의 수장 5인과 장로 1인이 카시와자키현청에 상경하여 민부성民部省에 탄원서를 제출했다. 그러나 민부성은 이 탄원서를 받아들이지 않았으며, 카시와자키현청은 이 6명을 '황실을 우습게 안' 죄로 검거하여 수개월에 걸쳐 감옥에 유폐했다.

이 사건은 신정부와 오지야마을 사이에 메이지 유신에 의한 근대화의 이미지가 서로 달랐음을 시사한다. 이 괴리는 '오지야교 진덕관'에서도 찾아볼 수 있다. 야마모토 히로키는 건백서에서 메이지 유신을 상의하달의 사회에서 하의상달의 사회로 전환하는 것으로 평가하고 있으며, 민주정치를 내실 있게 한다는 전제 하에 '천수오륜天授五輪'을 가르치는 학교를 설립할 필요를 말하고 있다. 이 이념에 따라 야마모토는 구 나가오카번시藩士의 자녀뿐 아니라 모든 아이가 '유신의 아이들'로서 함께 배우는 학교를 구상하고 있었다. 사실 '오지야교 진덕관'은 계급, 계층, 성, 세대 등 모든 차이를 넘어서 서로 배우는 장소이며, 학생의 연령 구성도 7~44세에 이르고 있었다. 학생 수도 게이오 4년이자 메이지원년이기도 한 1868년 9월에 13명, 10월에 21명, 12월에 32명, 1871년에 43명

(기숙생 20명, 통학생 23명), 학제學制*가 도입된 이후인 1873년에 123명(그중 여자 2명), 1874년에는 356명(그중 여자 92명)으로까지 확대되었다.

1868년 이래의 장학조치는 높은 취학률을 가져다주었다. 오지야 소학교구의 생년별 취학률을 산정해보면 1869년생 아이들의 취학률은 55.3%(남자 72%, 여자 41.2%), 1871년생 아이들의 취학률은 74.0%(남자 82.2%, 여자 65.3%)로까지 늘어났다. 학제 발족 후 한동안 전국의 학교 취학률이 10%대를 맴돌았던 상황과 니가타현의 취학률이 오키나와와 홋카이도 다음으로 낮았던 것을 생각해보면 오지야 소학교의 높은 취학률은 경이롭다 할 만하다. 이렇게 오지야교 진덕관(오지야 소학교)은 '공생의 유토피아'로서의 학교였다.

오지야교 진덕관의 학교상은 학제가 제시한 '공생의 유토피아'와 일맥상통하는 면이 있다. 학제는 '인민 일반'을 대상으로 하여 구상되었는데 이 '인민 일반'이란 '화사족농공상부여지華士族農工商婦女子**'라 설명되어 있어 계급, 계층, 성, 세대의 차이를 초월하여 구상된 것이다. 이 '초근대'라 불릴만한 공생의 유토피아가 전근대의 장치인 태정관太政官에 의해서 공포되었던 점에 일본 근대학교의 운명이 표현되어 있다. 학제에 있어서의 '공생의 유토피아'는 모든 차이를 무화無化시키는 '천황제'라는 이데올로기 장치에 의해 제창되

---

* 1872년 공포된 일본 최초의 근대적 학교제도를 정한 교육법령.-역주

** 황족, 귀족, 농업인, 공업인, 상인, 부녀자

었던 것이다.

한편 오지야교 진덕관과 학제 학교의 차이는 명료하다. 그 차이는 양자가 품은 근대성의 성격에서 찾아볼 수 있다. 오지야교 진덕관의 근대성이란 공적 비용의 교육(무상교육), 교육내용에 한학 · 국학 · 신도 · 양학 · 습자 · 재봉 등이 종합되어 있는 점(공공적 문화)에 나타나 있다. 그에 비해 학제의 학교는 수업료를 징수하는 유상의 학교이며 교육내용도 서양에서 들여온 교과서를 사용했다. 이러한 근대성은 서구 문화의 이식이라는 식민지성과 상등 · 하등의 2단계, 8급의 등급제도 및 진급을 결정하는 시험의 도입으로 나타난다. 학제는 서구의 교과명을 일본어로 번역한 29개의 교과명을 명시함과 동시에 14개나 되는 조항에서 주, 월, 학기, 연도별 시험에 대해 기술하고 있다.

메이지 초기의 식자율은 국제적으로 최고 수준이었고 한코, 테라고야, 고가쿠鄕学* 등 교육기관의 보급도 서구에 필적하는 수준이었다. 학제 도입으로 인한 소학교의 보급이 '자발적 식민지화'였다는 것은 명백하다. 학제를 도입한 소학교의 창설은 한코, 테라고야, 고가쿠 등의 기존 학교를 근대화시킨 것이 아니었다. 오히려 그것을 폐지함으로써 서구화시키는 형태로 단행되었다. 유교문화권 탈출로 인한 '서구화＝근대화＝자발적 식민지화'가 학제 학교의 근대화적 성격이며, 번역교과서의 도입과 시험에 의한 '등급'은 근대의

---

* 에도시대에서 메이지 시대에 걸쳐서 존재한 교육기관으로 무사 자녀를 대상으로 한 곳과 서민을 대상으로 한 곳 두 종류가 있었다.–역주

상징이었다.

오지야 사람들에게 학제 공표는 '공교육의 창시'가 아니라 '교육의 공공권 재편 및 회수'로서 기능했다. 야마모토 히로키는 1873년 오지야교 진덕관이 학제 학교로 흡수됨과 동시에 퇴직하여 학교를 떠났다. 교육내용의 '양학(서구화)'과 '시험'에 의한 '진급(서열화)'으로 정의되는, 학제의 '근대'를 거절한다는 뜻이었다. 합창극《학교의 창생》은 야마모토가 머뭇거리며 아이들에게 사직의 결의를 말하는 장면에서 이야기가 끝나고 에필로그로 향한다. 사직 후의 야마모토는 학무위원을 맡아 외부에서 학교를 지원함과 동시에 신관神官*으로서 생애를 보냈다.

오지야교 진덕관이 학제에 흡수된 이후 오지야에는 사숙私塾이 번성한다. 예를 들면, 국학과 한학을 가르치는 사숙의 하나인 시도킨斯道館은 오지야 중학교가 개교하는 1902년까지 수백 명(여자 수십 명)의 숙생이 다녔다. 오지야교 진덕관이 폐쇄된 후에도 오지야 땅에는 두 가지 '근대'가 대립하고 있었던 것이다.

4. 장소의 재편 - 식민지화로서의 근대화

합창극의 오프닝 곡 「당신에게」는 제3연에서 '저 하늘 어디인가

---

* 일본의 국가 관리로서 신을 받드는 일에 봉직하는 자.-역주

에서 살고 있을 당신에게'라고 노래한다. 이 '당신'은 물론 지금은 죽은 자로서 '살아 있는' 야마모토 히로키를 지칭한다. 3연뿐만 아니라 1연과 2연에서도 반복되는 '어딘가에서どこかで'는 '당신에게あなたに'라는 단어의 운율과 청각효과를 생각한다면 '어디인가'뒤에 '에に'라는 조사를 쓰고 싶지만, '에서で'로 쓸 수밖에 없었던 이유가 있다. '어디인가'라는 장소는 한쪽에만 존재하는 곳이자 '어디(누구)로든 통하는 곳(누구)'으로, 불특정한 장소에 특정성singularity을 부여하기 위해 일본어의 위치를 한정하는 'に(에)'가 아닌 ~로/으로 와 같이 방향성을 포함한 'で(에서)'를 쓴 것이다. '어디인가에서'라는 장소는 특정한 '어디인가에somewhere'가 아니라 모든 곳에 존재하는 '어디에든anywhere'이며, 그 불특정성이 특정성을 띠고 있는 장소이기 때문이다.

오지야교 진덕관의 장소의 의미도 되새겨보면 좋을 것이다. 창설 당시 오지야교 진덕관은 오지야 지역에서 나가오카의 한코 숭덕관崇德館을 재건한다는 의미도 가지고 있었다. 창설자 야마모토 히로키는 숭덕관을 재건한다는 의식을 가지고 있지 않았지만, 창설 당시 이 학교에 다녔던 아이들이나 초대 교장을 맡은 야마다 아이노스케山田愛之助, 교사를 역임했던 이마이즈미 토모자부로今泉友三郎와 키무라 이치쿠라木村一蔵에게 오지야교 진덕관은 '숭덕관의 복구'라는 의미가 있었다고 추측할 수 있다. 야마다 아이노스케는 숭덕관의 도강(교장)으로, 나가오카의 무사 카와이 츠기노스케가 보신 전쟁에 참가하려 하자 이를 반대하며 속세를 떠났다가 야마모토 히로시의 설득으로 오지야교 진덕관의 창설을 돕게 된다. 오지야교 진덕관은 나가오카 숭덕관의 연장선에 있었다. 이 지정학적인 위상은 오지야교 진덕관을 공적으로 인가한 카시와자키현청에도 공통된 것이었다. 오지야교 진덕관은 '오지야 민정국립'으로서 인가되었지만, 공문서에서 이 학교의 명칭은 '나가오카의, 내전에 패한 이들의 어린 자녀를 위한 교육의 장長岡降人之幼弱教育場'이라고 쓰여 있었다.

또한 1872년의 학제에서 소학, 중학, 대학의 단계 역시도 연령적인 단계라기보다는 도쿄를 중심으로 하는 공간의 지정학적인 구성에 의해 규정되었다는 점이 중요하다. 학제는 전국을 8개의 대학구로 정하여 그 대학구를 32개의 중학구로 분할하고, 나아가 하나의 중학구를 210개의 소학구로 조직하는 학교 제도를 제안했다. 소학교, 중학교, 대학은 교육단계의 제도화였지만, 그 이상으로 제국대학을 중심으로 하는 교육공간의 지정학적 구성을 의미했다. 사실 학제에 의한 소학교는 6세부터 40세를 넘은 사람들이 다니는 학교였고 소학·중학·대학이라는 구분은 연령 단계에 의한 구분이라 하기보다는 오히려 교육공간의 중앙집권적인 위계를 의미했다. 이 위계에서 상급 학교에 진학하는 것은 지역에서 이탈하여 중앙으로 신체를 이동시키는 것을 의미했다. 도쿄대학을 정점으로 하는 교육의식, 지역의 학교를 중앙의 서브시스템으로 간주하는 인식은 학제에서 출발한 것이다.

야마모토 히로키가 창설한 오지야교 진덕관은 오지야라는 장소를 중심으로 지역과 지역이 교류하고 지역과 중앙이 순환하는 교육 공간으로 구성되어 있었다. 신정부군에 항복한 나가오카 막부군 자녀를 위한 교육시설로 인가받을 당시, 오지야 진덕관에 모인 전쟁고아들은 나가오카 출신만이 아니었고, 창설 직후에는 오지야와 오지야 근교의 아이들이 다니는 학교로 발전하여 수년 후에는 도쿄에서 기숙생을 모집하는 등 넓은 지역을 기반으로 하는 학교로 발전했다. 지역이 중심이 된 수평적이고 순환적인 교육공간은 이 학교가 사족士族의 교육전통을 계승하면서도 상업을 기반으로 하는 문화의 교류권에서 발전했음을 시사한다.

오지야는 직물상을 중심으로 한 상업 도시였다. 오지야교 진덕관의 창설에 온 힘을 쏟은 야마모토 히로키는 츄에츠 지방에서 5번째 가는 부호였고, 야마모토와 같은 학교에서 사무 제반을 도와준 쿠보타 야자에몬久保田弥三右衛門은 츄에츠에서 두 번째, 이 학교에 많은 액수의 기금을 계속해서 제공한 니키와키 키치로에몬은 츄에츠 최고의 부호였다. 유학문화의 전통 가운데 오사카 상인들의 학문의 장이었던 카이토쿠도懷徳堂가 있다(나지타, 1992). 카이토쿠도의 교육윤리관이 '경국구민経国救民'(정치질서 확립에 의한 백성의 구제)에 있었던 것처럼 오지야교 진덕관의 교육공간 구성도 정치윤리 계몽에 의한 '구민'을 주제로 하고 있었다.

야마모토 히로키의 교육 공공권 사상은 분명 오지야교 진덕관을 탄생시킨 지역의 학문과 교육의 전통을 기반으로 형성되었다. 그러나 그 공공권 사상이 구체적으로 어떤 사상에 의해 구성되었는지를 명시하기는 어렵다. 오지야교 진덕관의 교육내용은 한학, 국학, 신도, 양학, 습자 등 복합적인 조직이 특징인데 그 공공권의 사상도 복합적이고 절충적인 사상의 산물로 형성되어 있기 때문이다. 그 생성의 내부에 접근하기 위한 전제로서 야마모토 히로키를 중심으로 한 오지야 상인의 학문과 교육의 전통을 살펴보자.

야마모토 히로키는 12세부터 6년 정도 오지야의 에도 후기 유학자 아이자와 난죠藍沢南城가 주관하는 가숙家塾 산요도三餘堂에서 유학의 교양을 익혔다. 야마모토는 신도神道와 국학国学에 조예가 깊었는데, 그가 신도와 국학에 심혈을 기울인 것은 오지야의 학문의 개척자인 칸나미 노부타카神南誠敬를 존경했기 때문이라고 한다. 칸나미는『화훈의 책갈피和訓の栞』의 저자로 알려진, 현재 미에현 츠시三重県津市의 국문학자 타니카와 코토스가谷川士清의 지도를 받았다. 야마모토 히로키는 또한 야마자키 안사이山﨑闇斎가 유학과 결합하여 창시한 수가신도垂加神道를 배웠다. 이러한 교양을 기초로 오지야교 진덕관의 교육활동에 집중하는 동시에 기업과 공직 활동에도 열심이던 대표적인 지식인이었다.

오지야 마을의 학문과 교육의 오랜 전통에 대해서도 언급해 두고 싶다. 오지야의 테라고야는 쿄호시대(1716~36) 때부터 그 존재를 인정받았고, 텐포시대(1831~45)의 테라고야 중 하나였던 헨쇼안遍照庵에 남자 230명, 여자 110명이 재적한 기록도 남아 있다. 테라고야보다 상급교육을 원하는 사람은 유학을 가르치는 가숙에 다녔다. 텐포시대에는 카타카이마치라는 곳에 고학, 주자학, 양명학 등을 접목시킨 절충학을 가르치는 쵸요칸朝陽館이 개설되어 문하생이 600명에 달했다. 아버지가 쵸요칸의 스승이었던 아이자와는 가숙 산요도三餘堂를 열고 야마모토 히로키를 포함한 41명의 숙생에게 절충학을 가르쳤다. 쵸요칸은 코도쿠도耕読堂로 명칭을 변경하여 에도에 유학한 마루야마 바이료丸山貝陵가 숙주塾主가 되어 메이지 원년 (1868)까지 교육활동을 전개했다. 1867년의 상황은 남자 숙생 65명, 여자 숙생이 23명이며, 소독(사서, 오경, 문선)과 강의(몽구, 문장궤범, 팔대가문, 국사략, 십팔사략, 춘추좌씨전)와 습자(정초가명수자, 간지, 삼자경, 천자문 등)를 가르쳤으며 수업 연한은 5~7년 정도였다.

막부 말기 오지야의 학문 번영을 상징하는 인물로는 수학자인 사토 세츠잔佐藤雪山과 물리학자 히로카와 세이켄広川晴軒을 들 수 있다. 사토는 저서『산법원리삼대算法円理三台』에서 계산법으로 무한급수의 전개식을 고안하거나 구분구적법区分求積法에 의한 적분의 계산식을 제시했다. 사토의 문하생은 멀리 에도江戸, 야슈野州(토치기현), 쵸슈長州(야마구치현)에서도 많이 찾아왔다는 기록이 남아 있다. 한편 물리학과 천문학을 탐구한 양학자 히로카와는『삼원소약설三元素略説』에서 '열, 불, 전기'의 3원소가 본질적으로는 동일한 현상임을 주장했다. 히로카와는 메이지 유신 직후 오지야에 '양학교' 건설을 카시와자키현청에 신청했고 1877년에 에도에서 귀향해 사숙인 산가쿠사算学舎를 설립했다.

한편 '오지야교 진덕관'의 교장이 된 숭덕관의 도강(교장) 야마다 아이노스케는 숭덕관에서 아키야마 케이잔秋山景山에게 배운 후에도에 유학하여 이토 겐보쿠伊東玄朴 밑에서 양학을 수학했다. 또 코야마小山良運, 코무라小村準碩, 코바야시小林誠卿, 요시미 등은 오가타 코안緒方洪庵의 양학 배움터에서 배웠고 그 외에 나가사키에서 양학과 의학을 배운 이도 많다. 『쌀 백가마米百俵』로 알려져 있는 코바야시 토라사부로小林虎三郎는 사쿠마 쇼잔佐久間象山에게 사사하고, 카츠 카이슈(메이지시대 정치가)와도 친교가 있었으며, 훗날 막부의 감찰관이 된 우도노 단지로鵜殿団次郎는 에도에서 영문학, 양학, 수학, 천문학, 항해학 등을 배웠다. 한때 번 당국은 양학 연구에 대한 지나친 편향을 우려하여 양학을 배우는 자에 대한 허가제를 도입할 정도였다.

오지야교 진덕관으로 결집한 학문적, 교육적 수맥은 다양한 성격을 가지고 있었다. 국학, 화학, 신도, 양학의 경계선을 넘나들고 한코와 테라고야의 경계선을 넘나들었으며 사족문화, 상인문화, 농민문화의 경계선을 넘나드는 다층적인 문화의 혼재가 오지야교 진덕관의 기반을 형성하고 있었다. 학문과 교육의 공공권이 지역을 기반으로 학교라는 장에서 이루어지는 길을 오지야교 진덕관의 역사가 나타내고 있다고 해도 될 것이다.

이처럼 오지야교 진덕관의 학생 구성과 교육내용에는 문화 공공권 성립의 징표가 새겨져 있다. 창설 당초에는 구 나가오카번의 자녀들의 피난처로 성립된 오지야교 진덕관은 차차 오지야의 거상, 부농, 마을 관리의 자녀나 다른 지역에서도 통학하는 학교로 발전하여 1871년 12월의 「학교일지」에는 재숙생 31명, 통학생 27명, 합계 58명이 한학, 국학, 수학, 양학의 4가지 영역으로 나뉘어 배우고 있었음이 기록되어 있다.

그러나 이러한 교육과 문화의 공공권은 1872년의 학제에 의해 파괴된다. 중앙 정부와 카시와자키현청에 의한 '서구화＝근대화＝식민지화'의 단행이 그것이다. 1872년 10월 4일 오지야교의 「학교 일지」는 학제 도입 후의 '과목'에 관해 현청으로부터 지도편달된 '교수방법 개략'에 대해 기록하고 있다. 그에 의하면 읽기(단 번역서를 주로 사용할 것), 암송 및 받아쓰기(동몽필독, 단어편), 수신구수修身口授(소학, 권선훈몽), 산술, 습지綴字, 복습, 독본윤강(일본야사, 세계역사 등), 작문, 수신학(논어), 법학(국제법 등)이 교육내용으로 제시되어 있다. 또한 카시와자키현은 '대시大試'의 실시를 위해 학생들이 상급으로 올라가고자 하는 의욕을 갖도록 지도했다.

이러한 정부와 현에 의한 교육내용의 일방적인 '서구화＝식민지화'와 '시험에 의한 서열화'에 대한 지침에 오지야교 진덕관의 야마모토 히로키는 분개하며 저항하다가 마침내 사표를 제출하기까지에 이른다. 시내의 자제들이 많이 다니는 가숙이었던 산요도에서도 학제에 대한 저항이 있었던 것으로 확인되었다. 산요도를 경영했던 아이자와는 '서구화＝식민지화'의 통제에 분개하며 가숙을 폐쇄했다. '서구화＝식민지화'에 의해 교육의 공공권을 파괴한 상처는 깊었다. 니가타현의 취학률은 메이지 후기에 가서도 홋카이도, 오키나와를 제외하고 가장 낮았다.

5. 독백(모놀로그)에서 대화(다이알로그)로

잊혀진 역사와 창작된 역사

오지야교 진덕관의 역사는 100년 이상의 시간이 흐르면서 점차 사람들의 기억에서 사라져갔다. 직접 체험한 사람들이 있었음에도 '반역자'의 낙인이 찍힌 역사의 기억이 공식적으로 회자되는 일은 없었다. 반역 역사의 숙명이리라. 이 잊혀진 기억은 창작된 기억과 대비해 보면 그 성격이 더욱 명확해진다.

2차 세계대전 중에 구 나가오카 번사藩士에 의한 학교창생의 이야기가 훗날 교육미담이 되어 사람들에게 갈채를 받았다. 오지야 진덕관 이야기가 아니다. 1870년 6월 나가오카에 개교한 코쿠칸학교国漢学校에 전해 내려오는 교육미담『쌀 백 가마』이다. 이 미담의 창작자는 야마모토 유조山本有三였다. 미네야마번에서 보신전쟁으로 폐허가 된 나가오카번으로 쌀 백가마를 보냈는데, 이때 막부군 무사에 대한 처우를 담당하는 부지사였던 코바야시 토라사부로가 굶주림에 허덕이던 번사들의 반대를 무릅쓰고 학교창설기금으로 썼다는 이야기에 감명을 받은 야마모토는 이를『쌀 백 가마』라는 희곡으로 창작하기에 이른다.『쌀 백 가마』는 1943년에 신쵸시新潮社에서 초판 5만 부라는 당시로는 파격적인 부수로 출판되었고 츠키지築地에 있는 도쿄극장에서 상연되어 갈채를 받았다.

그러나 저자인 야마모토가 밝혔듯이 코바야시가 번사의 반대를 무릅쓰고 쌀 백 가마를 코쿠칸학교의 창설에 썼다는 확실한 증거는 없다. 『쌀 백 가마』라는 희곡은 논픽션의 모양을 취하고 있지만, 사실은 픽션인 것이다. 나가오카번이 미네야마번으로부터 지원받은 쌀 백 가마의 일부를 코쿠칸학교의 창설기금으로 썼다는 사실은 기록되어 있지만 코바야시의 전기 및 다른 사료에서도, 야마모토가 쓴 것과 같은 교육 미담을 확인할 수 없다. 이 미담은 야마모토 유조가 역사적 사실을 토대로 지어낸 창작물이었다.

야마모토는 『쌀 백 가마』라는 교육미담의 창작의도를 야마모토 이소로쿠山本五十六(해군최고사령관, 진주만 폭격을 지휘한 인물)를 배출한 나가오카의 교육전통을 전국에 알리기 위함이었다고 밝힌 바 있다. 보신전쟁의 트라우마라 할까, 이 교육 미담은 성전聖戰의 사기를 고무하는 문학으로 창작된 것이다. 이 이야기는 전쟁 후 더욱 공감을 얻게 된다. 무대가 된 나가오카는 보신전쟁에서 마을 대부분이 소실되었는데, 1945년 8월 1일 미군기의 공습으로 또다시 시 전체가 초토화되었다. 『쌀 백 가마』의 이야기는 이번에는 초토화된 국토를 교육으로 재건하자는 희망을 표상하는 것으로서 사람들의 갈채를 받은 것이다.

한편 오지야교 진덕관의 역사는 전쟁 후까지 회자되지 못했다. 몇 번의 기회는 있었다. 한 예로 근대교육사 연구의 개척자인 도쿄대학의 카이고 토키오미海後宗臣가 패전 직후 메이지 초년 교육의 지역 실태를 조사하기 위해 오지야 소학교를 방문했다. 카이고는 당시 교육학부 학생이었던 코바야시 테츠야小林哲也(후에 교토대학 교육학부 교수, 비교교육학)에게 오지야 소학교 강사로 일 년 반의 경험을 쌓게 했는데, 오지야교 진덕관의 역사에 대해서는 그 어디에도 기록하지 않았다. 만약 이때 카이고가 「학교일지」를 볼 기회가 있었다면 일본의 근대교육사 연구는 전혀 다른 전개를 보였을 것이다.

야마모토 히로키의 학교 창설의 건백서부터 카시와자키현청의 인가 문서, 초창기의 학교 교육과정과 학생 명부 등을 기록한 「학교일지」가 발견된 것은 오지야시 백년사 편찬 과정에서였다. 오지야 소학교의 쿠와하라 교장이 시의 역사 관련 사료를 탐색하던 중 학교 창고 구석에서 「학교일지」를 발견한 것이다. 오지야교 진덕관의 역사는 이렇게 하여 『오지야 시사市史』에 기재됨과 동시에 쿠와하라 교장의 뒤를 이은 호시노星野 교장에 의해 편집·집필된 『오지야 소학교사』에도 기술되었다.

그러나 오지야교 진덕관의 역사는 시의 역사와 학교연혁에 기술된 것 말고는 다른 의미를 얻지 못한다. 이 학교의 역사에 관심을 가진 저널리스트 타테이시 유코石優가 부랑하는 나가오카번 무사의 아이인 유조勇三를 주인공으로 하여 그가 마을 사람에 의해 구제받는 이야기를 기록한 『학교 이야기 – 설국, 오지야에서 태어난 일본 최초의 소학교』(1995)를 지어 이 학교를 최초의 공립학교로 기술한 것이 전부이다. 그러나 이 책도 전후 부랑아로 오지야를 떠돌던 나가오카 아이들을 등장시켜 써내려간, 인정 넘치는 대중소설에 가까운 서술에 그쳤다. 더욱이 이 책은 논픽션의 형태를 띠고 있지만, 등장인물도 드라마의 전개도 픽션으로 구성되어 있다. 『쌀 백 가마』라는 픽션과 마찬가지로 오지야교 진덕관이라는 논픽션을 근거로 재생산된 것이었다.

내란의 기억

오지야교 진덕관의 역사는 오지야 소학교에서 1994년 4월부터 1998년 3월까지 교장으로 부임한 히라사와 켄이치에 의해 되살아났다. 여기에는 1994년에 일어난 따돌림 사건이 계기가 되었다.

1994년의 일이었다. 히라사와 교장에게 '지금 당장 따돌림을 멎게 하라'는 내용으로 익명의 전화가 걸려왔다. 따돌림당하는 학생의 모친을 대신한 전화였다. 따돌림당한 학생은 부친이 범죄를 저질러 형무소에 들어가 4월에 오지야 소학교로 전학을 오게 되었다. 학생의 부친에 대한 소문은 오지야 마을에도 알려졌고 전학을 오자마자 모든 학생이 그 학생을 무시했는데, 청소시간에는 그 학생 책상만 그대로 남겨져 있기도 했다고 한다. 히라사와 교장은 즉각 담임교사와 함께 그 학생의 모친을 방문하여 사죄하고 학급의 학생들뿐만 아니라 학부모들과도 이 문제에 관해 이야기할 것을 약속했다. 이 모친은 학부모 모임에 참가하여 사정을 설명하고 의견을 표명하겠다는 의지를 교장에게 전했다.

문제 해결은 쉽지 않았다. 학생 지도에서는 이제까지 따돌림당한 경험이 있는 학생의 비통한 호소나 가해 학생들이 울면서 반성을 나누는 모임을 통해서 해결의 실마리를 마련할 수 있었다. 어려웠던 것은 학부모 모임이었다. 아무리 교장이 학부모들에게 사건의 심각성에 대해 설명하고 가정에서의 지도를 부탁해도 학부모 대부분은 나 몰라라 했다. 학부모들이 요구하는 해결책은 전혀 다른 것이었다. '교사에게 책임이 있으니 담임을 바꾸라'는 요구였다. 항의 의사를 표명하기 위해 참가했던 피해학생의 모친마저 이러한 분위기에 압도당해 범죄자 남편으로 인해 벌어진 상황을 사죄하며 울음을 터트리는 상황이 벌어졌다. 이 상황을 지켜보던 한 학부모가 부모와 교사가 함께 문제를 해결해야만 한다고 호소했으나, 대부분의 학부모는 가정교육에 대한 요청을 납득하지 못했다.

그 후 따돌림 피해 학생은 교장과 교사의 도움과 시내 유도대회에서의 우승을 계기로 즐겁게 학교생활을 하게 된다. 한편 같은 학년 학생들은 히라사와 교장의 특별 수업에서 알게 된 오지야교 진덕관의 탄생 이야기를 졸업 전에 연극으로 표현하는 활동을 기획하고 실현시켜 간다. '반역자의 자녀'가 마을 아이들의 따돌림을 견디고 야마모토 히로키가 창설한 오지야교 진덕관에 의해 보호받는 이야기이다. 그리고 이 학생들의 연극 준비가 2년 후 학생, 교사, 학부모에 의한 합창극《학교의 창생》으로 이어지게 된다. 이 따돌림 사건이 없었다면 내가 합창극《학교의 창생》의 각본을 만드는 일도 없었을 것이다.

이 사건으로부터 가장 큰 교훈을 얻은 이는 히라사와 교장이었다. 교사와 학부모와의 협력은 보통 힘든 과정이 아니었다. "교사가 전문가로서 책임을 다하고, 학부모가 부모로서 책임을 다하는 것을 추구하는 과정에서 교사와 학부모의 연대가 생겨난다는 것을 배웠다"고 히라사와 교장은 말한다.

참가를 향해

히라사와 교장과 내가 함께 기획한, 교사와 학부모가 교육의 책임을 공유하는 하나의 실험이 그렇게 실행되었다. 학부모가 교사와 함께 수업 만들기에 참가하고 교실에서 학생들과 배움을 함께 체험하는 시도이다. 종래의 수업참관 방식을 폐지하고 학부모와 교사가 함께 수업을 만들어 학생들과 함께 배우는 '학습참가'의 방식을 도입했다. 이 실험의 모델은 이 학교 건물의 중심부에 위치한 장애아 특수학급이었다. 특수 학급에서는 만들기 작업이 수업의 중심이었기에 수업참관 때도 학부모가 함께하는 경우가 많았다. 학부모의 참가는 교실의 어른과 아이의 관계가 유연해짐과 동시에 학부모 사이에 연대를 만들어 내었다.

처음에는 몇몇 학급에서만 시행했던 학습참가가 반년 후에는 이 학교의 모든 교실에서 실시되었다. 매달 두 번 학습참가의 날이 지정되었고 각 교실의 학습 주제 목록이 '학급통신'을 통해 배부되어 학부모가 자유롭게 교실을 방문하여 수업 만들기에 참가했다. 처음엔 자신의 자녀 옆에서 지켜보는 학부모가 대부분이었는데, 회를 거듭할수록 자신의 자녀 이외의 그룹이나 다른 교실의 관심 있는 주제의 학습에 참가하는 학부모도 늘었다. 또한 학습참가의 날이 아니더라도 자원봉사로 수업 만들기에 협력하는 학부모나 시민도 생겨나 이 학교는 지역에 열린, 지역 사람들과 협동하는 배움의 공공적인 센터로서 기능하게 되었다. 매달 두 번 있는 학습참가는 2000년에 4년째를 맞이했는데, 학부모 참가율이 80%가 넘는다고 한다.

야마모토 히로키의 수묵화 중에 「찬죽도讚竹圖」라는 그림이 있다. 어린 대나무가 자라고 있는 풍경을 담은 이 그림에는 야마모토의 다음과 같은 글귀가 있다.

"부모의 뿌리에 시원한 이슬이 머물 수 있는 것은 어린 대나무의 그림자가 있기 때문이다."

대나무는 자라나는 어린 대나무의 그림자에 의해서 그 뿌리를 시원하게 하고 촉촉함을 유지한다는 의미이다. 이는 아이라는 존재가 부모에게 가져다주는 풍성함을 노래한 찬가이다. 야마모토가 극형을 각오하면서까지 사재를 털어 반역자 자녀 구제와 오지야교 진덕관 창설에 힘을 쏟은 배경에는 사랑하는 부인과 아들을 잃은 슬픔이 있었다. 아이를 키우는 것은 부모의 책임임과 동시에 그 아이나 부모가 속한 공동체 공공의 사업이며 이 혜택은 부모와 공동체 구성원이 함께 향유하는 것이다.

코뮌commune의 기억

1998년 1월 8일 합창극《학교의 창생》이 시민의 갈채 속에 성공을 거둔지 3개월 후, 야마모토 히로키의 학교 창설의 건백서를 비롯해 개교 당초의 「학급일지」를 발견하여 근대교육사를 다시 쓰게 한 오지야 소학교의 전 교장 쿠와하라 요시타로가 자택에서 사망했다. 그의 머리맡에는 전날자 아사히신문의 사설 부분이 펼쳐져 있었다고 한다. 그 사설은 '배움의 공동체를 향해'라는 제목으로 오지야 소학교 창설의 위업과 학습참가의 도전을 향한 찬사가 미래를 여는 교육의 의지로서 그려지고 있었다.

쿠와하라 교장에 의한 사료의 발견과 검증이 없었다면 이 학교의 역사는 '1873년 창설'이라는 기록으로만 역사에 남았을 것이다. 실제로 쿠와하라 씨는 사료를 찾아내자마자 서둘러 도쿄대학 사료편찬소에서 진위를 검증받고 창설100주년기념사업을 5년 앞당겨 실시한다. 지역 투쟁 역사는 국가 정사正史의 배후에 숨겨져 있다. 망각된 역사를 신체가 기억하는 역사로 되돌리는 투쟁이 필요한 것이다.

1868년에 창설된 오지야교 진덕관은 이듬해 카시와자키현 재정난으로 공립학교 인가가 취소된다. 야마모토 히로키는 학교를 사설학교로 전환해 운영했고, 그 사이 야마모토를 비롯한 오지야 주민들이 여러 차례 카시와자키현에 재인가 신청을 했으나 1년 이상 접수조차 받아들여지지 않았다. 이에 관한 자료는 거의 남아 있지 않지만 이것만으로도 공공권 근대화를 둘러싼 격렬한 헤게모니 투쟁의 흔적을 확인할 수 있다.

1870년 오지야와 그 주변의 735개 마을은 카시와자키현에서 독립한 '오지야현' 건설운동으로 420개 마을의 탄원서를 정부의 민부성民部省에 제출하는 사건을 일으켰다. 민부성은 이 탄원서의 수락을 거부하고 카시와자키현에 통보하여 오지야현 건설운동을 탄압했다. 이를 주도한 마을지도자 6명은 황실을 기만한 죄로 수개월 동안 구속되었으나 주민들의 반발이 심해지자 카시와자키현은 그들을 석방하고 다시금 마을 지도자로 임명했다. 오지야교 진덕관의 인가에 대한 카시와자키현의 일방적인 취소가 오지야현 독립운동에 대한 억압과 제재였음을 상상하기는 어렵지 않다.

오지야교 진덕관의 역사를 되새기는 것은 배움의 공공권에 관한 기억, 지역 공동체에 관한 기억 그리고 억압받고 제압당한 지역을 기반으로 한 근대화의 가능성에 관한 기억을 되살리는 것이기도 하다.

6. 신체의 아티큘레이션-배움의 관계론

배움의 공공권은 다양한 신체의 아티큘레이션이 복합적으로 교차하는 공간이다. 합창극《학교의 창생》의 작곡과 편곡을 담당한 미요시 아키라는 오지야 소학교의 히라사와 교장의 요청으로 기록한 사인보드에 '자신의 마음, 숨결, 마음의 소리, 뜻'이라고 썼다. 배움이나 표현 이전에 신체가 느끼는 강렬한 감정이 있고, 그 감정의 기저에는 숨결이 있다. 마음의 파동을 소리처럼 형상화시켜 표출되는 것이 의식일 것이다. 숨결은 자신의 존재를 드러내는 가장 원초적인 표현이며 의식은 무의식이 언어와 목소리로 발현된 것이다. 제임스나 베르그송을 인용하지 않아도 이 숨결과 의식은 신체의 아티큘레이션 그 자체이며 끝없이 유동과 변환을 거듭하고 있다. 이 숨결과 의식화를 낳는 신체의 아티큘레이션 속에 삶과 배움과 표현의 본원적인 관계성이 있다. '사람은 왜 노래하는가'라는 근원적인 물음을 음악표현의 본질로서 탐구한 미요시 아키라의 해답이 이 사인보드에 표현되어 있다.

동일한 요청에 나는 '學, educare'이라고 사인보드에 썼다. '學'이라는 문자에는 배움이 내포하는 사람과 사람의 관계성이 나타나 있다. '學' 위쪽에 있는 두 개의 x는 모두 '교류'를 의미한다. 위의 x는 수직 방향의 교류, 즉 하늘(선조의 영=문화유산)과의 교류, 아래의 x는 수평 방향의 교류, 즉 아이와 아이의 교류를 의미한다. 이 두 x의 양측에 있는 손 수手자는 아이의 교류에 마음을 쏟고 케어해주는 어른의 '양손'이다. 배움은 그 교류에 마음을 쏟는 어른의 케어에 의해 성립되는 것이다. '學'이라는 글자는 배움의 장소의 지붕을 뜻하는 부분과 그 중심에 위치하는 '子'로 구성되어 있다.

이 '學'의 사상은 야마모토 히로키의 건백서에 "가르친다는 것은 결코 서두르거나 다그치지 않고, 항상 곁에서 지켜보며 잘못을 바로 세우고 지원하여 유유히 뻗어나갈 수 있도록 하며, 지겨워하지 않도록 돌보아, 마른땅을 적시듯 흘러가는 강물처럼 사람이 본래 가지고 있는 덕성을 성취할 수 있게 하는 것"이라고 기록되어 있다.

야마모토의 건백서에 표현되어 있는 '교敎'의 개념은 어른이 일방적으로 아이를 조작 대상으로 하는 근대의 교육education 개념이 아니다. 교육의 제도화에 의해 소멸된 'edu-care'(세상에 존재하는 모든 생명의 성장에 마음을 쏟는 것)라는 교육 개념이다. 어른이 아이의 능력을 일방적으로 이끌어내는 근대의 '에듀케이션'과는 달리 '에듀-케어'로서의 교육은 케어링이라고 하는, 타자의 연약함과 요구에 응하는 관계를 기반으로 성립한다. '겸허하고 관대하라'며 '천성의 참됨'을 기본원리로 한 야마모토의 자연주의 교육은 edu-care의 사상을 기초로 하고 있었던 것이다.

합창 구성극 《학교의 창생》은 오프닝과 같은 강변의 무대에 4명의 현대의 아이가 바람 속에서 목소리를 듣는 에필로그의 대사로 종반을 맞이한다. 말이 되기 전의 신체의 울림에 귀를 기울이는 것, 이름을 붙이기 전의 사물의 움직임을 느끼는 것, 그리고 상상력에 의거하여 나의 내면 풍경을 타자의 내면 풍경에 비추어 보는 것. 공공권의 기반은 이러한 신체의 움직임 속에 준비되어 있다. 《학교의 창생》의 에필로그는 현대의 아이들 4명의 다음과 같은 대사에 이어 피날레로 향한다.

카즈야: 우리들은 바람 속에서 많은 목소리를 들을 수 있어.

마사미: 우리들은 하나의 음 속에서 많은 음을 들을 수 있어.

마미: 우리들은 하나의 목소리 속에서 많은 목소리를 들을 수 있어.

토시코: 우리들은 하나의 노래 속에서 많은 노래를 들을 수 있어.

피날레 · 주제곡 · 합창

학교 찬가

작사 · 사토 마나부, 작곡 · 미요시 아키라

투명한 아침햇살 아래

산은 웃으며 구름과 노닌다

작은 생명의 숨결로

여기 되살아나는 하나의 말

상처 입은 오지야의 벗들아

이곳에서 배우고 노래하자

겸허한 마음은 관대할지니

바람이 되어 하늘을 난다

노을 번지는 강물을 바라보며

엮어가는 우리의 정

작은 가슴에 소망을 품고

여기 되살아나는 하나의 말

슬픔을 태워라 오지야의 벗들아

이곳에서 함께 쉬자꾸나

겸허한 마음은 깊나니

강이 되어 대지를 흐른다

새벽을 약속하는 별을 찾아

끊임없이 새겨지는 배움의 역사

작은 몸을 희망으로 달구어

여기 되살아나는 하나의 말

기쁨을 나누는 오지야의 벗들아

여기에서 배우고 노래하자

겸허한 마음은 무구할지니

소리 높여 미래를 만들자

7. 목소리를 울려 퍼지게 하는 것-배움의 공공권으로

　　오지야교 진덕관은 배움의 공공권을 창출한 역사적인 사건이었
다. 그 공공성의 높은 수준은 야마모토의 건백서에서 이 학교 창설
의 중심 목적이 새로운 '하의상달' 사회에서 장래에 선거에 의해 선
출되어야 할 향토와 국가의 일꾼을 육성하는 것에 있었다고 밝힌
점을 보아도 명백히 드러난다.

　　이 사실은 일본 공교육의 기원이 1872년의 학제에 있지 않다는
것을 시사한다. 오지야 소학교의 역사에 근거하여 말하자면, 1872
년 4월에 학제에 흡수된 오지야 소학교보다도 메이지원년(1868) 10
월에 카시와자키현청의 인가를 받은 오지야교 진덕관이 더 공공성
이 높은 학교였다. 오지야교 진덕관은 계층이나 세대를 넘어서 사

람들이 소통하고 서로 돕는 배우는 공간이었으며 국학, 한학, 양학, 신도 등 다양한 문화가 교차하는 교육공간이었다. 오지야교의 학제로의 이행은 번역교과서 학교로의 이행이었으며 성적에 의해 진급을 서열화하는 학교로의 이행이었다. 문화의 자발적 식민지화를 추진한 국가의 의지가 오지야 소학교의 배움의 공공권을 국가로 흡수시키고 그 식민지화 과정에 수렴시킨 것이다. 야마모토 히로키가 오지야교 진덕관이 학제에 흡수될 때 사표를 제출하고 이 학교를 떠난 것은 식민지화에 대한 저항이었다.

오지야교 진덕관의 역사는 원래 하나로 인식되어 왔던 공교육과 의무교육과 국민교육을 구별할 필요를 제기하고 있다. 오지야교 진덕관의 창립은 일본 공립학교의 기원이며 공교육의 성립을 의미한다. 그에 비해 1872년의 학제는 공교육의 제도적인 흡수와 재편을 의미하며, 또한 국민교육의 성립은 국민국가의 통합을 목적으로 하여 교육과 권력의 균질 공간을 조직한 1900년의 소학교령에서 찾아야 한다(사토, 1995, 1997b).

오지야교 진덕관의 역사는 근대화의 출발점에 대한 통설을 재고할 것을 촉구하고 있다. 근대교육사 연구의 초석을 다진 카이고 토키오미海後宗臣는 1929년과 1930년에 문부성 정신과학연구보조비를 받아 1931년에「메이지 초기의 교육 조사연구보고서」를 작성했다. 이 보고서는 학제 이전의 문부성의 시책을 조사한 것으로 대학규칙, 중소학규칙에 의거한 소학(대학 예비기관인 소학)과 전국에 설치를 장려한 소학교(민중학교로서의 소학교)는 서로 성격이 다른 한코와 테라고야의 전통을 잇고 있기 때문에, 학제 이전의 제도방침은 '복선형 학교체제'였으며, 학제는 미국형 '단선형'을 채용한 것으로 결론짓고 있다.

또한 카이고는 학제 실시 이전에 소학교 또는 이에 준하는 명칭을 가진 학교가 성립되어 있었다는 것에 주목하여 누마즈사관학교 부속소학교와 교토 소학교 그리고 아이치현의교愛知県義校 등을 조사했다.

카이고 토키오미의 근대교육의 성립과 변천에 관한 실증적 연구는 그 후 문부성 편 『학제 80년사』(1954)로 결실을 맺어 근대교육사 아카데미즘의 기본적 패러다임을 구성하게 된다. 그 출발점이 된 메이지 초기의 조사연구보고서가 40년의 세월을 넘어 1973년에 『메이지 초기의 교육』으로 간행된 것은 상징적이다. 학제 이전의 교육(근세의 교육)과 학제 이후의 교육(근대의 교육=공교육)과의 발전적 연속성을 찾아내고자 하는 의식이 카이고를 중심으로 교육사 연구의 기틀을 구성해온 것이다.

오지야교 진덕관에서 찾아볼 수 있는 배움의 공공권(공교육)의 형성은 전국 각지에서도 찾아볼 수 있다. 막부 말기부터 메이지 초기에 걸쳐서 전국 각지에서 '향학'이라 불리는 사족士族과 민중(농, 공, 상)의 신분과 세대 차이, 성차를 넘어선 학교가 창설되었다. 이들 향학은 '공립共立의 학교'라 불렸는데 이 학교야말로 오늘날의 공립公立학교의 원형이며, 이들 향학의 교육내용은 오지야교 진덕관과 같이 국학, 한학, 양학, 신도, 습자나 재봉 등 배움의 공공권에 걸맞게 다양한 문화로 구성되어 있었다. 1872년의 학제는 이러한 일반대중의 공교육을 국가에 흡수시키는 정책이었던 것이다.

오지야교 진덕관의 역사는 학제 이전에도 근대의 교육 공공권이 지역을 기반으로 성숙되어 있었다는 사실을 시사하고 있다. 학제에 의한 근대화는 자발적으로 문화적 식민지화를 단행한 메이지 정부에 의한 교육 공공권의 회수이자 식민지화 정책의 단행이었다. 학제에 의한 공교육 제도화는 지역에 기반한 공교육 좌절의 역사였다.

합창극《학교의 창생》은 매년 10월, 이 학교의 창설의 위업을 기리며 학생, 교사, 학부모에 의해 상연되고 있다. 이 학교에서는 '학습참가'를 기초로 하는 배움의 공동체 만들기로 배움의 공공권을 꾸준한 교육실천을 통해 실현하는 노력으로 정착시켰고, 그 역사의 위업을 기리는 연극과 합창이 이 학교의 배움의 공공권의 축제로 자리매김하고 있다. 이 두 가지 역사적 이벤트를 수행하는 신체는 일본의 근대가 억압하고 배제해 온 교육과 배움의 신체를 세상 밖으로 떠오르게 할 것임에 틀림없다.

참고문헌

- 오지야시사편수위원회, 1969- ,『오지야시사』, 상권 · 하권, 자료편, 오지야시 교육위원회.
- 오지야교 진덕관, 「학교일지」(1868~1874년), 오지야 소학교 소장.
- 오지야 소학교사 편찬위원회, 1977, 오지야 소학교사, 상권, 토호쇼보 東峰書房.
- 카이고 토키오미誨後宗臣, 1973,『메이지 초년의 교육』, 효론사評論社.
- 사토 마나부, 1995, 「'개성화' 환상의 성립-국민국가의 교육담론」, 모리타 히사토森田尚人, 후지타 히데노리藤田英典, 쿠로사키 이사오黒崎勲, 카타기리 요시오片桐芳雄, 사토 마나부 편저, 『교육학연보4-개성이라 불리는 환상』, 세오리쇼보世織書房.
- 사토 마나부, 1997a, 「1868년 설립의 공립학교-키시와자키현 오지야 민정국립小千谷民政局立 '오지야교 진덕관'」, 모리타 히사토, 후지타 히데노리, 쿠로사키 이사오, 카타기리 요시오, 사토 마나부 편저, 『교육학연보6-교육사상의 재구축』, 세오리쇼보.
- 사토 마나부, 1997b, 「교육사상의 탈구축을 향해-'근대교육사'의 비판적 검토」, 모리타 히사토, 후지타 히데노리, 쿠로사키 이사오, 카타기리 요시오, 사토 마나부 편저, 『교육학연보 6-교육사상의 재구축』, 세오리쇼보.
- 사토 마나부 각본, 미요시 아키라 편곡, 1997,《학교의 창생》, 오지야 소학교.

- 사토 마나부 작사, 미요시 아키라 작곡, 1997, 「당신에게」, 학교찬가, 오지야 소학교.

- 타테이시 유立石優, 1995, 『학교 이야기 – 설국, 오지야에 태어난 일본 최초의 소학교』, 코분샤恒文社.

- 테츠오 나지타, 1992, 『카이토쿠도懷德堂–18세기 일본의 '덕'의 모습』, 코야스 노부쿠니子安宣邦 역, 이와나미쇼텐岩波書店.

2장

학교라는 장치

'학급왕국'의 성립과 붕괴

세대의 고민을 아이들과 함께 나누고 교실을 사회와 소통하게 한다.
– 무라야마 슌타로村山俊太郎

1. 장치로서의 학교

학교는 하나의 장치disposition이며, 사물과 사람과 지知의 배치 disposition로 특유의 시스템과 권력 공간을 구성한다.

학교라는 장치의 근대적 성격은 학교 제도가 발족한 1872년의 '학제'에서 제시되었다. 먼저 이 장치는 교육하는 주체와 교육받는 객체를 배치한다. 「학사장려에 관한 피앙출서学事奨励に関する被仰出書」(국가최고기관인 태정관이 공포한 교육개혁 방침에 관한 공문서)와 '학제'(문부성)는 "일반 인민 중 배우지 않는 집이 없고 집 안에 배우지 않은 자가 없도록 한다"고 선언하고 "사람이라는 존재는 반드시 배워야 하는 것"이라 하며 모든 이가 배우는 기관으로서의 '소학교' 창

설을 표방하고 있다. 그 대상은 '일반 인민'이지 '국민'이 아니었다. 「학사장려에 관한 공문」은 몸을 수양해 지智를 깨우치고 재능을 키우는 교육의 필요를 제기했다. 더불어 '국가를 위해'를 논하는 등의 현실과 동떨어진 이론을 배제하는 방침을 밝히고 있었다. 일본의 근대학교는 국민교육national education으로서가 아니라 일반 인민의 교육, 즉 보통교육general education의 장치로서 출발했던 것이다. 일반 인민은 '왕족, 무사, 종교인, 농업인, 공업인, 상업인 및 여자와 아이'로 규정되어 계급과 계층과 성과 세대의 차이를 넘어선 공생의 유토피아가 구상되었다. 사실 학제 발족 시의 소학교는 6세부터 40세 이상의 사람들이 다양한 차이를 넘어 함께 배우는 시설이었다. 서구의 근대학교를 능가하고 근대를 초월하는 공생의 유토피아가 '태정관 포고'라는 전근대적 장치를 통해 선언되었다는 점에 그 후 일본 학교의 아이러니한 운명이 나타나 있다.

학교라는 장치는 사물의 배치에 있어서 공간과 경계선을 구성하고 있다. 학제가 공포된 이듬해(1873) 문부성은 신속히 학교의 원형이 되는 교사校舍의 모범도를 준비했다. 그 특징은 한코나 테라고야가 가지고 있었던 함께 살고 쉬는 거주공간의 다의성을 배제하고 교육 기능으로 일원화하여 구성한 무기성無機性에 있었다. 내부공간과 외부공간의 연속성도 차단되었다. 더욱이 일본의 학교 건축에서는 공간의 안팎을 가르는 경계성이 서구의 학교보다 더욱더 무기적으로 작용했다. 색채 없는 학교와 교실의 무기적인 레이아웃은 병원이나 형무소와 비슷하고, 일본 학교의 특징인 담은 지역과 학교

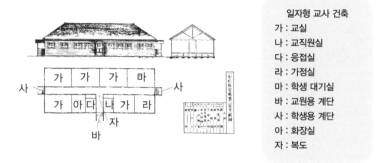

*1873년(메이지 6년) 문부성의 「소학교 건축도」(토쇼분코 소장)

의 비연속성을 상징한다. 실제로 일본의 어느 학교에나 있는 철제 교문은 유럽이나 미국에서는 결코 볼 수 없는 것이다. 서구에서 철제 문은 형무소의 상징이기 때문이다.

칠판과 교탁과 교단, 한 방향으로 배열된 책상과 의자로 구성된 교실은 그 배치 자체가 나타내듯이 기독교 교회의 내부를 원형으로 하고 있다. 교회 내부는 신 아래에서의 평등과 신에의 귀의를 체험하는 공간이다. 이러한 교실은 학제 이전의 일본에는 존재하지 않았다. 문부성이 예시한 교사의 모범도(1873)*가 학교 건축의 규범으로 일반에 보급된 것은 십수 년 후의 일이었다. 3차 소학교령(1900)에서 제도화된 '국민교육'의 균질적인 권력 공간이 학교 건축의 무기적인 공간 구성과 그 균질화를 촉진했다. 이와 궤도를 같이 하여, 지역 주민이 신문을 구독하고 선거 연설 등의 정론을 교류하는 공적 공간이었던 학교는 단지 교육 기능만을 추구하는 곳이 되어 지역과의 장벽이 두터워졌다.

학교의 '공간'을 가동시킨 근대의 '시간'이 이 장치의 기능을 더욱 확고하게 했다. 일방적으로 균질적인 속도로 흐르는 시간에 의해 학교라는 장치는 사람들의 신체를 조직한다. 매일의 수업에서 연간 계획에 이르기까지 학교라는 장치는 모든 것이 시간에 의해 조직되어 있다. 메이지 시대 학교 직원의 가장 큰 업무는 이 장치에 참여하는 신체를 소정의 시간에 의해 관리하고 통제하는 것이 아니었을까. 러일전쟁 후 일반 학교에도 보급된 시계로 인해 교사와 학생들의 신체는 통째로 근대 시간의 일부가 된 듯하다. 학교라는 장치는 지금도 균질적이고 일방향적인 시간에 의해 구성된 조직이다. 교장이 일주일 없더라도 학교는 기능하지만, 시계와 달력이 없는 학교는 하루도 기능할 수 없다. '지금 몇 시?' '지금 몇 교시?' '오늘 무슨 요일?' '숙제 제출은 며칠까지?' 등 학교에서는 놀랄 만큼 빈번히 시간에 관한 물음이 제기되는데 그 이면에 장소나 공간에 대한 물음은 억제되고 숨겨지게 된다. 학교에서 '여긴 어디지?' '난 지금 어디에 있는 거지?'하고 물었다가는 미친 사람 취급을 받게 될 것이다. 장소와 공간에 대한 물음이 시간에 대한 물음의 이면에서 억제된다는 점에서 학교라는 장치는 병원이나 감옥과 닮은 전체적 시설total institution인 것이다.

장치로서의 학교는 문화의 배치와 계층화에 의해 지식과 권력을 구성해왔다. 학제는 전국을 8개의 대학구로 나누어 각 대학구를 32개의 중학구, 한 중학구를 210개의 소학구로 분할하여 각각의 학구에 대학, 중학교, 소학교를 배치하는 구상을 제시했다. 전국에 5만3,760개의 소학교(현재 학교 수의 약 2.5배)를 창설하는 장대한 계획이었다. 여기서 중요한 것은 소학교, 중학교, 대학이 취학 연령이 아니라 지정학적인 배치에 의해 구성되었다는 점이다. 테이코쿠대학(도쿄 테이코쿠대학)을 중심이자 정점으로 하는 지知의 배치이며 출신학교에 의한 지의 계층화(학력 사회)의 구성이다. 이러한 지의 편제로 중학교는 대학에 종속되고 지역은 지방으로 변모했다.

학제에 의한 문화의 재배치는 과목과 등급제˙도입으로 수행되었다. 한코와 테라고야의 교육과정과 학제의 학교 교육과정 간의 현저한 차이는 과목과 등급제 및 등급제에 의한 시험을 도입한 데 있다. 한코와 테라고야의 교육과정은 한문서적漢籍이나 왕래물往来物*의 책 제목으로 제시되었고, 자학자습에 의해 전개되는 학습의 진도도 교재의 책 제목으로 표현되었다. 피아노 교실의 『체르니 30번』과 같이 말이다.

반면 학제는 27개에 이르는 과목을 열거하고 있는데 그 모두가 미국 교과의 번역명이었다. 예를 들어 후에 '작문'을 의미하게 되는 '철자법綴方'은 일본 글자에는 필요없는 spelling의 번역명이었다. 여기서 중요한 것은 학제가 제시하는 27개의 과목을 정작 미국의 초등학교에서는 거의 가르치지 않았다는 점이다. 미국에서는 공립학교의 제도화가 일부 주에 보급된 단계였으며, 보통 소학교는 문자

---

* 서간체로 된 초등교육용 교과서.–편주

그대로 '읽기, 쓰기, 셈'의 3Rs 중심의 도구 교과가 조직되어 있었다. 지리, 역사, 과학 등의 내용 교과가 일반 소학교에 보급된 것은 1890년대였고, 음악, 미술 등의 표현 교과가 보급된 것은 1900년대에 들어서이다(쿠벌리, 1919). 원래 식자율이나 대중교육의 수준은 일본의 한코나 테라고야가 미국을 넘어서고 있었다는 점도 중요하다. 학제의 교과는 일본 국내의 문화적 식민지화 정책에 의해 제시된 것이다.

등급제와 그에 따른 시험은 지식을 계층화하는 권력으로 작용했다. 4년제를 상하 4급의 8단계로 구분한 '등급'은 grade의 번역어로, 본래 '학년제'를 의미하는 grade가 '학제'에서는 개인 진도의 계층화로 바뀌었다. 메이지 초기 학교의 특징 중 하나인 월반이 이 등급제에 의해 실현되었다. 등급제에 의한 학생의 배치는 월, 학기, 학년 단위로 빈번히 행해지는 시험에 의해 수행되었다. 실제로 학제는 14개나 되는 조문으로 세세하게 '시험'을 규정하고 있다. 이는 학제의 학교가 일반 인민의 공생의 유토피아를 외치는 한편으로 엄격한 경쟁과 차별의 장치로 성립한 사실을 나타낸다.

장치로서의 학교는 교육 담론에 의해 특유한 언어 게임을 구성하고 있다. 학제가 발표된 해에 문부성은 미국인 교사 스콧을 초빙하여 도쿄에 사범학교를 설립, 일제一齊수업 양식을 도입했다. 스콧이 사범학교에서 학생에게 실연한 일제 수업을 소개한 모로쿠즈 노부즈미諸葛信澄의 『소학교 교사 필휴小学教師必携』(1873)는 다음과 같은 수업 양식을 전하고 있다.

읽기

1. 글자를 가르치기 위해서는 교사는 먼저 가르쳐야 할 글자를 손가락으로 가리키고 음성을 명확히 하여 읽고 제일 앞자리의 학생부터 차례로 읽힌 후 자세를 바르게 하여 각 학생이 목소리를 맞추어 여러 차례 복창하게 한다. 단, 같은 음을 읽을 때 침묵하고 읽지 않는 학생이 있기 때문에 각 학생에게 주의를 기울이는 것이 중요하다. 모두 충분히 읽은 후에는 탁음 등도 함께 가르쳐야 한다.

스콧이 전한 수업 양식은 단어도單語図, 연어도連語図를 활용한 일제 수업의 양식이었으며, 교사가 질문하고 학생이 답하는 '문답법'이었다.

단어도를 사용하여 그림을 가리켜 그 사물의 성질, 혹은 사용법, 혹은 먹는 법 등을 문답해야 한다. 예를 들면,

Q. 감이라는 것은 어떤 것인가?

A. 감나무에 열리는 열매이다.

Q. 무엇을 위한 것인가.

A. 과일의 일종으로 먹는 것이다.

Q. 어떻게 먹는가.

A. 대부분 날로 먹고 때로는 건조해서 먹을 때도 있다.

Q. 그 맛은 어떤가.

A. 아주 달다.

Q. 처음부터 그런가.

A. 아니다, 파랄 때는 떫다. (이하 생략)

이렇게 교단에 선 교사가 단어도(후에 칠판이 됨)를 중심으로 질문하고 학생이 답하는 커뮤니케이션 양식이 성립된다. '개발주의(페스탈로치주의)의 교수법'이라 불리는 이 양식은 1883년에 출판된 『개정 교수술改正教授術』에 의해 전국 학교에 보급되었다. 『개정 교수술』은 방법서(지도안)의 필요성과 그 작성 방법, 거수의 자세나 판서 방법, 책상에 앉을 때의 자세부터 서서 읽을 때 어떻게 하는지, 또한 수업을 반성하는 비평에 관한 사항까지 상세하게 규정되어 있어 오늘날까지 계속되는 수업의 원형이 되었다.

이 전통적인 수업의 원형은 국민교육이 제도화된 1900년 전후에는 헤르바르트주의의 교수이론에 의해 정형화되어(이나가키, 1966) 교사의 질문과 지시를 통해 학생들을 집단으로 통제하는 교실문화가 수업의 흐름을 이루는 교수이론으로 구조화되었다.

교육의 담론은 교실의 언어 게임 구조를 구성하며 교사와 학생의 신체를 내면에서부터 주체화하는 기능을 했다. 이는 1930년대까지 꾸준히 이어진 페스탈로치의 '교육애' 담론에서 가장 잘 드러난다. 교사와 학생의 가부장제적인 관계를 국민교육과 통합하는 데에는 빈민교육에 공헌하고 가부장제의 사랑을 기반으로 국민교육을 구상한 페스탈로치의 '교육애'만큼 유효한 담론은 없었다. 사랑의 담론은 주체를 구성하는 권력이다. 사실 일본만큼 페스탈로치의

교육애를 과도하게 논하는 나라를 본 적이 없다. 더욱이 페스탈로
치 교육애의 과도한 논의는 본토보다 식민지 교육에, 그리고 중앙
보다 지방의 교육에서 더 현저히 드러났다.

그러나 근대 일본에서 학교라는 장치는 그 내부에 모순을 품은
장치였다. 가장 큰 모순은 '인민의 교육(보통교육)'과 '국민의 교육
(국민교육)'과 '신민의 교육(황민의 교육)'의 서로 다른 세 가지 교육을
하나의 제도 안에 병존시킨 것이다. 학제가 준비한 교육은 이미 보
았듯이 일반 인민의 교육이었다. 그러나 학제의 인민이라는 표기는
그 후 공문서에서 소멸되어 교육령(1879)에서는 인민 대신 아동이
등장하고, 교육칙어(1890)에서는 신민臣民이 등장한다. 한편 국민
교육national education의 개념은 타나카 후지마로田中不二麿와 함께 교
육령의 기초를 마련한 데이비드 머리David Murray에 의해 일본에 도
입되어 모리 아리노리森有礼의 학제요강(1884)에서 국설경제national
economy와 함께 국설교육national education으로 등장했는데, 이 개념
이 명문화된 것은 교육칙어와 같은 해 제정된 2차 소학교령의 제1
조에서이며, 국민교육이 실질적으로 제도화된 것은 3차 소학교령
(1900)에서였다(사토, 1995). 2차와 3차의 소학교령 제1조는 다음과
같다.

소학교는 아동 신체의 발달에 유의하여 도덕교육 및 국민교육의 기초
와 그 생활에 꼭 필요한 지식 기능을 가르치는 것을 취지로 한다.

이 소학교령 제1조의 목적규정 안에 신민교육(도덕교육)과 국민교육(국민교육의 기초)과 보통교육(인민의 교육, 지식 기능의 교육)의 3층 구조가 단적으로 표현되어 있다. 이러한 모순을 포함한 2차와 3차 소학교령 제1조의 목적규정은 이 3층 구조를 '황국민의 연성鍊成*'으로 일원적으로 통합한 국민학교령(1941)까지 변경되지 않았다.

서구의 공교육이 인민의 교육(보통교육)과 국민교육의 접점에서 제도화되었다면 일본 공교육은 신민교육과 국민교육과 보통교육의 3층 구조를 안쪽에 품은 채로 제도화된 것이 특징이다. 이로 인해 근대 일본의 교육은 보통교육에 대한 반복적인 논의를 진행하면서도 그 실상을 드러내지 못하는 역사적인 문제를 안은 채 전개되어 왔다. 교육의 목적이 '황국민의 연성'에서 '인격의 완성'(교육기본법 제1조)으로 바뀐 2차 세계대전 후에도 인민의 교육(보통교육)과 국민교육의 차이는 소거된 채 보통교육은 의무교육(강제교육) 이상의 의미를 가지지 못했다. 따라서 '교육의 공공성'은 지금까지도 추상적인 개념으로 남아 있다.

2. 학급이라는 장치의 성립과 재편

학교라는 장치는 지금 역사적인 전환점에 서 있다. 그 단편이

---

* 인격, 기술, 학문 따위를 닦아서 단련함.-편주

교실의 변화일 것이다. 메이지 초기에 서구로부터 이식된 일제 수업 양식은 세계의 학교에서 소멸해가고 있다. 칠판과 교단, 교탁을 중심으로 수많은 책상과 의자가 한 방향으로 배열된 익숙한 교실 풍경은 다른 여러 나라에서는 이미 박물관에 들어가려 하고 있다. 대신에 교실에는 몇몇 테이블이 놓이고 20명 안팎의 학생이 몇 개의 그룹으로 나뉘어 서로 도와가며 배우는 풍경으로 변하고 있다. 교실 공간의 중심축은 칠판과 교탁이 아니라 각각의 테이블에서 전개되는 협동적인 배움이며, 일제 수업을 구성하고 있던 특유의 언어 게임은 자연스러운 커뮤니케이션으로 변화했다. 교과서는 이미 부차적인 교재로, 풍부하게 준비된 학습자료의 일부가 되었다. 뇌의 시냅스 결합에 지나지 않았던 배움은 사물이나 사람에 의해 매개된 활동적이고 협동적이고 반성적인 활동으로 확장되고 있다.

이러한 교실 변화에 현저하게 뒤떨어진 것이 일본을 포함한 동아시아 국가의 교실이다. 실제로 한 교실에 40명 혹은 그 이상의 학생이 밀집해 있고 교과서와 칠판을 중심으로 하는 수업이 지배적인 것은 동아시아 지역에 한정된 현상이라 해도 과언이 아니다.

물론 일본에도 변화가 없는 것은 아니다. 이미 소학교에서 교단은 대부분 자취를 감추었고 교사의 활동을 중심으로 하는 일제 수업 양식은 학생의 배움을 중심으로 하는 양식으로 서서히 변화하고 있다. 이 변화는 앞으로 더 빠르게 진행될 것이다. 전통적인 교실 풍경은 국민국가의 통합과 산업사회의 효율성이라는 두 가지 기본 원리를 기초로 하여 성립되어 있었다. 그러나 글로벌화와 포스트 산업주의 사회로의 이행에 의해 이 두 가지 사회기반 자체가 크게 전환하고 있다. 변화는 불가피하다.

이러한 교실의 전환점에서 나타나는 특징적인 현상이 '학급붕괴'이다. 학급붕괴라 불리는 현상은 무엇일까? 학교라는 장치의 무엇이 어떻게 해체되고 붕괴되고 있는 것일까? 일본의 학교에서 '학급'의 성립과 붕괴의 역사적인 구조를 성찰함으로써 전환기 학교의 위기와 가능성에 대해 고찰해보고자 한다.

학급의 성립

학급 성립의 역사는 국내외에서 반복적으로 논의되어온 일본 학교의 '집단주의적 문화'가 결코 자명한 것이 아님을 나타내고 있다. 집단주의라는 일본 학교문화에 대한 편견은 개인주의의 병리로 고통받는 서구 교육자의 오리엔탈리즘에 입각한 표상이자, 전체주의 교육에 대해 고민하는 일본 교육자의 자학적인 표상으로부터 태어난 것이 아닐까. 일본 학교문화의 가장 깊은 기저를 이루고 있는 것은 오히려 자학자습으로 상징되는 개인주의 문화임을 학급의 성립과 해체의 역사는 나타내고 있다.

16세기 유럽의 대학에서 성립된 학급 개념이 일본에 처음 등장한 것은 1886년 「소학교의 학과 및 정도」에서이다. 정부에 의한 이 명령은 심상소학교尋常小学校*의 학급 정원을 80명 이하, 고등소학교의 학급 정원을 60명 이하로 정하고 있으며 학급은 한 반에 허용되는 학생 수를 나타내는 단위를 의미했다. 학급의 개념이 법적으로 확정된 것은 「학급편제 등에 관한 규칙」(1891)에서 이며 학급은 '한 명의 본과 정교원이 한 교실에서 동시에 지도해야 할 아동들을 가리키는 것'이라 정의하고 있다. 또한 이 명령에서 심상소학교의 학급 정원은 70명 미만, 고등소학교의 학급 정원은 60명 미만으로 개정되었는데, 이 기준은 국민학교령(1981)까지 50년 동안 개선되지 않았다(시무라, 1994).

학급이라는 개념은 영단어 class의 번역어였다. 그러나 일본의 학급은 성립 당초부터 특유의 의미를 가지고 있었다. 영어의 class는 16세기에 성립되었는데, 이것이 '교육과정'이란 개념의 성립과 거의 동시기였다는 점이 나타내듯 수업을 받는 집단의 단위를 의미했다. 내용의 단위와 사람의 단위를 연결시키는 개념이었던 것이다. class라는, 분류와 계급을 의미하는 단위가 부여된 것은 그 조직이 교육과정의 단계에 대응하는 것이었기 때문이다. 영어의 class가 오늘날에도 수업을 의미하는 말로 사용되는 것은 그 잔재라 할 수 있다.

그러나 일본에서의 학급에는 수업의 단위라는 의미도, 교육과정의 단계라는 의미도 없다. '한 명의 본과 정교원이 한 교실에서 동시에 지도해야 할 아동들'이라는 정의에서는 서구의 개념의 편린을 찾아볼 수도 있지만, 학급은 오히려 '한 교실의 아동들'이라는 의미로 정착했다.

---

* 메이지유신 때부터 2차 세계대전 전까지 고등소학교와 함께 존재했던 일본의 초등교육기관. ―편주

이렇게 학제 직후에는 학급이라는 개념이 존재하지 않았고 교실classroom이라는 말도 존재하지 않았으며 교실은 교장敎場이라는 말로 표현되었다. 학급class 및 교실classroom이라는 말이 존재하지 않았던 것은 원래 일본의 교육에는 class를 구성하는 배움의 집단이 존재하지 않았기 때문이다. 한코에서도 테라고야에서도 아이들의 배움은 자학자습으로 이루어졌다. 교장敎場을 공간적으로 공유하고 있었다고는 하나 한 명 한 명의 아이는 서로 다른 교재를 혼자 배우고 있었던 것이며, 같은 내용을 집단적으로 배우는 문화는 존재하지 않았다. 철저한 개인주의에 의한 배움의 문화였던 것이다.

학제에 의해 도입된 것은 등급grade이었다. 이 grade도 등급으로 번역되면서 의미가 변했다. 미국의 학교에서 grade는 같은 연령으로 조직된 학년을 의미하고 있어 학년제를 구성하는 집단을 의미했다. 이런 학년grade이 일본의 학교에 도입된 것은 국민교육을 제도화한 1900년의 3차 소학교령 때의 일이다. 국민교육의 수립이라는, 교육 경험과 권력 공간의 균질화에 대한 요청이 연령에 의해 평준화된 학년이라는 집단을 성립시킨 것이다.

등급이라고 번역된 grade는 학년과는 달리 개인주의적인 개념이었다. 개개인의 배움의 진도가 등급으로 표현된 것이다. 한코나 테라고야에서는 교재의 종류로 표시되었던 개인의 진도가 근대 학교에서는 상하 4급, 8단계의 등급에 의해 일원적으로 서열화되었다. 앞서 지적한 모로쿠즈 노부즈미의 『소학 교사 필휴』는 등급의 서열화를 다음과 같이 제안하고 있다.

- 학생을 을의 급에서 갑의 급으로 올리고자 할 때는 먼저 졸업해야 할 과목에 대해 시험을 보고 충분히 급제하는 자가 아니면 등급시키지 말아야 한다. 낙제하는 자에 관해서는 그 급에 머물게 하여 과목을 충분히 익히게 해야 한다.
- 매월 학생의 학술을 시험하여 우열에 따라 교실 중의 자리 순서를 정하여 필요할 때는 학생이 학술의 진보를 즐거워하고 자리 순서를 경쟁하도록 하여 각 과목을 공부하도록 장려하여야 한다.

이 기술에서도 보이듯이 등급은 시험에 의해 월반과 낙제가 결정되는 개인의 진도 지표이며, 학교 내의 개개인의 서열화 지표이자 개인 간의 경쟁 지표였다. 하나의 교실에서 자리 순서로 등급이 나타난다는 것도 중요하다. 『소학 교사 필휴』에서의 교실은 스콧의 일제 수업의 소개 부분과는 모순되는데, 자학자습을 하는 학생들의 집합체로 표현되었다. 이 교실 이미지는 학제 발족 직후의 학교 실태와 부합되는 것이었다.

『학급편제 등에 관한 규칙』(1891)에서 확정된 학급 개념은 등급을 대신하는 개념으로 제시되어 있다(미야사카, 1968). 이 규칙에 있어서 '한 명의 본과 정교원이 한 교실에서 동시에 지도해야 할 아동들'이라는 정의는 스콧이 모범을 제시한 일제 수업이 학급(동일한 내용을 동시에 배우는 집단)의 성립에 있어서 현실화되었다는 것을 의미한다. 근대학교의 시스템은 학급의 성립에 의해 현실적인 기초를 획득한 것이다.

그러나 학교 실태의 변화는 느리게 진행되었다. 문부성이 4년제 8등급의 학급편제를 추진했음에도 1890년대에 단급학교單級學校의 수는 학교 전체의 절반 이상을 차지하고 있었다. 1895년에 실시된 문부성의 조사에 의하면 4년제 소학교의 80%가 3학급 이하이며 36%가 단학급이었다. 3년제 6등급의 학교 중 95%가 1학급 혹은 2학급의 학교였으며 그중 78%가 단급학교였다.

1900년 3차 소학교령에 의해 학급은 크게 변모한다. 변화는 두 가지 차원에서 일어났다. 하나는 등급제를 폐지하고 시험에 의한 진급과 낙제를 없앴다는 것이다. 그 결과 학급에서 개인의 진보를 의미하는 단계는 없어지고 동일 연령의 학습 집단을 의미하는 것으로 학급의 의미가 바뀐 것이 두 번째 변화다. 이 변화는 국민국가의 기초가 되는 국민교육의 요청에 의해 생겨났다. 실제로 3차 소학교령은 2차 소학교령 제1조의 목적규정을 답습하고 있었는데, 이때 국어 교과가 생기고 교육의 내용과 제도를 상세히 규정하고 균질화했다. 교실은 국민국가의 축소판이 되었다. 소학교는 전국의 모든 아동이 동일한 연령으로 모여 동일한 시간에 동일한 내용을 동일한 교실에서 동일한 활동을 통해서 배우는 장소가 되었다. 국민국가를 권력의 균질한 공간으로 특징지을 수 있듯이 국민교육의 기능은 교육의 균질공간이 달성시킨다. 학교의 등교일수, 한 시간의 수업 시간, 각 교과의 배당 시간 등이 상세한 규정에 의해 획일화되고 1891년에 정해진 공휴일의 학교행사는 1900년 법령에 의해 강제되었다. 학교의 건축 공간도 이 시기에 부처의 명령에 의해 획일화되고 1903년에는 국정교과서 제도가 발족한다. 학교는 국민으로서 공통적인 문화를 배우고 공통적인 체험을 공유하며 그 배움과 체험을 통해서 국민으로 성장하는 장소가 되었다. 1900년 이전의 학교는 서양의 근대를 체험하는 장소였지만, 1900년 이후의 학교는 대일본제국이라는 국민국가를 체험하는 장소가 된 것이다.

소학교 취학률이 90%를 넘어선 것은 이 시기의 일이었다. 청일전쟁과 러일전쟁 사이에 소학교의 취학률은 35%나 증가하여 1895년의 61%(남자 77%, 여자 44%)에서 1905년에는 96%(남자 98%, 여자 93%)에 달했다. 국민이 모두 배우는 취학률의 달성과 함께 교육개혁의 레토릭은 형식(제도)에서 정신(문화)으로 이행했다. 1890년대에 창시된 운동회는 1900년대에 각지의 학교에 보급되어 국민교육의 축제공간을 연출한다(요시미 외, 1999). 각 학교가 학교 마크나 교기를 정하고 학교의 교육목표를 정하기 시작한 것도 이 시기이며, 일부 학교에서는 교가도 만들었다. 교실은 수업과 배움의 기능적인 조직의 기초 단위에 멈추지 않고 문화적인 행사와 의식의 기초 단위로서 공통의 문화를 경험하는 것을 통하여 주체적인 국민으로 성장하는 집단의 기초 단위적 성격을 띠게 되었다.

학급경영의 성립

'학급경영'이라는 개념이 등장하는 것은 이런 맥락에서이다. 이 개념도 미국의 교육학 문헌의 번역어로 도입되었다. 학급경영을 주제로 하는 미국 최초의 문헌인 배글리Bagley의 『교실경영classroom management』은 경제적 효율성의 원리를 교실에 도입한 최초의 징후를 나타내는 저작으로, 사회적 효율성social efficiency을 추구하고 '의문을 가지지 않는 복종성'을 '효율적 서비스의 제1원칙'으로 내걸며 군대조직, 정치조직, 기업조직과의 유사성으로 학교 교육의 합리화를 논했다(배글리, 1907).

『일본 학급경영의 역사』에서 미야사카 테츠후미宮坂哲史가 지적했듯이(미야사카, 1964) 학급경영을 주제적으로 논한 최초의 출판물은 이바라키사범부속소학교茨城師範附屬小学校의 훈도였던 사와 타다시澤正의 『학급경영』(사와, 1912)이었다. 배글리의 『교실경영』이 효율성의 원리를 근거로 내세운 것에 비해 사와의 『학급경영』은 자율성의 원리를 제기한다. 사와의 『학급경영』은 학급경영을 학교경영의 기초로 보면서도 그 자율성을 주장한 점이 특징이다. 사와는 교권(교사의 인격과 권능)을 중심으로 학급이 조직되어야 한다고 논하면서 그 교권은 교장의 권한으로부터 자율성을 보장받아야 한다고 주장했다. 교장이 학교 전체 교권의 주체인 것과 마찬가지로 교사는 학급 교권의 주체여야 한다는 것이다. 교사의 인격적 영향과 교권을 중심으로 제기된 사와의 학급경영은 가부장제 가족을 규범으로 학급이라는 유기체를 조직하여 경영하는 레토릭으로 구성되어 있었다. 그는 다음과 같이 말했다.

교사는 마치 가장과 같고, 수십 명의 아동을 그 자녀로, 서로 사이좋게 지내고, 규율을 지키며 건강하고 근면성실하게 협동화합의 열매를 거둘 수 있다면 아마도 학급경영 목적의 대부분을 달성했다고 할 수 있겠다.

이러한 가부장제 가족을 규범으로 하는 학급경영의 이미지는 그 후에도 이어져 내려오며 일본의 학급경영에 공통분모가 된다. 전세기 말에 소학교 교사의 대부분이 여성이어서 여성화된 미국과는 대조적으로 금세기 전반의 일본의 교사 대부분은 남성이며 학급은 '가장'과 '사랑하는 아이'가 실제와 비슷한 가족을 연출하는 집단으로서 기능한 것이다.

사와의 학급경영은 교실 내의 화협和協을 중시하면서도 학생의 자습과 교사의 개인적 지도를 교육 관계의 기본으로 삼았다는 점에서 학제 이래의 개인주의 전통을 답습하고 있었다. 학생의 자질로서 '순종'과 함께 새롭게 요구된 것이 '자치自治'였다. 사와는 "지도를 충실하게 따름과 동시에 한편으로는 충분한 자치의 정신을 가지고 학급 풍토를 유지하고 개선하려는 각오가 있어야 한다"고 말했다. 이 자치의 요청도 그 후 오늘날까지 계속되는 학급경영론의 중심주제가 되어 일본 학급경영의 또 하나의 특징을 이루게 되었다.

일본 학급경영의 특징인 자치의 성격에 대해서는 미야사카의 『과외교육시課外教育史』(1953)의 「소학교 아동자치의 성립과 전개」에서 중요한 지적을 하고 있다. 미야사카는 소학교에서 자치의 개념이 러일전쟁 후에 사회교육으로 전개된 자치민육自治民育 운동을 기반으로 성립되었다고 말한다. 먼저, 교사의 관리통제의 조수역을 담당하는 반장이 생기고, 여기에 학급자치회와 학생수칙으로 보급된 경위를 분석하고 있다. 미야사카의 지적이 탁월한 점은 1910년대에 학교에 보급된 자치의 개념이 '자기 일은 자기가 한다'는 개인적인 의미로 '공동의 일은 공동으로'라는 의견은 조금도 포함되어 있지 않았다고 꼬집어 말한 부분이다. 사실 소학교에서의 자치는 등교시각의 확정, 소지품 정리, 복장 정돈, 용구의 조정 및 수리, 책상 정돈, 교실 청소, 운동용구의 정리, 학교 정원의 관리 등과 같이 학생 수칙으로 구체화되어 있었다. 주체 안에 관리를 내면화하는 과정이다. 미야사카가 '관이 다스리는 지방자치'의 보급을 '아동 자치'의 배경으로서 설명하듯이 학급에 보급된 개인주의에 따른 자치는 관료주의적인 관리와 통제(관이 다스림)를 주체의 내부로부터 지탱하는 보완물이었던 것이다.

3. 학급왕국의 성립과 보급

『학급경영』이라는 제목의 책이 폭발적으로 보급된 것은 타이쇼 말기부터 쇼와 초기(1920년대 말)였다. 타이쇼 자유교육이 공립학교로 보급된 타이쇼 자유교육 운동을 통하여 학급경영은 '학급왕국'이라 불리는 일본형 시스템을 형성하게 된다.

타이쇼 자유교육은 지금껏 국가주의 교육에 대한 개인주의 교육의 저항으로 이해되어왔으나 이는 오히려 1900년의 3차 교육령에 의해서 제도화된 국민교육의 주체화, 즉 국민국가의 내면화로 정정할 필요가 있다(사토, 1995). 실제로 타이쇼 자유교육은 1차 세계대전 전후 국민국가의 팽창되고 농축된 활력을 스스로의 생명력으로 삼았고 그 지도자의 대부분은 '제국신민'으로서의 주체 형성을 운동의 중심 목적으로 내세우고 있었다. 예를 들면 니시야마 테츠지西山哲治가 창설한 테이코쿠 소학교帝国小学校의 「설립취지」(니시야마, 1911)는 '제국문운帝国文運의 진보'의 시대에 '덕성의 함양', '독립자치 의지', '견인불발 의지', '신체 단련'이 결여되어 있는 상황을 지적하며 "학교 교육이 과연 건전한 소국민을 국가에 제공하고 있는지는 큰 의문"이라 하고 "장래의 자랑스런 제국민으로서 부끄럽지 않은 소국민의 양성"을 표방하고 있다. 같은 사례는 "국가의 중견이 되고 국력의 충실을 기하기 위한 각오와 실력을 갖춘 인물의 양성"을 내세운 나카무라 하루지中村春二의 세이케이 실무학교成蹊実務学校의 「설립취의서」(1912) 등 신교육을 주도한 일련의 신학교 선언에서 찾아볼 수 있다. 타이쇼 자유교육의 지도자들은 국가에 대한 충성을 통해서 국민국가의 팽창된 활력을 신교육 실천에 내면화한 것이다.

타이쇼 자유교육에서 학급은 개혁의 중심 무대였다. 새로운 전개는 그때까지 개인의 집합으로 인식해온 학급을 집단으로 인식하고 단체 혹은 사회(공동체)로 재정립하는 것을 통해 추진되었다. 학급을 집단으로 처음 정의한 이는 문부성의 보통학무국장으로 국민교육을 제도화하고 후에 타이쇼 자유교육의 중심적인 실험학교인 세이죠 소학교成城小学校를 설립한 사와야나기 마사타로澤柳政太郎였다. 사와야나기는 『실제적 교육학』(사와야나기, 1909)의 「학급론」에서 다음과 같이 말한다.

종래의 교육학에서 논하는 교육은 개인을 단위로 논의하는 경향이 있다. 그러나 교육의 실제를 보면 결코 개인을 단위로 하는 것이 아니라 학급을 단위로 하고 있다는 것을 알 수 있다.

사와야나기는 이어서 "종전의 교육은 일본에서도 서양에서도 개인 중심이었으나 오늘날의 교육은 단체 단위"라고 기술하고 있다. 또한 학급을 가르치는 단위로만이 아니라 훈육의 단위로서 확립해야 할 필요성을 강조하며, 따라서 "한 학급은 25명에서 35명으로 조직한다"고 제창한다. 사와야나기의 단체 중심의 교육학은 8년 후에 창립된 세이죠 소학교에서는 개성 존중의 교육으로 중심축을 이동시킨다. '단체'에서 '개성'으로의 이행은 교육의 형식이란 껍질의 타파와 효율성의 추구에 의해 수행되고 있다(「사립 세이죠 소학교 창설취의서」, 1917).

학급을 단체로 인식하고 그 단체를 기반으로 하여 개성으로 연결시키는 방법은 교실 내에 분단을 도입한 아카시사범부속소학교明石師範附属小学校의 오이카와 헤이지及川平治에게도 마찬가지였다. 오이카와는 교실 내의 능력이 다른 학생들을 급진, 보통, 지진의 분단으로 나누어 교육하는 분단식 동적 교육법(1912)을 제창했다. 오이카와는 학급에서의 지도를 전반적 교육(전체 지도)과 분단적 교육(조별 지도), 개별적 교육(개인 지도) 이라는 세 가지 형태로 조직하여 진행하는 방법을 제시했다. 오이카와가 창시한 '분단'은 일본 교실의 특징을 나타내는 '조組'의 기원이라 해도 될 것이다.

　오이카와의 분단식 동적 교육법의 목적이 '좋은 일본인'으로서의 '유능자' 양성에 있었다는 점에 유의하고 싶다. 오이카와는 "좋은 일본인이란 개인으로서 가족으로서 사회의 일원으로서 또 국민으로서 유능한efficiency 자가 되는 것"이라고 했다. efficiency라는 설명이 붙은 '유능한 자'의 교육은 그 후 오이카와가 미국에 유학하여 일본에 소개한 보빗Franklin Bobbitt으로 대표되는 사회적 효율주의 social efficiency 교육운동의 중심 개념이었다. 보빗은 교육과정과 교육경영에 근대적 노동 및 사무관리의 과학적 방법인 테일러 시스템을 도입한 최초의 교육학자였다. 보빗은 학교 교육의 생산성과 효율성을 높이기 위해 대공장의 조립 라인(단순 작업) 양식을 교육과정의 경영에 도입할 것을 제창하여 '생산목표'를 번안한 '교육목표'로 수업의 과정을 통제하고 '품질검사'를 번안한 '학력검사(시험)'에 의해 교육결과를 평가하는 방식을 개발했다. 보빗은 학교를 '공장', 학생을 '원료', 교육목적이 되는 어른을 '완성된 제품', 교사를 '작업자', 장학사를 '관리자', 교장을 '공장장', 교육장을 '경영자'로 표현했다(사토, 1990).

　국민국가의 자율적 주체 형성을 목적으로 하는 학급경영론은 타이쇼 자유교육에서 또 하나의 조류를 낳았다. 학급왕국으로서의 학급경영론이 그것이다. 학급왕국이라는 말은 자율자치를 내세우며 자유교육을 추진한 치바사범부속소학교千葉師範附属小学校의「학교요람」(1920)에서 등장하여 그 지도자였던 테즈카 키시에手塚岸衛의「자유교육진의自由養育真義」(1922)에서 그 양식이 제시되었다. 이 학교의 학교요람은 "경영은 학급 중심으로 하고 책임은 담임교사에게 있으므로 다른 이의 간섭을 허락하지 않는다", "우리에게는 학급왕국이라는 표어가 있다"고 선언하고 있다.

학급왕국이라는 말은 두 가지 내용을 의미했다. 하나는 '다른 이의 간섭을 허용치 않는다'는 교사의 자율성이다. 학교의 하부조직으로서 배치된 학급은 그 자체로서 자율적인 자치공간으로 재정의되어 교장이나 동료의 간섭을 배제한 담임교사의 자율성이 강조되었다.

학급왕국의 또 하나의 의미는 학급이 학생들의 왕국이 되는 자율자치에 의한 학급경영의 양식이다. 학급왕국으로서 편제된 학급은 일본제국의 미니어처였다. 선거로 선출된 회장과 임원에 의해 운영되는 자치회는 제국의회에 해당하고 사생대회, 자치집회, 학예발표회, 전람회, 과학제 등의 사업을 자치적 수양으로서 기획하여 실시했다. 말하자면 국체의 미니어처가 학급왕국으로서 구성된 것이다. 테즈카에 의한 자유교육은 학생의 자유에서 출발하여 자치에 의해 국가로 연결되는 자율수양을 기본원리로 삼고 있었다.

타이쇼 자유교육의 칸토지방 중심지였던 치바사범부속소학교에서 제창된 학급왕국은 수년 후 칸사이지방의 중심지인 나라여자고등사범부속소학교奈良女子高等師範附属小学校에서도 제창되어 더욱 적극적으로 추진되었다. 이 학교의 대표적인 실천자 중 하나였던 시미즈 진고清水甚吾는 『학습법 실시와 각 학년의 학급경영』에서 "학급경영의 목적은 학급왕국의 건설에 있다"고 하며 철저한 연대책임과 협동자치에 의한 학급경영 방식을 제안하고 있다(시미즈, 1925).

시미즈의 교실에서 학급은 먼저 '분단'으로 조직되어 그 분단이 매일 교대로 학급당번이 되어 운영되었다. 학급당번은 학급의 학습 준비, 학급의 청결 정돈, 청소당번의 검사, 일지, 자치회의 주최 등의 역할을 담당한다. 또한 학급 자치회의 부서로서 정리부, 학예부, 도서부, 실험실측부, 학습신문부, 장식부, 학습원부, 운동부, 출석조사부, 학습회계부, 학부모후원회위원, 임원이 정해져서 자주적 자치적 운영을 도모하고 있다. 교과의 학습에도 협동자치의 방식이 적용되었다. 학급의 모든 학생은 희망에 따라 수신부, 읽기부, 산술부, 지리부, 회화부, 체조부, 창가부로 나뉘어 담당한 교과의 수업경영을 돕는 역할을 맡는다.

테즈카의 학급왕국에 비하여 시미즈의 학급왕국은 한층 더 세세하게 구조화된 역할 조직으로 구성되어 있다. 오늘날의 교실에까지 계속되어 온 분단, 당번, 부장, 학급자치회 등에 의한 협동자치의 복합적인 교실 조직은 학급왕국에서 성립된 것이다. 협동자치를 추구하는 이러한 복합적인 조직형태는 다른 외국의 교실에서는 볼 수 없는 일본 특유의 양식이며, 학급왕국은 교실의 일본형 시스템이라고 해도 될 것이다. 앞서 말했듯이 학급왕국은 국가의 미니어처였다. 학급자치회는 의회이며 부서는 각 부처이며 분단은 마을 자치회에 해당한다. '학급＝국가'에서 교사는 천황이었을 것이다. 학생들이 연대책임의 집단자치로 학급을 경영하고 교사가 천황과 같이 원격 조종으로 통제하는 교실 경영 방식이 학급왕국의 성립에 의해 실현된 것이다. 이러한 학급왕국의 양식은 1920년대 말부터 공립학교에 급속히 퍼져나갔다. 시미즈의『학습법 실시와 각 학년의 학급경영』은 불과 3년 만에 46쇄나 증쇄했다고 한다.

1920년대 학급왕국의 성립은 1900년대에 제도화된 학급이라는 같은 연령의 집단을 사회(공동체)로 재구성하면서 성립되었다. 1900년까지 일본의 학교를 지배하고 있었던 개인주의 문화는 학급왕국에 의해 집단주의 문화로 전환된 것이다.

도쿄여자고등사범부속소학교東京女子高等師範附属小学校에서 작업주의 교육을 추진한 키타자와 타네이치北澤種一의 『학급경영원론』(1927)은 이러한 전환의 원리를 제시하고 있다. 키타자와는 "학급교수는 학급을 전체로서 다룬다고 하여도 전체로서의 사회생활을 실현할 여지가 없다"고 하며, "학급경영을 개인 중심이 아니라 단체 중심으로 전환하기 위해서는 생활단체로서 학급을 정의해야 한다"고 주장한다. 키타자와에 의하면 학급은 '교수敎授*'를 위한 조직 그 이상으로 생활단체이며 생활을 기반으로 하는 학습은 작업으로 이

---

* 교사가 교재를 매개로 학습자에게 지식, 기술을 전하고 각 능력과 가치관을 형성케하는 교육활동의 형식.-편주

행해야 한다. 또한 키타자와는 학급을 진정한 생활 공존체, 학생을 공동작업자로 표현했는데 그 공존체는 생활단체의 공동체이며 수업에서 구성되는 배움의 공동체는 아니었다. 이는 오늘날까지 이어져온 일본 교실 특유의 공동성이며 레토릭 또한 같은 시기에 출판된 많은 학급경영론에서 공통으로 발견된다. 키타자와의 『학급경영원론』도 널리 보급되어 5년간 26쇄를 찍었다.

두 가지 학급 모델과 그 결말

1900년의 3차 소학교령에 의한 국민교육의 확립으로 제도화된 학급은 그 후 두 개 모델을 바탕으로 전개되었다. 하나는 학급왕국으로 상징되는 국체 모델이며 또 하나는 가부장제를 기반으로 하는 가정 모델이었다. 학급경영의 양식은 1930년대의 대정익찬운동大政翼贊運動*을 기반으로 하여 공립학교에 널리 보급되었는데, 그 과정에서 두 가지 모델이 나타났다.

가정 모델의 학급경영 계보는 복잡한 전개를 보였다. 이 계보에 내재하는 가능성을 지도노무라 소학교児童の村小学校 노무라 요시베野村芳兵衛의 학급경영과 나라여자 고등사범부속소학교의 이케다 코기쿠池田小菊의 학급경영에서 볼 수 있다. 노무라는 『신교육에 있어서의 학급경영』(1926)에서 학급의 성격을 생활의 장소와 문화전달의 장소로 나누어 생활의 장소로서의 학급의 성격에 대해 다음과

---

* 1940년 고노에 내각 출범으로 정당이 해체되고 무정부시대를 맞게 되자 군부, 관료, 정당, 우익을 망라해 결성한 대정익찬회가 거국정치체제를 목표로 벌인 신체제운동을 말함.-편주

같이 정의하고 있다.

만약 학교를 생활의 장소로 본다면, 자연스러운 사회현상처럼 인간의
공동생활을 목표로 삼으면 된다. 가장 자연스럽게 생겨난 인간의 무리
는 가정이다. 학급의 무리도 대체로 교사가 중심이 된 가정이 바람직
하다. 즉, 개성과 연령과 성별이 다양한 아이들이 모여 있는 것이 좋다.
그 아이들이 하나의 사랑으로 뭉친 학급이면 좋겠다.

노무라에게 학급은 학습의 장소임과 동시에 생활의 장소였으
며, 생활의 장소로서의 학급은 다양한 능력과 개성이 서로 모이는
공동생활의 장소이며 교사를 중심으로 한 가정이었다. 거기서부터
인위적인 획책을 배제한 다음과 같은 학급경영이 성립한다.

학급경영은 교사의 획책이 아니다. 물론 아이의 획책도 아니다. 아이
와 교사가 함께 생명이 이끄는 대로, 자연스럽고 순수하게 필연적으로
다다르는 생활 속에서 태어나는 사실이다. 이렇게 태어난 학급경영이
알찬 것은 당연하다. 인간은 하지 않고는 못 견디는 것을 하는 것 외에
진정한 길은 없다.

한편 학습의 장소로서의 학급은 학습자의 개성과 환경 및 시간
의 다층성에 입각하여 재구성되어 있다. 『학습의 다양한 형태와 시
간표의 고찰』(노무라, 1924)에서 노무라는 규칙이나 회의에서 정해

진 시간, 사람이 공동체적인 일을 할 때의 시간, 개인이 자신의 일을 수행하는 시간이라는 세 가지 시간을 구별하고 있다. 제도의 시간과 공동체의 시간과 개인의 시간이라는 세 가지 형태로 구별했다. 이 세 가지 형태의 시간을 교실에 적용해 학생들이 학습을 통해 경험하는 생명의 시간으로 재구성하는 방도를 탐구한 것이다.

노무라는 학습의 다양한 형태를 '체험', '사색', '창조'라는 세 가지 심적 작용으로 나누고 각각 학습 내용을 배치하여 그림과 같은 구조로 제시했다.

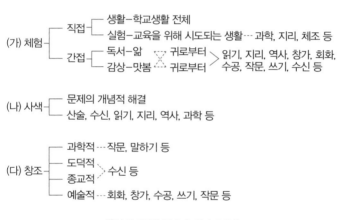

「학습의 다양한 형태」(노무라 요시베)

또한 노무라는 공동생활의 입장에서 학습의 형태를 (가) 독자학습…단독행동, (나) 상호학습…공동행동, (다) 강좌…상호학습의 특별한 예로 나누어 이 세 가지 형태의 조합으로 교실의 배움에 개성과 공동성, 능동성과 수동성, 구심성과 원심성을 되찾고자 했다.

근대학교를 지배해온 균질하고 단층적인 시간(경험)을 명확한 시점으로 통찰하고 비판하여 그 극복을 주제로 삼았다는 점은 경탄할 만하다.

한편 나라여자고등사범부속소학교의 이케다 코기쿠는 1929년 집필한『부모로서의 교실 생활』에서 교실을 부모와 자녀 관계로서의 단체 생활장소로 재정의하여 교실 내 관계와 공간의 재배치를 제창하고 있다. 그녀는 다음과 같이 말한다.

> 교육을 위해서라든지, 학생을 위해서라든지 그러한 진부한 생각을 가지고 일을 하고 싶지는 않다. 그렇다고 해서 달콤하고 감상적인 사랑에 좌우되는 싸구려 눈물로 그 자리를 때우는 일을 하고 싶지도 않다. 키우는 자와 자라는 자 사이의 감정은 적어도 저변에서 서로 통하는 힘, 즉 부모와 자녀의 감정에 가깝게 있고 싶다.

이케다의 주장은 가부장제의 가족을 모델로 한 것이 아니다. 부모와 아이의 자연스러운 케어의 관계를 교실의 교사와 학생의 교육 관계의 기초에 두자는 주장이다. 그리고 이 주장에는 그녀가 근무하는 나라여자고등사범부속소학교의 키노시타 타케지木下竹治가 제창한 학습법이나 학과학습이 교사 자신의 개성적인 관심이나 학생의 사실로부터 출발하는 것이 아니라 원리나 형식이라는 진부한 생각에 의해 보급되어 실천되고 있는 것에 대한 통렬한 비판이 포함된 것이다. "교사 자신이 아무런 흥미도 느끼지 못하는 이야기를 마구 꾸며서 학생을 유혹하는 듯한 이야기 속에서 교육은 언제나 말라죽어 있다"고 한다. 교실이라는 장소를 자연스러운 관계(부모의 케어와 같은 관계)의 장소로 개조하여 거기서부터 배움을 성립시키는 것, 이케다는 그 첫걸음을 다음과 같이 제안한다.

나는 교실에서 저 지저분한 칠판을 다 없애버리고 싶습니다. 그리고 대신에 액자를 몇 개 준비하면 좋을 것 같습니다. 교실에 언제나 아름다운 꽃이 있는 것도 좋습니다. 그런 것은 교사의 개성에 따라 과학에 취미가 있는 사람, 그림에 취미가 있는 사람, 문학에 취미가 있는 사람 등 다양할 테니 일일히 설명하지 않겠습니다만, 어쨌든 교실은 대체적으로 차분하고 여유로운 느낌의 밝은 공간이면 좋겠습니다. 정말 온 마음을 쏟아야 하는 일이기 때문에 그런 곳이 아니면 안 됩니다.

교실이라는 장소를 '생활 공동체' 시점에서 되묻는 시도는, 그곳에서 생활하는 아이들 개개인의 리얼리티에 입각해 배움을 창조한 작문담당 교사들에게도 마찬가지였다. 문학적 리얼리즘 방법론으로 교실실천을 창조한 아키타현의 사사키 스바루와 야마가타현의 무라야마 슌타로 역시 교실을 지역의 생활무대로 옮기는 도전을 전개하고 있다. 이 장의 첫 부분에서 말한 무라야마 슌타로의 "세대의 고민을 아이들과 같이 나누고 교실을 사회와 통하게 한다"라는 구절은 그 도전을 단적으로 표현하고 있다. 그러나 이러한 도전은 쇼와 초기의 공산주의운동에 대한 탄압과 검거에 의해 그 길이

닫히게 된다.

가정을 원형으로 교실을 공동체로 재구성하는 도전은 1930년대에 들어서면서 개성의 다양성을 존중하는 초기의 입장을 상실하고 차츰 집단주의의 경향이 강화되었다. 대정익찬회의 농촌자치운동을 비롯한 집단주의, 전체주의 사조와 전향한 마르크스주의의 합류점이 된 생산력 이론에 의한 집산주의collectivism사조가 교실 경영에서의 집단주의에 기초가 되었다.

이러한 전환은 학생 한 명 한 명의 고유명을 존중하고 개성과 공동성의 상호보완적 관계를 꿰뚫고 있었던 노무라 요시베에게도 예외가 아니었다. 노무라의 『생활훈련과 도덕교육』(1932)은 그의 전향을 시사하고 있어 흥미롭다. 이 책에서 노무라는 과학적 생활훈련의 필요성을 강조한다. 생활훈련이란 아이들이 협동자치의 주체가 되는 훈련이다. 그 협동자치를 실현하기 위해 "아이 한 명 한 명이 학교에서 직면하는 문제는 모두 학급의 문제로서 학급 전원이 협의하여 협력적으로 해결해가야 한다"고 한다.

여기에는 이전에 노무라가 주장했던 아이들 개개인의 경험과 개성과 다양성을 존중하는 시점이나 교실 시간(경험)의 다층성이나 교실 경험의 다원성은 찾아볼 수 없다. 생활훈련이라는 실천 자체를 1920년대의 노무라는 비판하고 있었다. 학급경영의 기축이 고유한 개인으로부터 협동자치의 집단으로 이동하면서 학급의 모델도 가정으로부터 협동자치의 공동체로 이행했다. 명백한 집단주의로의 귀결이다.

한편 국체 모델의 학급왕국 양식은 대정익찬운동을 기반으로 노골적인 전체주의 경향을 강화하고 있다. 세이케이 학원成蹊学園의 노세 히로아키野瀬寬顕의 『소학교육론－신일본교육의 건설』(1938)에 수록된 「향후의 학교경영」과 치바현 산부군 토가네 국민학교山武郡東金国民学校의 스즈키 겐스케鈴木源輔의 『전시戰時 국민교육의 실천』(1942)에 수록된 「결전決戰 체제 하의 학교경영」은 국체 모델 학급왕국의 귀결점을 시사하고 있어 흥미롭다. 학급왕국을 제창한 시미즈 진고가 1930년대에 학급경영의 목적을 국체관념의 양성에서 찾았던 것처럼 학급왕국은 파시즘교육으로 전환하는 역사를 거치고 있다.

노세는 "학급의 목적은 국가의 인적자원을 양성하는 것에 있다"고 하며 "향후의 학급경영은 전체주의 학급경영으로 전환해야 한다"고 주장하고 있다. 전체주의 학급경영을 제국신민을 양성하는 도장으로서의 학급경영이라 표현하며 "모든 학급활동이 일본다운 활동으로 재편되어야 한다"고 했다. 노세가 말하는 일본다운 활동이란 국가나 학교나 학급과 같은 전체에 대한 봉사적인 활동을 의미했다.

스즈키 겐스케의 '전시하의 학급경영'은 훨씬 더 철저해서, 학급을 학급소대라 부르며 군대조직을 모델로 재정의했다. "우리 학교에서 교장은 학교 교육 사단장이며 교감은 참모장, 초등과와 고등과는 각각 초등과여단, 고등과여단, 저중고 학년은 연대, 근접 학년은 대대, 동학년은 중대, 학급은 소대"라고 했다. 황도皇道의 상징으로 각 학급에 신단을 모시고 섬김으로써 자유주의, 개인주의를 배제한 야마토大和* 정신을 고양시킬 것을 추구하고 있다. 스즈키는 과거에 치바사범부속소학교에서 테즈카手塚岸衛와 함께 학급왕국의 실천을 추진해온 경험이 있었다. 그러나 전쟁 시의 파시즘 교육 하에 그 모든 것을 부정했다. 종래 학급경영의 우애성, 협동사회성, 가정성, 자치성은 지나치게 우유부단한 사고방식이라 부정하고 황국 발전을 위한 필사적인 단결이 학급경영의 중축이 되어야 한다고 주장했다. 이 단결은 서양에서 말하는 사회협동의 의미가 아니라 일본다운 협동이며 충성을 위한 협동이었다. 학급왕국에 대해서도 "하나의 학급 개인주의의 병폐를 양성시켜 학급은 단결하지만, 학교 전체의 활동은 저지하게 된다"며 부정했다.

4. 일본형 시스템의 재생산과 붕괴

일본형 시스템의 재생산

학급왕국으로 상징되는 학급경영의 일본형 시스템은 2차 세계대전 후에도 그대로 계승되었다. 선거에 의해 학급임원을 선출하고 학급회와 그 구성단위인 분단과 조組라는 소집단과 당번제로 협동 자치를 추구하는 학급왕국은 오히려 패전 후의 민주주의 교육 속에

---

* 일본을 이르는 다른 말.-편주

서 한층 강화되었다고 해도 과언이 아니다. 일본형 시스템의 교육 판인 학급왕국은 경제와 사회제도의 일본형 시스템과 마찬가지로 1930년대의 대정익찬운동을 통해 보급되어 패전 후 학교라는 장치의 기본 구조를 형성했다.

학교의 교사 조직도 학급왕국의 조직과 같이 협동자치가 특징인 일본형 시스템을 구성하고 있었다. 일본 학교의 특징이라 할 수 있는 교사의 집단적 자치 양식은 직원회의의 협동적인 토의에 의한 의사결정과 한 학교 당 30개 이상으로 분업화된 교사의 교무분장, 학년회 또는 교과회라는 소집단의 자치 단위에 의해 운영되어 다른 나라에서는 볼 수 없는 일본형 시스템을 형성했다. 교무분장의 조직이나 학년회나 교과회 자체는 이미 메이지 시대에 등장했으나 의사결정의 기초 단위로 협동자치를 추구하는 학교운영의 양식은 학급왕국과 마찬가지로 1930년대에 보급되어 패전 후의 민주주의 교육에 연속적으로 계승되었다고 할 수 있다.

또한 학교경영의 일본형 시스템은 학급왕국과 같이 그 집단주의의 이면에 일본 학교의 전통적 문화인 개인주의를 병존시키고 있다. 집단주의적 자치를 운영의 기본으로 하면서 서로의 일에는 간섭하지 않는 불문율이 암묵적으로 지배하는 학교의 구조는 집단주의와 개인주의의 병존을 상징하고 있다. 집단주의와 개인주의가 공존하는 독특한 학교문화의 구조는 다음과 같이 나타난다. 학급운영을 할 때에는 학교생활이나 행사를 학급회의, 분단, 부서 등을 통하여 자치하도록 하는 집단주의를 철저히 지향하면서, 수업 중의 배움에서는 협동이 이루어지지 않고 개인주의적인 자습주의와 경쟁이 지배적이다. 또한 학교경영에서는 집단주의적인 관리와 통제를 관철하면서도 교사의 전문 영역인 수업이나 교육과정은 개인주의적으로 이루어져 창조적인 협동이 실현되기 어렵다는 문제를 안고 있었다.

학교경영과 학급경영의 일본형 시스템이 패전 후 민주주의가 퇴보하고 관료주의적인 통제가 심해진 1960년대 이후에 더욱 강화된 점이 중요하다. 아동, 학생 수의 급증을 이유로 목조 건물에서 콘크리트 건물로의 이행은 대공장의 조립 라인assembly line을 모델로 한 학교 교육의 확장을 상징했다. 관료주의적 통제에 의한 생산성과 효율성 추구가 학교와 교실에 일본형 시스템의 침투를 강화시켰다. 고도성장기, 생산력 국가주의(사토, 쿠리하라, 1996)의 부활은 학교와 교실에도 전체주의의 부활을 촉진했다. 기업과 공장으로 비유되는 학교경영과 수업실천에 관한 과학적 연구의 폭발적인 보급은 과학적 합리주의에 의한 관료주의와 집단주의의 침투를 촉진시켰다(사토, 1992).

1960년대 이후 민간 교육운동으로 보급된 집단주의 교육은 고도성장기 학급경영의 일본형 시스템을 특징짓는 흥미로운 현상이다. 1960년 전후에 카가와현香川県의 교사, 오니시 츄지大西忠治가 소련의 안톤 마카렌코Anton Makarenko와 중국의 집단주의 교육을 모델로 하여 개발한 '분단, 핵, 토의 만들기'의 양식은 1960년대와 1970년대 전국생활지도연구회의 운동에 의해 전국을 석권하여 '집단주의에 기반한 학급 만들기'라는 방식으로 보급되었다. 이 운동이 '소비에트 교육학=집단주의 교육'이라고 확대해석하는 교육학 담론에 의해 박차가 가해져서 침투됐다는 점도 중요하다.

분단이라는 소집단의 자치를 기초 단위로 분단 간 경쟁을 조직하여 뒤처진 분단이 되지 않도록 협력을 자발적으로 조직하는 '분단, 핵, 토의 만들기'의 방식은 공장생산에 있어 일본형 시스템으로 알려진 생산성 향상 운동의 QC 서클 방식과 흡사하다. 소비에트 교육학을 담론의 기초로 하여 추진된 집단주의 교육의 양식은 당사자의 의식을 넘어서 생산성과 효율성을 추구하는 기업경영과 공장경영의 일본형 시스템의 양식과 대응하는 전개를 보인 것이다.

한편 학교와 교실의 지배적인 기반이 된 두 개의 조직원리가 있다. 하나는 국민통합의 원리이고 또 다른 하나는 효율성의 원리이다. 근대학교의 발전을 추진한 국민국가의 통합과 산업주의 사회의 촉진이 이 두 개 조직 원리의 근거가 되었다. 일본형 시스템의 특징은 이 조직 원리를 집단자치를 기초 단위로 하는 구성원의 주체성에 의해 추구한 점에 있다. 집단자치에 의한 자율성과 주체성을 조직하는 일본형 시스템의 학교와 학급에서 개개인의 관계밖에 나타내지 못하는 집단이 실체로서 인식되어 그 집단에 인격적 의지가 부여된다. 교실에 실재하는 것은 한 명 한 명의 개인과 그 관계인데 마치 '모두'라 불리는 집단이 의지를 갖고 존재하는 듯이 인식되는 것이다. 따라서 일본형 시스템의 학교와 교실에는 처음부터 타자는 존재하지 않는다. 이 전제에 의해 조직의 구성요소를 개인으로부터 집단으로 치환하는 것이 가능해진 것이다(사토, 1998). 그곳에는 고유명과 얼굴과 목소리는 지워지고 없다.

교사 집단에 의한 따돌림이나 학급 집단에 의한 따돌림이 음습해지는 것은 학교나 학급이 집단 단위로 조직되어 개인이 개인으로서 존재할 장소가 없기 때문이다. 더욱이 그 집단은 타자성을 배제함으로써 성립된 것이다. 더욱 골치 아픈 일은 일본 학교문화의 기층이 앞서 언급했듯이 개인주의 문화라는 것이다. 제아무리 수업과정에 적극적으로 참가한들 집단으로 귀속이 보장되는 것도 아니고, 반대로 수업 과정에 참가를 거부한들 집단에서 배제되는 것도 아니다. 학습생활(개인)과 학급생활(집단)은 이중의 독자적인 시스템을 형성하고 있다. 이 구조가 사태를 더욱 복잡하게 만들고 있다. 일본형 시스템의 학교와 학급이라는 장치를 살아가는 교사와 학생들은 강박적으로 집단에의 참여를 자주적, 자체적으로 추구하면서 끝없이 협동 속에서 고립을 체험해야만 한다. 이러한 이유로 일본형 시스템의 학교와 교실에서 침묵은 공포가 되며 소란스러움과 어수선함이 교실을 지배하게 되는 것이다.

미래를 향한 전망
학급왕국으로 상징되는 일본형 시스템의 학교경영과 교실경영은 학교나 학급을 구성하는 모든 구성원이 자주성을 발휘하여 합의와 동일성을 추구함으로써 집단적 자치의 주체가 되는 것을 전제로 했다. 그리고 그 구성원의 자주성과 주체성을 전제로 하는 집단주의적인 자치는 국가의 축소판인 학급왕국에서 교사는 천황으로 군림하고, 학생의 자주성과 주체성은 집단자치로 원격 조정함으로써 성립되었다. 즉 학교에서의 교장과 교실에서의 교사가 천황과 같은 존재가 될 것을 구성원들이 기대하고 요청해야만 했다. 이러한 전제와 조건을 고려한다면 오늘날 학급왕국의 붕괴, 즉 일본형 시스템의 학교경영과 학급경영이 막다른 골목에 이른 것은 필연이라 할 수 있다.

학급붕괴가 학급왕국의 붕괴라 한다면 그 현상은 필연적이며 오히려 긍정적인 현상이다. 문제는 붕괴 이후 새로운 학교와 교실의 장치를 준비하고 있지 않다는 것이다. 보다 본질적인 문제는 세계 각국의 학교 공간과 교실 공간이 크게 변모하고 있는 가운데 일본의 학교와 교실 공간과의 관계에는 아직도 미세한 변화밖에 생기지 않고 있다는 점과 교사와 학생이 다양한 딜레마에 직면해 있다는 점이다.

다시 생각해야 할 복잡하고 난해한 문제가 있다. 개인주의에도 환원되지 않고 집단주의에도 환원되지 않는 학교와 교실의 조직은 가능한가? 가부장제나 국가의 전체주의에 수렴되지 않는 교실의 공동성은 무엇에 의해 가능해지는 것일까? 자주성이나 주체성에 의한 학생의 집단자치가 관리와 통제의 내면화에 지나지 않는다고 한다면 교실에서 학생들의 참여를 어떻게 이끌어낼 수 있을까?

'너'와 '나'라는 인칭 관계를 박탈당한 '집단'에서 각자의 이름과 얼굴을 가진 '개인'으로 돌아가는 것, 그리고 개성과 공동성을 상호매개적으로 추구하는 것, 서로 함께 울려 퍼지는 배움의 신체의 흐름을 활성화하여 공간과 관계를 모두 재편성하는 것이 이러한 폐쇄적인 상황을 바꾸는 출발점이 될 것이다. 위기를 고발하는 경직된 말의 저편에서 이미 도전은 부드러운 말과 신체의 잔잔한 일렁임을 만들어 내고 있다. 학교와 학급의 경직성과 폐쇄성을 스스로 파괴할 수 있는 말과 신체는 부드럽고 온유한 말과 신체이다. 그 전통의 재생과 신생이 지금 우리에게 필요하다.

참고문헌

• Bagley, W. C., 1907. Classroom Management, MacMillan.

• Cubberley, E. P., 1919. Public Education in the United States' A Study and Interpretation of American Educational History, Houghton Mifflin.

• Sato, Manabu, 1998. "Classroom Management in Japan: A Social History of Teaching and Learning", in Shimahara, N. (ed.). Political Life in Classroom: Classroom Management in International Perspective, Garland Press.

• 이케다 코기쿠, 1929, 『부모로서의 교실생활』, 코세이가쿠.

• 이나가키 타다히코, 1966, 『메이지 교수이론사 연구 - 공교육 교수정형의 형성』, 효론샤.

• 오이카와 헤이지, 1912, 『분단식 동적 교육법』, 코가쿠샤.

• 키타사와 타네이치, 1927, 『학급경영원론』, 툐요토쇼.

• 미야사카 테츠후미, 1953, 『일본교육문화사체계 1권 과외교육사』, 카네코쇼보.

• 미야사카 테츠후미, 1964, 「일본 학급경영의 역사」, 『학급경영입문』, 메이지토쇼.

• 사토 마나부, 1990, 『미국의 교육과정 개조사 연구 - 단원학습의 창조』, 도쿄대학출판회.

• 사토 마나부, 1992, 「판도라의 상자를 열다 - 수업연구 비판」, 모리타

히사토, 후지타 히데노리, 쿠로사키 이사오, 카타기리 요시오, 사토 마나부 편저, 『교육학 연구의 현재 – 교육학 연보 1』 세오리쇼보.

• 사토 마나부, 1995, 「개성화라는 환상의 성립 – 국민국가의 교육언설」, 모리타 히사토, 후지타 히데노리, 쿠로사키 이사오, 카타기리 요시오, 사토 마나부 편저, 『개성이라는 환상 – 교육학 연보 4』, 세오리쇼보.

• 사토 마나부, 쿠리하라 아키라, 1996. 「교육의 탈구축 – 국민국가와 교육」, 『현대사상』 6월호, 세이토샤.

• 사와 타다시, 1912, 『학급경영』, 코우도우칸.

• 사와야나기 세이타로, 1909, 『실제적 교육학』, 도분칸.

• 시미즈 진고, 1925, 『학습법 실시와 각 학년의 학급경영』, 토요토쇼.

• 시무라 히로아키, 1994, 『학급경영의 역사』, 산세도.

• 「사립 세이죠 소학교 설립 취의서」, 1917.

• 스즈키 겐스케, 1942, 『전시 국민 교육실천』, 테이쿄쇼보.

• 모로쿠즈 노부즈미, 1873, 『소학 교사 필휴』, 엔우로우.

• 태정관 포고 제24호, 1872, 「학사정려에 관한 공문」.

• 테즈카 키시에, 1922, 『자유교육진의』, 도쿄호분카쿠.

• 나카무라 하루지, 1912, 「세이케이 실무학교 설립 취의서」, 『나카무라 하루지 선집』, 1926 수록.

• 니시야마 테츠지 , 1911, 「테이코쿠 소학교 설립 취지」, 『사립 테이코쿠 소학교 경영 25년사』, 1937 수록.

• 노세 히로아키, 1938, 『소학교육론 – 신일본 교육의 건설』, 도분샤.

• 노무라 요시베, 1924, 「학습의 다양한 형태와 시간표의 고찰」, 『교육
의 세기』, 2권, 12호, 쿄이쿠노 세이키샤.

• 노무라 요시베, 1926, 『신교육에 있어서의 학급경영』, 슈호카쿠.

• 노무라 요시베, 1932, 『생활훈련과 도덕교육』, 코세이카쿠쇼텐.

• 요시미 슌야 외, 1999, 『운동회와 일본근대』, 세이큐샤.

• 와카바야시 토라사부로, 시라이 타케시, 1883, 『개정 교수술』, 후큐샤.

3장

리터러시의 개념과 정의

1. 리터러시란 무엇인가

　리터러시는 다의적인 개념이다. 이 개념이 내포한 의미를 최소로 한정한다면 읽기 쓰기 능력(=식자 능력)이라고 정의할 수 있고, 최대로 확대한다면 구승문화orality에 대한 서자문화書字文化(문자를 매개로 한 문화)라 정의할 수 있다.(1) 이 최소와 최대의 의미 중 기저가 되는 것은 후자의 의미이다. 리터러시는 먼저 구승문화에 대한 서자문화로 규정할 수 있다. 그러나 교육개념으로서의 리터러시는 서자문화라고 정의하는 것만으로는 불충분하다. 교육이 서자문화를 기초로 성립되었다는 말은 상식일 뿐 리터러시의 교육에 대해서는 아무 언급도 하지 않은 것과 마찬가지이다.

리터러시라는 말의 역사는 이 개념의 교육적 의미를 이해하는 데 흥미를 더해준다.

옥스퍼드 영어사전에 의하면 literacy라는 말이 처음으로 등장한 것은 1883년 매사추세츠주 교육위원회가 발행한 교육잡지 『뉴잉글랜드 에듀케이션 저널』로, 학교에서 가르치는 공통 교양으로서의 읽기 쓰기 능력을 의미했다. 공교육이 제도화된 19세기 말에 교육 개념으로서 리터러시라는 말이 등장한 것이다.

그 이전에 literacy에 해당하는 말은 literature였다. 현재 literature는 문학이라는 특정한 문장의 장르를 의미하는 말에 한정되어 있지만, 이 말은 근래에 들어서기 전까지는 독서를 통해서 형성되는 우아한 교양 혹은 박람강기博覽強記*를 의미했다고 한다.(2) '독서에 의한 교양'이라는 literature의 원래 뜻은 이 말이 14세기에 라틴어에서 영어에 도입된 이래로 일관적이었다. 예를 들어 프랜시스 베이컨Francis Bacon은 모든 문헌의 지식에 정통한 것을 literature라 칭했고, 16세기부터 사용되어 온 부정형인 illiterate는 교육을 받지 못한 것을 나타내고 때로는 그리스어와 라틴어를 모르는 것을 의미했다. 17세기와 18세기에도 illiterate(무식함)의 기준은 셰익스피어의 희곡을 읽고 이해할 수 없는 정도를 의미했으며 literate인 상태가 높은 교양 수준을 의미했다. 그 이후 literature가 문학이라는 오늘날의 의미에 한정된 것도 근대에 와서 문학 장르가 우아한 교양에 의해 쓰

---

* 동서고금의 책을 널리 읽고 그 내용을 잘 기억하고 있음.-편주

인 작품으로 등장했기 때문이다. 리터러시의 원뜻인 literature가 갖고 있는 '독서에 의한 우아한 교양'이라는 의미는 르네상스 이후의 인문주의humanism를 기반으로 등장하여 16세기 이후 인쇄술에 의해 보급된 독서문화에서 답습된 것이다.(3)

따라서 리터러시의 본래 의미는 (고도의 우아한) 교양이며 쓰기 읽기 능력 혹은 식자識字능력이라는 의미는 교육용어로서 나중에 부가된 것이다. 읽기 쓰기 능력 혹은 식자라는 의미가 19세기 말에 리터러시에 부가된 것은 교육사의 흥미로운 아이러니다. 최근 영국과 미국의 리터러시에 관한 역사 연구는 공교육이 제도화되고 보급된 18세기부터 19세기에 걸쳐서 오히려 식자능력이 하락했다는 사실을 나타내고 있다. 예를 들면, 영국의 식자율을 실증적으로 조사한 연구에서는 리터러시의 발전이 17세기와 19세기 말에 일어났으며 19세기 대중의 식자율은 18세기보다 저하되었다는 결론을 도출했다.(4)

또한 미국의 식자율을 역사적으로 조사한 케이슬Kaestle과 동료들의 연구도 19세기 중반 공립초등학교common school의 보급과 대중의 식자율과의 상관 관계에 이의를 제기하며 식자율의 상승은 오히려 그 후의 대중적 간행물의 보급과 관련이 있다고 결론지었다. "젊은이들은 학교에서 배운 성서를 읽는 능력으로 『플레이보이』를 읽었다"는 것이다.(5)

많은 선진국에서 리터러시(식자능력, 교양)의 보급을 목적으로 공교육의 제도화를 추진한 시기에 왜 식자능력의 저하가 일어난 것일까? 가장 큰 요인은 산업혁명이다. 대규모 공장의 확산은 지적 능력이나 장인의 기예를 필요로 하지 않는 단순노동의 영역을 대량생산하여 공장공업 단계에 있는 장인 길드 조직이 보유해온 섬세한 제작 기능이나 읽기 쓰기 능력의 교육 기능을 붕괴시키고 말았다. 또한 초기의 학교가 교의문답서(카테키즘)에 의한 교육을 모델로 삼았기 때문이라는 연구도 있다. 1820년대에 전미에서 200만 부나 사용된 읽기 교과서 『뉴잉글랜드 프라이머』는 교의문답서 유형의 대표적인 교과서로, 100개 이상의 질의응답에 의해 일상생활의 규율이 제시되어 있었다. 레즈닉Resnic은 교의문답 스타일에 의한 수업은 학교 교육의 원형이며, 그 폐해에 의한 리터러시의 결손은 지금도 극복되지 않고 있다고 말한다.(6) 교의문답의 모델이 리터러시 교육의 실패 요인인지 아닌지는 차치하더라도 근대 학교가 리터러시 교육에 성공하지 못했다는 사실은 많은 역사 연구의 일치된 견해이다.

식자 혹은 읽기 쓰기 능력이라는 의미의 리터러시는 그 후 기능적 식자functional literacy 혹은 기능적 문맹functional illiteracy이라는 개념으로 발전했다. 기능적 식자라는 개념을 최초로 제기한 것은 1930년대에 뉴딜정책 하에 조직된 민간 국토보전부대Civilian Conservation Corps였다. 기능적 식자란 사회적 자립에 필요한 기초교양을 나타내는 개념으로 민간 국토보전부대에 있어서 3~4년 정도의 학교 교육을 받은 교양 수준으로 정의되었다. 이러한 기능적 식자의 기준은 1947년에 국세조사국Census Bureau에서 4~5년 정도의 학교 교육 수준으로 다시 규정되었고, 1952년에는 6년 정도의 학교 교육 수준으로, 1960년 교육성Office of Education의 규정에 의해 8년의 학교 교육 수준으로, 더 나아가 1970년대 말에는 고등학교 졸업 정도의 교양 수준으로 변경되어 현재에 이른다. 이러한 경위가 나타내듯이 기능적 식자로서 리터러시의 기준은 학교 교육의 대중적인 보급 수준에 대응하여 정해져 왔다. 미국에서 사용되는 문맹의 의미는 통상적으로 기능적 문맹(고등학교가 제공하는 교양에 달하지 못한 상태)을 의미하는 것으로 많은 일본인이 잘못 알고 있는 것처럼 글자를 모르는 상태를 의미하는 것이 아니다.

사회적 자립에 필요한 교양이라는 의미의 리터러시(기능적 식자)의 개념은 1956년에 윌리엄 그레이William Gray에 의해 유네스코에서도 제안되어 개발도상국의 리터러시 프로그램으로 채용되었다. 유네스코의 정의에 의하면 기능적 식자는 읽기 쓰기 능력만이 아니라 어른이 되어 경제생활에 완전히 참가하기 위한 직업적 기술적 지식을 포함한다.(7)

지금까지의 논의를 개괄하자면, 리터러시는 두 가지 의미를 내포한다. 하나는 교양으로서의 리터러시라는 전통적 개념이며, 이 용법은 오랜 기간 고도의 교양 혹은 우아한 교양을 의미했으나 근년에는 공통 교양common culture 혹은 공공적 교양public culture을 의미하는 것으로 변했다. 또 한 가지는 19세기 말에 등장한 식자 혹은 읽기 쓰기 능력으로서의 리터러시로, 학교 교육 개념으로 등장하여 사회적 자립에 필요한 기초교양을 의미하는 기능적 식자라는 개념에 뒷받침되어 보급되었다. 이 두 가지 계보를 종합하여 리터러시를 '서자문화書字文化에 의한 공통 교양'이라 정의하고자 한다. 리터러시는 학교에서 교육하는 공통 교양이자 사회적 자립의 기초가 되는 공공적인 교양을 의미한다.

2. 리터러시 교육에 대한 세 가지 접근

리터러시 교육은 최근 25년간 교육개혁의 논의와 정책을 둘러싼 논쟁의 초점 중 하나였다. 미국에서는 1970년대 말의 '기초로 돌아가라back to basics 운동'에서 리터러시 교육은 3Rs(읽기, 쓰기, 셈) 기초기능basic skills의 교육으로서 전개되어 1980년대 중반 이후에는 신보수주의 이데올로기에 의한 문화적 교양cultural literacy의 교육운동을 불러일으켰다. 일본에서도 리터러시 교육은 새로운 학력관에 의한 교육현장의 혼란이나 학력저하 논쟁을 배경으로 기초학력(읽기, 쓰기, 셈)을 중시하는 정책과 실천을 낳았다. 리터러시 교육을 강조하는 일련의 복고주의와 보수주의적 접근은 그 자체가 리터러시 교육은 가치중립적일 수 없고 정치적 이데올로기와 정치역학에 의한 논쟁과 항쟁의 한 가운데 있음을 시사한다.

비판철학에 입각하여 급진적 교육학 혹은 경계를 넘는 교육학을 제창하는 헨리 지루Henry A. Giroux는 『리터러시, 이데올로기와 학교의 정치학Literacy, Ideology and Politics of Schooling』(2001)에서 리터러시 교육을 도구적 이데올로기, 상호작용 이데올로기, 재생산 이데올로기로 분류하여 각각의 정치적 기능을 분석하고 있다.(8) 여기서 지루에 의한 분류를 부연하면서 리터러시 교육에 대한 세 가지 접근의 특징을 개괄하고 비판적으로 검토하고자 한다.

도구적 이데올로기

첫 번째, 도구적 이데올로기에 의한 리터러시 교육은 읽기 쓰기 능력을 도구적 기능instrumental skills으로 정의하고 그 습득과 정착을 교육의 과제로 삼는 주장과 실천을 전개해왔다. 리터러시를 도구적 기능이라 여기는 관념은 1910년대에 산업주의에 호응하여 등장한 사회적 효율주의social efficiency에 기원을 두고 그 후 실증주의 심리학과 행동주의 학습이론의 뒷받침으로 리터러시에 관한 지배적인 관념을 형성했다.(9) 예를 들면 기초학력을 읽기, 쓰기, 셈(3Rs)의 기초기능이라고 생각하는 학력관이나 그 기초기능을 반복 학습이나 시험으로 정착시키려는 교육은 도구적 이데올로기에 의한 리터러시 교육의 전형 중 하나이다. 이러한 이데올로기는 리터러시 교육의 대중적인 통속적 관념을 형성시켰다 해도 과언이 아니다.

도구적 이데올로기에 의한 리터러시 교육은 몇 가지 가설을 전제로 하고 있다. 하나는 읽고 쓰는 능력을 사고나 활동의 도구 혹은 수단이라 여기는 능력관이다. 이 관념은 1910년대 미국에서 성립되어 읽기, 쓰기, 철자법, 산수 등은 용구 교과instrumental subjects라 불렸다. 그러한 용법은 커벌리Cubberley E. P.의 『교육사Public Education in

the United States: A Study and Interpretation of American Educational History』
(1919)와 같은 학술적인 교육서에도 답습되었다.(10)

또한 도구적 이데올로기의 리터러시 교육은 읽기 쓰기 능력을 가치중립적이며 기계적인 기능 요소의 집합으로 간주한다. 이러한 이데올로기는 18세기 이후의 자연과학을 규범으로 하는 실증주의적인 과학 이데올로기, 특히 지식에 대한 객관주의적인 관념을 기초로 하고 있다. 이 관점에서 보면 지식이나 그 지식을 활용하는 기능은 학습자나 학습자의 경험 외부에 도구와 같이 객관적으로 존재하여 학습자나 학습자의 경험과는 상관없이 존재하는 것이라 여겨진다. 더욱이 그 지식이나 기능은 조작적인 개념일 수밖에 없어 역사적, 문화적, 사회적인 문맥으로부터 떨어져 존재하여 가치중립적으로 기능하는 것으로 간주된다.

도구적 이데올로기로서의 리터러시 교육은 1910년대에 보빗의 교육과정 이론에 의해 대량생산의 조립라인을 모델로 하는 교육과정이 되고, 손다이크Thorndike의 행동주의 심리학에 의해 자극, 반응, 강화의 학습이론으로 정식화된다. 생산목표를 설정하고 생산공정을 효율화하여 품질을 관리하는 대규모 조립라인 모델이 1918년 보빗의 교육과정에 의해 교육목표, 수업의 효율화, 학력시험이라는 교육공장의 조립라인으로 번안되었다.(11) 또한 언어의 상징기능이나 표상기능을 버리고 언어의 조작적 기능을 행동주의 학습이론으로 정식화한 손다이크의 학습심리학은 리터러시 교육을 공장 시스템으로 변용된 학교에서의 기계적 훈련으로 이끄는 결과를 낳았다.

기계적인 반복 연습으로 기능의 정착을 추구하는 도구적 이데올로기의 리터러시 교육은 사회적 효율주의 교육과정이론과 행동주의 학습이론의 소산이다. 그러한 지배적인 영향은 오늘날까지 지속되고 있다. 예를 들면, 앞서 지적한 유네스코가 정의한 기능적 식자도 도구적 이데올로기의 범주를 넘어서지 못하고 있다.

상호작용 이데올로기

도구적 이데올로기의 리터러시 교육이 지식이나 기능을 학습자 외부에 객관적으로 존재하는 것이라 생각하는 것에 반해, 상호작용 이데올로기의 리터러시 교육의 특징은 지식이나 기능을 학습자와 대상 세계와의 상호작용의 소산으로 간주하고 지식이나 기능을 사회적 구성의 산물이라 여긴다. 그 전형은 리버럴 아츠liberal arts(인문학) 교육의 전통에서 찾을 수 있다.

리버럴 아츠의 전통에 있어서 리터러시 교육은 교양교육의 중핵이며 자율적인 개인을 육성하는 자유주의 교육의 기초이다. 이러한 전통은 인문과학humanities을 중심으로 하는 교양교육에 의해 개인을 자유인으로서 해방liberate하는 이념에 힘입어 서구의 교양교육의 전통을 형성했다. 상호작용 이데올로기로서의 리터러시 교육은 이러한 전통을 구체화한 리터러시 교육의 양식과 이론을 나타내고 있다. 이러한 계보에서 지식이나 기능은 학습자 외부에 객관적으로 존재하는 것도 아니고 기계적으로 학습되는 것도 아니다. 지식이나 기능은 그 의미의 네트워크에 의해 역사적 전통에 뿌리를 내렸고, 그 학습은 학습자와 문화재의 상호작용에 의해 학습자가 주체적으로 의미를 구성하는 활동의 성격을 가진다. 이러한 이데올로기에 의한 리터러시 교육은 역사적 전통을 계승하는 인문주의 세계에의 참가이며 텍스트를 매개로 하는 문화적인 의미의 구성인 동시에 자유사회의 주체 형성 그 자체이다. 그리고 리버럴 아츠의 전통에 선 상호작용 이데올로기의 리터러시 교육은 피아제Jean Piaget를 대표로 하는 인지발달 심리학에 의해 기초가 형성되었다.

리버럴 아츠의 전통에 입각한 리터러시 교육은 상호작용에 의한 학습을 특징으로 할 뿐 아니라 학습자에게 진정성authenticity과 자율성autonomy을 요청하는 특징이 있다. 도구적 이데올로기에서의 리터러시 교육이 조작적 기능을 기계적으로 학습하는 경향을 나타내는 것에 비해 상호작용 이데올로기에 의한 리터러시 교육은 리터러시를 문화적 의미의 전승과 창조의 과정에서 자율적으로 형성하는 학습을 장려하고 있다.

상호작용 이데올로기의 리터러시 교육에서 문학이나 시가 텍스트로 선택되는 것은 학습자의 진정성과 자율성이 존중되기 때문이다. 따라서 리버럴 아츠의 전통에 입각한 리터러시 교육은 엘리트주의 교육이나 낭만주의 교육으로 치우치는 경향과 동시에 문화적 보수주의로 기우는 경향도 있다. 그 전형의 하나는 1980년대 이후의 신보수주의에 의해 추진된 문화적 상식cultural literacy을 추구하는 교육 이데올로기의 대두일 것이다. 문화적 상식이라는 리터러시 개념은 슐라이어마허Schleiermacher로 대표되는 해석학적 문학비판을 전문으로 하는 버지니아 대학의 교수 허쉬E. D. Hirsh의 『문화소양－모든 미국인이 알고 있어야 할 것』(원저 1989)에 의해 제기된 개념이다.

허쉬의 문화적 상식(리터러시)은 미국인에게 필수인 국민적 상식national literacy이자 모든 독자가 보유하여야 할 정보망network of information을 의미하여 사람들이 신문을 읽고 사회나 지역에 대해 원활하게 커뮤니케이션을 할 때 말 외에 포함된 의미까지 통찰하는 '배경에 있는 지식background knowledge'이라 정의되어 있다. 이 리터러시 개념은 리버럴 아츠의 교양론을 추구하는 사람들과 공통적인데, 허쉬의 특징은 문화적 상식을 시간과 공간을 초월한 보편적 상식universal literacy으로 간주한 점에 있다. 허쉬는 앞서 제시한 저서의 말미에 자신이 선택한 5,000개의 사항을 미국인에게 필수적인 지식으로서 열거하고 있는데, 그것들은 서양문명의 고전적 교양과 미국의 국가적 정체성에 필요한 지식을 중심으로 선택되어 있으며, 그중 80%는 100년 이상 사용되어온 지식이라고 강조한다.

허쉬가 제기하는 문화적 상식으로서의 리터러시가 부정하는 것은 도구적 이데올로기의 리터러시가 아니다. 허쉬의 공격 대상은 듀이Dewey로 대표되는 자연주의의 자유주의 교육liberal education의 전통이며 문화적 다원주의의 교육이다. 19세기 독일 해석학의 복고적 계승자인 허쉬는 작품 주제의 역사성을 해석의 대상으로 하는 한스 게오르그 가다머Hans-Georg Gadamer의 역사주의도, 독자의 창조적인 해석을 강조하는 심리주의도 모두 상대주의라고 비판한다.

허쉬의 해석학에서 작품은 역사성이나 독자의 개성을 초월하여 범신론적으로 의미와 가치를 부여한 것으로, 읽는 자는 마음을 비우고 작자의 의도를 충실하게 풀어 읽는 수동적인 역할로 한정하고 있다. 그의 문화적 상식에서 지식의 보편주의 역시 이 복고적인 해석학과 기반을 공유하고 있다.(12) 문화적 신보수주의 리터러시론은 허쉬에게서 전형적으로 찾아볼 수 있듯이 리버럴 아츠의 전통에 입각하여 문화적 다원주의와 상대적 인식론을 비판, 국가주의적이고 보편주의적인 공통지식의 교육을 리터러시 교육에서 추구하고 있다. 앨런 불룸Allan Bloom의 교양론, 윌리엄 베넷William Bennett에 의한 유산의 부흥 및 다이앤 래비치Diane Ravitch에 의한 역사적 상식historical literacy의 제창 등이 그 대표적인 사례이다.(13)

재생산 이데올로기

리터러시 교육에 대한 세 번째 접근은 재생산 이데올로기에 의한 리터러시 교육이다. 재생산 이론이 교육의 이론과 실천에 미친 영향은 다양하다. 재생산 이론은 학교 교육이 계급과 문화 및 젠더 권력의 재생산 과정으로서 기능하고 있다는 것을 폭로하고 교육과정을 규정하는 정치적, 경제적인 결정요인에 대해 급진적인 분석과 비판을 전개해왔다. 또한 재생산 이론은 일상적인 교육실천에서 관행으로 기능하는 차별과 선별 및 배제의 기능을 해명하여 문화적 이데올로기적 정치적 실천으로서 교육실천을 재정의하는 방법을 탐색해왔다.(14)

재생산 이데올로기에 있어서 리터러시는 문화자본으로 정의된다. 리터러시 교육은 가족이 보유하는 문화자본, 학교가 사회와의 교섭 과정에서 기능하게 되는 상징권력으로서의 문화자본의 재생산 과정이며 계급, 인권, 성의 차이가 대립과 갈등을 불러일으키고 차별과 억압과 배제를 둘러싼 저항과 투쟁이 조직되는 과정이다. 급진적 교육학이라 불리는 일련의 사람들, 프랑스의 브루디외Pierre Bourdieu, 미국의 애플Michael W. Apple이나 지루Henry Giroux 등은 교육에서의 문화 재생산 혹은 사회 재생산의 기능과 구조를 고찰하고 그 재생산 과정에 파생하는 갈등과 저항의 계기를 비판적 리터러시critical literacy의 형성에 연결짓는 가능성을 탐구해왔다. 나중에 이야기할 파울로 프레이리Paulo Freire의 해방의 리터러시는 재생산 이론을 통하여 형성된 비판적 리터러시가 발전된 형태라고 간주할 수 있다.

3. 공통 교양의 두 가지 개념

리터러시는 학교에서 교육되어야 할 공통 교양이며 공통 교양으로서의 리터러시의 개념은 리버럴 아츠의 전통을 기초로 하여 성립되었다. 이러한 리버럴 아츠의 전통에 의한 공통 교양의 교육은 이제까지 두 가지 입장으로부터 비판을 받아왔다.

리버럴 아츠에 대한 첫 번째 비판은 일반 교양general education이라는 교양교육의 전통에서 찾아볼 수 있다. 리버럴 아츠와 일반 교양은 곧잘 혼동되는 경향이 있다. 그러나 이 두 가지 개념은 각각 고유한 전통과 의미를 가지고 있어 동일시할 수 없음을 유의할 필요가 있다.(15)

리버럴 아츠는 플라톤의 『국가론』에 기록된 아카데미아에 기원을 두고 중세 유럽의 대학에서 자유칠과*로 발전된 개념이다. 그것은 엘리트 양성을 위한 대학에 요청된 개념이며 인문과학을 중심으로 한 여러 학문 분야의 유산과 어학의 교양으로 개인을 정신적으로 해방하는 교육을 의미했다. 근대에 있어서 유럽의 대학은 전문 과정으로 조직되어 있는데, 그것에 따라 리버럴 아츠는 대학 준비 과정인 중등학교에서 교육하게 되었다. 일본의 구 고등교육기관의 교양교육은 이러한 전통을 답습하는 것이었다.

그에 비해 일반 교양은 리버럴 아츠의 틀에서 벗어나는 형식으로 미국의 대학과 하이스쿨에서 발전된 개념인데 콜롬비아대학의 듀이가 1차 세계대전에서의 대량학살에 대한 반성을 계기로 마련한 문제 해결 코스가 그 기원으로, 하버드 위원회의 보고서 「자유사회의 일반교육」(1945)에 의해 정식화된 교양교육을 의미한다. 리버럴 아츠가 학문이나 문화의 유산을 전승하고 학생의 인격과 교양의 전체성을 요구하는 교육이었던 데에 비해 일반 교양은 학생 집단에 대해 하나의 통합된 내용으로 공통의 교양과 가치의식을 형성하는

---

* Seven Liberal Arts, 고대 그리스 로마시대에 행해진 전통적인 교육과정 및 중세의 일반 교양 교과목.-편주

교육을 의미했다. 따라서 일반 교양의 '일반'은 흔히 말하는 전문가 specialist에 대립되는 만능가generalist의 교육을 추구하는 것이 아니다. 일반이란 학생에 관한 말이 아니라 교육내용에 관한 말로서 사회의 현실적인 요청에 답하는 교육과정의 일반성을 요청하는 개념이다. 일반 교양의 '일반'이란 시민적 교양으로서의 교육과정을 구성적으로 통합하는 것을 요청하는 개념인 것이다.(16)

리버럴 아츠의 공통 교양 전통이 보수주의나 엘리트주의에서 벗어나기 위해서는 일반 교양으로서의 공통 교양(리터러시) 전통을 재평가할 필요가 있다.

리버럴 아츠에 대한 두 번째 비판의 계보는 페미니즘 교육학의 전개에서 찾아볼 수 있다. 페미니즘 교육학은 리버럴 아츠의 교육이 내포하는 남성중심주의와 엘리트주의에 대한 비판을 전개해왔다. 그 출발점을 준비한 제인 롤란드 마틴Jane Roland Martin의 「교육을 받는다는 것(교양인)」(1984)은 멕시코 출신의 가난한 이민가정에서 자란 로드리게스가 학업에 열중하여 유명대학을 졸업하고 박사학위를 취득하는 성공 이야기를 재해석한 논문이다. 이 논문에는 로드리게스가 교양인으로서 교육되는 과정에서 모국어의 고유한 문화를 상실하고, 친밀한 가족관계나 친구관계도 상실하며, 자연에 대한 감정이나 사회에 대한 관심을 잃게 되는 모습이 그려져 있다. 제인 롤란드 마틴은 교육을 받아 교양인이 되는 것이 소외계층이나 여성에게는 상실로 기능하는 학교 교육의 현실을 해부함으로써 학교 교육 메커니즘의 근간에 리버럴 아츠의 교육이 존재한다고 지적하고 있다. 그리고 마틴은 리버럴 아츠에서 상실된 것을 케어care와 관심concern과 연결connection의 3Cs로 제시하여 이러한 3Cs를 중핵으로 하는 새로운 교양교육의 필요성을 설명하고 있다.(17) 리버럴 아츠의 교육에 대한 이와 같은 비판은 케어링의 철학으로 교육내용을 재편성할 것을 주장하는 나딩스Nel Noddings에게도 공유되고 있다.(18)

4. 비판적 리터러시의 전개

재생산 이데올로기에 의한 리터러시 교육으로의 접근은 비판적 리터러시의 형성이라는 과제를 제시했다. 제3세계의 식자교육을 중심으로 해방의 교육학을 제기한 브라질의 교육학자 파울로 프레이리Paulo Freire의 이론과 실천은 비판적 리터러시의 요청에 대응하는 위업으로 평가되고 있다.

프레이리는 『피억압자의 교육학』(1974)에서 도구적 이데올로기에 의한 리터러시 교육을 예금 개념banking concept이라 특징짓고 비판했다.(19) 언젠가 도움이 될 것이라는 환상을 가지고 화폐를 저금하듯이 기초기능을 열심히 획득하고 보유하는 교육 이데올로기라는 것이다. 프레이리는 피억압 계급의 사람들이 묶여 있는 예금 개념이라는 교육 이데올로기로부터의 해방을 제창하며 대화에 의해 문화 코드의 의식화를 도모하는 문화정치학cultural politics으로서의 리터러시 교육을 제시했다.

프레이리의 해방 교육학은 의식화conscientization를 전략적인 개념으로 활용하여 의식의 의식화, 사고에 관한 사고, 해석의 재해석이라는 문화 코드와 문화적 의미에 대한 비판적 해석과 그 의식화를 제기하고 있다. 프레이리에게 있어서 사람은 상징적 의미의 동물animal symbolicum이며 텍스트를 읽는 행위는 세계를 읽는 행위의 하나일 뿐이다. 역사적으로 보아도 사람은 글을 읽게 된 후 세계를 읽은 것이 아니다. 먼저 세계를 변혁시키고 그다음에 세계를 표상하며 그러고 나서 언어를 창조한 것이다. 리터러시 교육은 언어를 읽고 쓰기 전에 세계를 읽는 행위의 포괄적인 이해에서 출발해야 한다. 따라서 프레이리의 리터러시 교육은 주어진 의미나 기능의 획득이 아니다. 리터러시 교육은 언어를 매개로 하는 세상에 문화적 의미를 부여한 것이며 재해석과 재활용이라는 문화적 실천에 의한 세계의 변혁인 것이다.(20)

프레이리의 문화정치학으로서의 리터러시 교육은 도구적 이데올로기의 리터러시 교육을 비판할 뿐 아니라 리버럴 아츠를 기반으로 하는 상호작용 이데올로기의 리터러시 교육도 비판한다. 프레이리는 리터러시의 학문적 전통이 한편에서는 고전 명저great books의 교양교육으로 추진되면서 다른 한편으로는 읽기능력과 어휘의 발달로 규정되어, 학습자의 경험과 실천의 외부에 리터러시를 두는 정치적 이데올로기로 인해 통제되어왔다고 비판하고 있다. 상호작용 이데올로기에 있어 인지발달의 주체와 객체의 변증론 역시 학습자가 세계와 만나고 교섭하여 문화적 의미를 재해석하고 다시 의미 부여를 하는 변혁적 실천과 대화적 실천으로 재정의되어야 하는 것이다.(21)

5. 리터러시에서 역량으로

도구적 이데올로기의 리터러시 교육은 그 의의가 의문시되고 그 효용도 급속히 쇠퇴하고 있다. 그 단적인 사례가 1970년대 미국에서 전개된 '기초로 돌아가라back to basic 운동'의 실패이다. 교육개혁에 대한 보수적 반동으로서 전개된 '기초로 돌아가라 운동'은 정치적으로는 효력을 발휘했지만 교육적으로는 다음과 같은 두 가지 이유로 대실패했다고 여겨진다. 첫째로는 반복 연습을 기본으로 하는 복고적인 학습심리학의 오류이다. 오늘날의 학습심리학은 기초적 기능은 그것이 기초적일수록 반복 연습에 의해서가 아니라 기능적으로 학습된다는 것을 밝히고 있다. 즉 기초적 기능의 형성은 학습자가 그 기능을 응용하고 활용할 기회와 경험을 풍성히 할수록 달성 가능성이 높아진다.

'기초로 돌아가라 운동'이 실패로 끝난 두 번째 이유는 첫 번째 이유보다 더 중대하다. 이 운동이 전개된 1970년대 말부터 1980년대 초의 미국 사회는 산업주의 사회에서 포스트 산업주의 사회로 급속히 변하는 시기였다. 경제 활동의 중심이 물건의 생산과 소비에서 지식이나 정보, 대인 서비스로 이행했다. 변화는 급격했으며 1960년대 말에 취업 인구의 70% 가까이를 차지했던 공장 노동자는 20년 후인 1980년대 말에는 10% 정도까지 격감했다. 3Rs로 상징되는 기초기능 교육은 다량의 단순노동자에 의해 조직된 산업주의 사회의 잔재이며 포스트 산업주의의 사회에 있어서는 시대착오적인 교육이었다. 그 결과 '기초로 돌아가라' 교육은 젊은 층에서 대량의 실업자를 낳게 된 것이다.

글로벌화에 따른 산업주의 사회에서 포스트 산업주의 사회로의 이행은 리터러시 교육의 새로운 재정의를 요청하고 있다. 포스트 산업주의 사회는 정보와 지식의 고도화와 복합화라는 특징을 가진 사회이며, 지식과 정보가 유동하여 끊임없이 갱신되어 변화하는 사회이다. OECD(국제경제개발기구)의 시험적인 계산에 의하면 현재의 청소년들이 사회에 참가하는 2020년에는 OECD 30개국에서 제조업의 생산량은 2배가 되는데 제조업에 종사하는 노동자는 많은 나라에서도 10%, 적은 나라에서는 2%까지 격감한다고 한다. 읽기, 쓰기, 셈의 3Rs를 기초학력으로 보는 도구적 이데올로기의 리터러시 교육의 존립기반은 완전히 붕괴하고 있다고 말해도 될 것이다.(22)

그렇다면 포스트 산업주의 사회에 요청되는 리터러시 교육은 어떤 것인가? 그 전체적인 모습은 확실하지 않지만, 그것이 읽기 쓰기의 기초기능 교육이나 인문과학의 고전을 원형으로 하는 리버럴 아츠 교육이 아닌 것만은 확실하다. 포스트 산업주의 사회의 리터러시는 고도화하고 복합화하고 유동화된 지식사회의 기초교양 교육이며, 비판적이고 반성적인 사고력과 커뮤니케이션 능력 교육으로 재정의될 것이다.

포스트 산업주의 사회 리터러시의 모습을 탐색하는 선구적인 도전으로 OECD의 핵심 역량key competence 연구를 들 수 있다. OECD는 1997년부터 핵심 역량 연구에 착수하여 IALSInternational Adult Literacy Survey, PISAProgram for International Student Assessment, ALLAdult Literacy and Life Skills의 조사에 활용해왔다. OECD의 역량 모델은 전체적이고 역동적인 개념으로, 복잡한 요청에 성공적으로 응답하는 지식과 기능 및 태도를 포괄하는 것이라 정의한다. 또한 글로벌 사회에서의 기회의 불평등, 급격한 사회와 기술의 변화, 경제와 문화의 세계화, 개인과 사회의 다양화와 경쟁과 해방, 가치관의 변화, 빈곤과 항쟁, 생태의 세계화, 새로운 양식의 커뮤니케이션과 소외 등의 사회적인 변화와 과제에 대응할 것이 요구되고, 자립적으로 행동하고 상호작용적으로 수단을 활용하고, 다양한 사람들과 공생하는 능력이라 정의하고 있다.(23)

이러한 핵심 역량을 기준으로 작성되고 실시된 것이 OECD의 PISA 조사였다. PISA 조사는 21세기에 요청되는 리터러시를 독해 리터러시와 수학 리터러시, 과학 리터러시의 세 영역으로 나누고 2000년부터 가맹국을 중심으로 국제적인 학력 시험을 실시하고 있다.

국제적인 학력 조사로 이제까지는 국제교육도달도평가학회IEA

의 학력조사가 유명했는데 이는 참가국 학교 교육과정의 공통적인 내용을 어느 정도 습득하고 있는가를 평가했다. 이에 비하여 PISA 조사는 21세기의 사회에 필요한 역량competence을 설정하고 '장래의 생활에 관한 과제를 적극적으로 생각하면서 지식이나 기능을 사용하는 능력'을 조사 대상으로 하여 '평생 학습자로서 배울 수 있는 지식과 기능이 어느 정도 습득되고 있는가'를 조사 목적으로 하고 있다.

"리터러시라는 용어는 평가하려는 지식, 기능, 능력의 폭넓음을 표현하기 위해서 사용한다"라고 기록하고 있듯이 PISA 조사에서 리터러시는 지식의 내용, 구조, 과정, 상황을 포함하는 포괄적인 개념이다. 독해 리터러시는 스스로 목표를 달성하고 자신의 지식과 가능성을 발전시키며 효과적으로 사회에 참가하게 하는 역량으로, 쓰여진 텍스트를 이해해 이용하고 숙고하는 능력이라고 정의되어 정보의 추출, 텍스트의 해석, 성찰과 평가의 세 가지 측면에서 평가 시험을 작성한다. 한편 수학적 리터러시는 수학이 세계에서 수행하는 역할을 발견하고 이해하고 현재 및 장래의 개인 생활, 직업 생활, 어른이나 가족과의 사회생활, 건설적이고 관심을 가진 사려 깊은 시민으로서의 생활에서 확실한 수학적 근거에 입각하여 판단을 하고 수학에 관여하는 능력이라고 정의할 수 있다. 또한 과학적 리터러시는 자연계 및 인간의 활동에 의해 일어나는 자연계의 변화를 이해하고 의사결정하기 위해서 과학적 지식을 사용하고 과제를 명확히 하여 증거에 기저한 결론을 도출하는 능력이라 정의할 수 있

다.(24)

　이러한 리터러시의 정의는 확장적이고 포괄적이며 사회생활에서 지식을 활용, 응용하는 능력을 포함한다. OECD의 역량 Competence 연구와 리터러시의 재정의에 대한 시도는 21세기 포스트 산업주의 사회가 요구하는 공통 교양의 성격을 제시하고, 리터러시 교육을 재정의할 필요성을 제기하고 있다. 정치, 경제, 문화의 세계화 속에 평화와 민주주의 사회의 발전을 희망한다면 어떤 시민적 교양을 형성해야 하는가. 지식이 고도화, 복잡화, 유동화하는 포스트 산업주의 사회에서 서자문화로서의 리터러시는 어떠한 변화와 기능을 갖게 되는가. 리터러시를 차별과 지배와 억압과 배척의 수단이 아닌 평등과 자립과 해방과 연대의 수단으로 기능하게 하려면 어떠한 교육이 필요할까. 리터러시 개념의 재정의를 지향하는 연구와 실천은 미래사회의 비전을 선택하고 창조하는 교육적 사색의 도전이 될 것이다.

주

(1) Ong, Walter Jr., 1982, Orality and Literacy: The Technologizain of the Word, Methuen.(사쿠라이 나오후미, 1991, 『목소리의 문화와 문자의 문화』, 후지와라쇼텐)

(2) Williams, Raymond, 1976, Keywords: A Vocabulary of Cultureand Society, Harpar Collins Publisher.(시이나 요시토모, 무라타 치아키, 오치 히로미, 마츠이 유코 역, 2002, 『키워드사전』, 헤이탄샤,181-186)

(3) Graff, Henry J., 1987. The Legacies of Literacy: Continuities and Contractionsin Western Culture and Society, Indian a University Press.

(4) 18세기에서 19세기에 걸쳐서 일어난 식자율의 저하를 나타내는 연구는 많은데, 다음 문헌은 실증적 연구로서 풍부한 시사를 준다. Laquer, T., 1976, "The Cultural Origins of Popular Literacy in England 1550-1850." Oxford Review of Education,Vol.2,No.3, pp.225-275.

(5) Kaestle, C. F. et al., 1991, Literacy in the United State: Readers and Readings since1880,Yale University Press.

(6) Resnick, Daniel P., 1991, "Historical Perspectives on Literacy and Schooling." In Stephen R. Graubard (ed.), Literacy:An Overview by 14 Experts, Hill and Wang.

(7) Gray, W., 1956, "The Teaching of Reading and Writing," UNESCO Monographs on Fundamental Education(10),UNESCO.

(8) Giroux, Henry A., 2001, "Literacy, Ideology and Politics of Schooling", in Henry A. Giroux (ed.), Theory and Resistance in Education: Towarda Pedagogy for the Opposition, Bergin&Garvey, pp.205-231.

(9) 사토 마나부, 1990, 『미국 교육과정개조사 연구-단원학습의 창조』 도쿄대학출판회, 제3장 「'효율성'원리에 의한 단원학습의 재편」 참조, 77-93.

(10) Cubberley, E. P., 1919, Public Education in the United States: A Study and Interpretation of American Educational History. Houghton Mifflin.

(11) 교육목표라는 개념, 학력시험에 의한 품질관리리는 관념 등은 대공장의 생산 모델의 비유에 의해 성립된 교육 이데올로기이며 프로그램이었다. 리터러시 교육의 도구적 이데올로기도 같은 기원을 가지고 있다. 근대적 노무관리 시스템이 테일러 시스템은 교육과정의 과학적 연구의 창시자 보빗의 논문, The Elimination or Waste in Education(The Elementary School Teacher, Vol. Ⅶ, 1912) 및 Some General Principle of Management Applied to the Problem of City School System *The Twentieth Yearbook of the National Society for the Study of Education, 1913)에서 교육의 이론으로 번안되었다. 상세하게는 사토 마나부『미국 교육과정 개조사 연구-단원학습의 창조』 제3장을 참조 바란다.

(12) Hirsh, E. D., 1987, Cultural Literacy: What Every American Needs to Know, Houghton Mifflin.(나카무라 역, 1989, 『교양이 국가를 만든다』

미스즈쇼보)

(13) 신보수주의에 의한 일련의 리터러시(공통 교양)론에는 다음과 같은
저작이 있다.

- Bloom, A., 1987, The Closing of the American Mind, Simon&Schuster.
  (스게노 타테키 역, 1988, 『아메리칸 마인드의 종말』 미스즈쇼보)

- Bennett, W., 1988, Our Children and Our Country, A Touchstone
  Book.

- Ravitch, D. & Passeron, J. C., 1987. What Do Our 17-year-Olds
  Know? Harper&Row.

(14) Bourdieu, P., & Passeron, J. C., 1977. Reproduction in Education,
Society and Culture, Sage.(미야지마 타카시 역, 1991, 『재생산』 후지와라쇼
텐)

(15) 사토 마나부, 1992, 「일반 교육의 혼돈-놓쳐지는 교육과정」(일본전
신전화주식회사홍보부 『COMMUNICATION』 35호, NTT출판, 2월), 사토
마나부, 1996, 『교육과정의 비평-공공성의 재구축을 향하여』. 세오
리쇼보 수록.

(16) Purves, A., 1988, "General Education and the Search for a Common
Culture," The Eighty-Seventh Year book of the National Society for the
Study of Education, Part2, Chicago University Press, pp.1-8.

(17) Marin, Jane Roland., 1984, "The Educated," Research Bulletin of
BostonUniversity.

(18) Noddings, Nel., 1992, The Challenge to Carein Schools : An

Alternative Approach to Education, Teachers College Press.

(19) Freire, Paulo, 1974, Pedagogia do Oprimido, Paz e Terra.(오자와 유사 쿠 외 역, 1979, 아키쇼보)

(20) Freire, Paulo & Macedo Donald., 1987, Literacy: Reading the World and the World, Bergin&Garvey.

(21) Freire, Paulo, "Literacy and Critical Pedagogy." In Paulo Freire & Donaldo Macedo, Literacy:ReadingtheWorldandtheWorld,ibid., pp.141-159.

(22) OECD & UNESCO institute for Statistics, 2003. Literacy Skills for the World of Tomorrow: Future Results from PISA2000, OECD Publications.

(23) OECD, 2002, Reading for Change: Performance and Engagement across Countries: Result from PISA2000, OECD publications.

(24) 국립교육정책연구소, 2002, 『살아가기 위한 지식과 기능-OECD 국가 학생들의 학습성취도조사(PISA) 2000년 조사 국제결과발표보고서』 교정.

4장

공공권의 정치학

—— 양 세계대전 사이의 듀이 ——

1. 공공권의 철학을 향해

1차와 2차 세계대전 사이의 듀이의 철학을 공공권의 정치학의 탐구로서 정의하는 것이 이 장의 과제이다. 양 대전 사이에 듀이는 자유주의의 개인주의를 비판하고, 복지국가의 국가자본주의state capitalis와 사회주의 국가의 국가사회주의state socialis에서 관료적인 사회통제를 비판하고, 파시즘 국가의 전체주의를 비판하여, 민주적 사회주의democratic socialism에 근거한 공공권의 옹호와 재구축의 방도를 탐구했다.

듀이의 공공권의 정치학은 사사성private과 공공성을 이원적으로 대립시키지 않은 점과 공공권의 성립기반을 시민이 아니라 공동체에서 찾았다는 점에서 한나 아렌트Hannah Arendt나 위르겐 하버마스Jurgen Habermas의 공공권의 철학과는 다르다는 사실이 중요하다.

아렌트에게 있어 공공성의 위기란 정치에의 참가를 '박탈한 상태deprived'인 사사성을 중심으로 조직된 사회권이 정치 공간으로서의 공공적 영역public realm을 침식하는 과정이었다(아렌트, 1958). 아렌트의 논리와는 반대로 하버마스의 시민적 공공성은 사인私人의 생활권인 사회권에 입각해 있었다. 아렌트가 고대 그리스의 폴리스 아고라에서 공공권의 이념형을 찾았다면, 하버마스가 시민적 공공성의 이념형으로 여긴 것은 시민혁명에서 등장한 신문을 미디어로 한 공론의 장이었다. 하버마스의 시민적 공공성은 국가와 나私 사이에 있는 사회권을 기반으로 하고 있었고 공론과 대화와 실천을 추진하는 자유주의 사상에 입각하여 성립하고 있었다. 또한 하버마스는 사회권이 국가권력으로 회수된 복지국가의 등장으로 인해 시민적 공공성이 쇠퇴했다고 논했다(하버마스, 1962).

한편 공공권의 기반이 되는 사회권의 변모를 친밀권親密圈의 팽창으로 묘사한 것이 리처드 세넷Richard Sennett의『공공성의 상실The Fall of Public Man』(1974)이다. 세넷은 19세기의 나私의 가족을 중심으로 하는 친밀권의 확대가 공공권을 해체로 이끌었다고 했다. 이러한 나 중심의 생활을 촉진하여 친밀권의 확장을 추진한 것이 심리학과 정신분석의 담론이다. 심리학과 정신분석은 사사성의 중심을 이루는 가정생활과 성생활의 정동과 욕망을 주요 관심사로 삼고 공중公衆을 대중大衆으로, 공공적인 사항을 사적인 사항으로 치환하려는 사고방식을 사람들 속에 침투시킨 것이다(세넷. 1976). 커피하우스와 극장의 쇠퇴 속에서 공공성의 상실을 읽어내는 세넷의 분석은 참신하나, 과연 친밀권은 공공권의 침식으로서만 작용하는 것일까? 친밀권이 공공권을 구축하는 길은 존재하지 않는 것일까?

공공성의 정의가 어려운 것은 이 말이 사사성과의 대립을 통해 드러나는 개념이기 때문이다. 영어에서 public이란 말의 등장은 15세기까지 거슬러 올라가는데, 그 기원에서 이 말은 공익을 위해 열린 영역이라는 의미로 사용되었고 private는 특권에 의해 보호된 영역을 의미했다. 공익에 열려진 공간이 공공성이며, 반대로 보호되고 숨겨진 공간인 가정생활이 사사성이었다. 그리고 이 말이 공중이라는 의미를 획득하는 것은 17세기 중반의 프랑스에서였다. le public의 등장이 그것이다. 나아가 공중the public의 등장으로 공공성은 공화제 민주주의의 중심개념으로서의 의미를 획득했다. 듀이의 공공성의 개념은 이러한 민주주의의 주체인 공중의 개념을 기초로 하고 있었다.

듀이는 민주주의를 삶의 방법a way of living의 철학이며 다양한 사람들이 더불어 사는 것associated living이라고 정의했다. 듀이가 말하는 공공성의 쇠퇴란 공공권을 구성하는 커뮤니케이션과 공동체의 쇠퇴이며, 공공권을 중심 무대로서 배양되는 민주주의의 위기였다.

듀이가 공공권의 정치철학을 주제화하는 것은 『공중과 그 문제 The Public and Its Problem』를 집필한 1927년 이후이다. 이 책은 도시화와 산업화, 소비사회의 출현에 의해 공중이 대중으로 바뀌고 민주주의가 위기에 빠지는 상황에 저항하여 집필한 것이다. 공공권 정치학 접근의 근저에는 고전경제학의 개인주의에 대한 비판이 살아 있으며, 동시에 테크놀로지가 과학적, 계획적으로 사회통제를 하는 복지국가를 향한 비판이 준비되어 있다. 증기와 전기로 창조된 거대한 산업사회Great Society는 위대한 공동사회Great Community로 이행되어야 한다는 이 책의 결론은 후에 듀이가 민주적 사회주의 democratic socialism라 이름 붙인 새로운 사회주의의 주장이기도 했다(듀이, 1927).

그런데 듀이의 철학은 냉전 구조 붕괴 후에 돌연 각광을 받으며 '듀이 르네상스'라 불리는 상황이 생겨났다. 듀이 철학은 오랫동안 탈정치화된 교육학 영역에서 읽혀져 왔는데 냉전 구조 붕괴 후에는 사회철학, 정치학, 기술학, 윤리학, 미학, 종교학에서 재평가되어 다수의 저작이 출판되었다.(1)

듀이의 철학에 대한 재평가가 활성화된 이유는 그 급진성 Radicalism에 있다. 듀이는 마르크스와 다른 의미에서 급진적인 사상가이자 사회주의자였다. 양 세계대전 사이에 집필된『철학의 개조』(1920),『인간성과 행위』(1922),『공중과 그 문제』(1927),『낡은 개인주의와 새로운 개인주의』(1930),『자유주의와 사회적 행위』(1935) 등의 저작과 제3의 당을 창설하고 민주적 사회주의의 혁명을 표방한 일련의 정치활동에 그 급진주의가 표현되어 있다.

듀이 정치사상의 중심은 민주적인 공동생활에 있다. 듀이는 "민주주의는 공동생활 그 자체의 이념"이라고 선언하며 고전경제학의 개인주의와 산업주의를 비판하고, 뉴딜정책의 복지국가와 스탈린주의인 사회주의 국가 및 전체주의 파시즘 국가를 비판했다. 듀이에게 공공권의 정치학은 민주적인 공동생활의 정치와 윤리를 실현하는 실천의 철학이었다.

그러나 듀이에 대한 평가가 여전히 혼란 속에 있는 것도 사실이다. 예를 들면, 듀이를 "하이데거Martin Heidegger, 비트겐슈타인Ludwig Wittgenstein과 함께 20세기 가장 중요한 3명의 철학자"라고 절찬한 리처드 로티Richard Rorty는 듀이를 심미적 실용주의자pragmatist라 칭하고 포스트모더니즘의 선구자로 평가하고 있으나, 한편으로는 듀이가 급진적인 자유주의 비판론자임을 간과하고 있다(로티, 1989). 리처드 번스타인Richard Bernstein이 비판했듯 듀이에 대한 로티의 평가는 듀이가 비판한 낡은 개인주의와 자유주의의 틀을 벗어나지 못했다(번스타인, 1992).

한편 제임스 캠벨James Campbel의 저서로 대표되는 공동체주의자로서의 듀이에 대한 평가 또한 듀이의 정치사상을 공동체주의 윤리 사상으로 환원하여 듀이가 새로운 개인주의를 제창하고 자유주의의 복구에 도전한 사실을 경시하고 있으며(캠벨, 1995), 반대로 라이언Alan Ryan과 같이 듀이 사상의 중핵을 자유주의의 발전에 있다고 보는 해석은 듀이의 정치철학을 반공주의를 축으로 해석함으로써 그의 사회주의 정치철학을 무시하는 결과를 도출하고 있다(라이언, 1995). 듀이의 정치철학을 민주적 사회주의로 해석하는 로버트 웨스트브룩Robert Westbrook의 전기는 듀이의 민주주의와 사회주의의 연속성을 보여주는 역작이지만, 듀이가 민주적인 공동생활이라 정의한 공공권의 정치학과 윤리학에 대한 분석으로는 명료하지 못하다(웨스트브룩, 1991).

이 장에서는 민주적 사회주의 철학을 기반으로 한 듀이의 공공권의 정치학을 풀어가 보고자 한다. 듀이의 민주적 사회주의에 관한 연구는 청년기의 사회주의 사상과의 접촉, 시카고의 제인 애덤스Jane Adams의 세틀먼트Settlement, 헐 하우스Hull House와의 관계를 중심으로 논의되었고 또 한편으로 노년기의 제3의 당 창설을 희망하는 정치활동을 중심으로 논의되어 왔다. 여기서는 양 대전이 일어난 시기의 듀이 사상의 전개에 대해 고찰하고자 한다. 양 대전 사이의 듀이는 이미 60세에서 85세의 고령이었지만, 그 사이에 집필한 글은 전집의 반을 차지하며 그 중심은 근대 시민사회를 초월하는 정치철학의 탐구에 있었다.

2. 1차 세계대전 후의 듀이
- 일본과 중국으로의 여행

듀이의 철학이 정치학을 중심으로 전개되는 것은 1차 세계대전 후의 일이었다. 이러한 전환에는 1차 세계대전 참전 지지를 표명했던 자신에 대한 반성이 포함되어 있다. 듀이가 참전을 지지한 것은 미국의 민주주의를 통해 유럽 국가의 제국주의를 억제하고 전쟁에 의해 환기되는 사회적 요구를 통해 국내의 혁신주의를 추진하려는 의도였다. 그러나 그 행동은 제인 애덤스 등 듀이와 친교가 깊은 반전주의 사회주의자의 비판을 불러일으켰다. 가장 격렬하게 듀이를 비판한 이는 그의 제자이자 젊은 지식인의 중심적 존재였던 랜돌프 본Randolph Bourne이었다(본, 1917). 본이 1918년 12월에 병으로 죽자 듀이는 통렬하게 자신을 반성했다. 무엇보다 인류 최악의 대량학살이라는 세계대전의 결말이 진보와 계몽을 내세워왔던 근대 서구의 정치사상에 대한 반성을 불러일으켰다. 1918년부터 1919년에 걸쳐 안식년을 맞아 콜럼비아대학을 떠나 캘리포니아대학으로 이동한 듀이는 그 후 일본에서 2개월, 중국에서 2년간 체재하며 민주주의 혁명을 지도했다. 그 3년간의 여행이 듀이의 철학의 전환에 큰 영향을 끼쳤다.

1차 세계대전의 대량학살은 듀이에게 있어 데카르트 이후의 형이상학의 귀결이며, 진보적 사상의 파탄이며, 과학기술의 폭주이자, 민주주의의 패배였다. 1918년 이전의 듀이는 사회주의자와 친목이 있었지만 교육학과 심리학, 윤리학을 주요한 영역으로 삼았고 정치학과 사회학에 대한 관심은 옅었다. 그러나 1919년 이후 듀이의 심리학은 사회학으로 발전하여 형이상학의 윤리학은 정치 윤리학으로, 교육학은 공공권과 민주주의 정치학으로 발전했다. 이러한 전환의 징조는 1919년, 스탠퍼드대학과 캘리포니아대학에서 이루어진 두 개의 강연에서 찾아볼 수 있다. 스탠퍼드대학에서의 강연은 후에 심리학과 사회학과 윤리학의 통합을 추구하는 『인간성과 행위』로 출판되었다. 그리고 캘리포니아대학에서의 강연은 실험과학이 지식을 대상으로 하는 것에 비해 철학은 민주주의의 견식 wisdom을 대상으로 하는 사색이라는 것을 확인하고 과학보다도 민주주의가 우선되어야 한다고 결론짓고 있다(듀이, 1919). 그러나 듀이의 정치철학이 그 윤곽을 형성한 것은 일본과 중국 여행을 통해서였다.

듀이가 3~4개월 예정으로 일본 여행을 계획한 목적은 세계대전을 있게 한 서양사상을 동양사상에 의해 상대화하고 세계평화를 위해 일본의 민주주의에 공헌하기 위해서였다(포이어, 1971). 듀이는 2차 세계대전이 동아시아를 무대로 일어날 위험을 예지했고, 세계평화 유지의 분기점이 일본의 민주화에 있다고 인식했다. 1차 세계대전 후의 일본은 타이쇼大正 데모크라시*가 한창이었을 당시 듀이는 부푼 기대를 안고 있었다.

듀이의 방일 계획은 일본코교은행 부은행장인 오노 에이지로 小野栄二郎가 기획하고 시부사와 에이이치渋沢栄一의 자금에 의해 테이코쿠대학이 초빙하는 여행으로 실현되었다. 파리 강화회의가 시작된 수일 후인 1919년 1월 22일에 하루미마루春洋丸 선을 타고 샌프란시스코에서 출발한 듀이 부부는 2월 9일에 요코하마에 도착했다. 테이코쿠호텔에 일주일 숙박한 후 니토베 이나조**의 집에 머물

---

* 일본에서 1910~1920년대에 걸쳐 일어난 정치, 사회, 문화의 민주주의운동, 사조 등을 총칭하는 말.-편주

** 교육자이자 사상가. 국제연맹사무국장을 지냈고 저서로는 '무사도'가 있다.-편주

며 테이코쿠대학에서 '철학의 현재 위치–철학 개조의 문제들'이라는 연속 강연을 2월 25일부터 3월 21일까지 8번에 나누어 실시했다. 이 강연을 정리하여 출판한 것이 『철학의 개조』(1920)이다. 일본은 세계에서 가장 먼저 『학교와 사회』(1900)를 번역(1905)하고 『민주주의와 교육』(1916)을 번역(1918)한 나라이다. 첫날 강연에서는 사범학교 교사, 대학 교수, 학생 등 1,000명 이상이 모였다. 그러나 통역이 잘 준비되지 않은 탓도 있어서 마지막 날에 남은 사람은 40명 정도에 지나지 않았다. 듀이 부부는 2월 9일부터 4월 28일까지 2개월 정도를 도쿄에 체재했는데 그동안 교토, 오사카, 나라를 방문하고 많은 지식인과 간담을 나누고 몇몇 학교를 방문하여 교사 모임에도 참가했다(다이큐젠, 1989).

딸인 에벌린 듀이Evelyn Dewey에게 보낸 편지를 보면 방일 당초 듀이와 앨리스 부인은 일본 사회와 문화에 호의적인 감정과 뜨거운 기대가 있었다. 듀이 부부는 일본의 산업과 교양 수준이 높음에 감명을 받고, 일용품의 예술적인 향기나 전통공예의 멋에 놀라고, 뒷골목에서 놀고 있는 아이들의 웃는 얼굴 속에 아이들의 낙원을 느끼고, 『개조改造』 등의 잡지 간행이나 테이코쿠대학 신인회의 운동 속에서 사회변혁의 숨결을 느꼈다. 그러나 듀이와 앨리스 부인은 날이 갈수록 일본의 현실에 낙담하고 일본의 장래를 우려하며 일본의 정치와 윤리, 교육에 대한 실망이 깊어져 갔다.

듀이의 실망은 일부 부유한 자와 대다수의 가난한 자 사이에 너무나 큰 소득 격차, 주거비와 생활비가 비싼 점, 노동조합에 대한 억압과 탄압, 재벌과 정부의 유착, 군부의 전제, 대학에 갇힌 지식인의 자유에 대한 편협한 사고, 천황제 이데올로기, 전체주의적인 교육 등 다방면에 걸쳐 있는데, 그를 가장 낙담시킨 것은 민주주의는 립서비스라 단언하기를 주저하지 않는 진보적 지식인의 낮은 윤리관과 지식인과 교사의 정치적 미숙이었다. 듀이는 일본의 지식인이 아시아의 식민지 지배에 대해 무비판적인 것은 도덕적 용기가 결여되어 있기 때문이라고 지적하며, 일본에는 민주주의가 자랄 수 있는 소지가 희박하고 고조되고 있는 사회운동도 결국은 활기를 잃고 프롤레타리아 혁명으로 첨예화되어 광신적인 국가주의에 의한 군국주의가 지배하고 말 것이라고 예측했다(듀이, 1919). 이는 탁월한 견해였다.

교육에 대한 실망 또한 깊었다. 듀이는 타이쇼 자유교육에 공감하고 있었지만 교사들이 광신적 애국주의와 프롤레타리아 혁명으로 분열할 것으로 예측하고는 천황제 절대주의의 수신교육과 군대교육에 대해 깊은 우려와 절망을 표명했다. 그중에서도 천황제 교육의 기초에 있는 단일민족의 단일문화라는 허구의 신화에 대한 비판은 엄중했다. 일본은 역사적으로도 사회적으로도 다양한 민족과 다양한 문화를 혼재시키고 융합시켜 왔음에도, 그 다양성을 인식하지 못하고 단일의 일본문화로서 특징짓는 이데올로기가 교육의 민주화에 커다란 질고가 되고 있다고 듀이는 지적했다. 천황제 교육의 전체주의를 우려한 듀이는 천황의 초대와 욱일장의 수여를 정중히 사양했다(듀이, J. & 듀이, A., 1920).

듀이가 콜럼비아대학의 제자이자 베이징대학의 교수인 후스胡適로부터 중국 초청에 대한 편지를 받은 것은 3월 중순이 넘어서였다. 듀이는 후스에게 보내는 답장에 일본에서의 강연으로 피로하다는 것을 전하며 미국으로 돌아가기 전에 휴양을 목적으로 중국에 2개월 관광을 하고 싶다고 이야기했다. 듀이 부부는 4월 28일에 여객선 쿠마모토마루로 일본을 출항, 4월 30일에 상하이에 도착했다. 그 4일 후 5·4운동을 목격한 듀이는 중국의 학생과 지식인의 진보적인 사상과 용기 있는 투쟁에 공명하여 2개월 예정이었던 중국의 체재 기간을 2년 2개월로 연장, 중국의 민주주의 혁명에 헌신적으로 몰두하게 된다. 배를 타고 사흘이면 갈 수 있는 중국과 일본은 이웃하는 세계의 어떤 두 나라보다도 정치적 기운과 신념에 있어 완전히 다르다며 듀이는 방중의 기쁨을 솔직히 표현했다. 그는 중국의 인민과 연대하여 일본의 식민지 지배에 저항하는 실천으로 아시아의 민주화를 추진하고 세계평화를 옹호하는 투쟁을 전개할 결단을 하였다. 일본의 자유주의자가 미국의 민주주의에 대한 선망을 이야기할 때 듀이는 일본과 독일의 제국주의의 유사성을 논하고 중국 민주주의와 미국 민주주의의 연속성을 확신하고 있었다(듀이, 1920).

리수언李春의 연구(1997)에 의하면, 듀이를 초빙한 것은 베이징대학, 난징고등사범학교, 장수교육회江蘇教育会, 상즈학회尚志学会, 신학회新学会였으며 1922년 7월 11일에 베이징을 떠나기까지 상하이, 베이징, 텐진, 라오닝, 허베이, 산시, 산둥, 장쑤, 장시, 후베이,

저장, 푸지엔, 광둥의 14주를 방문하고 함께 240회 이상 강연을 했다. 그 강연 기록을 분석한 리수언에 의하면, 듀이는 처음 4개월의 강연 동안 중국 방문 이전의 이론을 반복하며 "우리 미국은"이라고 이야기를 시작했던 데 비해 1919년 9월의 사회철학과 정치철학 강연을 시작하고 나서부터는 "당신들 중국은"이라고 말하기 시작했고 1920년 1월 베이징고등사범학교 교육 연구과의 전임교수가 되고 나서부터는 "우리는"이라는 주어로 말했다고 한다. 아웃사이더에서 인사이더로, 더 나아가서 민주주의 혁명의 동지로 듀이의 입장이 변화한 것을 이 말투의 변화가 나타내고 있다(리수언, 1997).

듀이의 과학주의와 민주주의가 중국에 미친 영향은 쑨원孫文과 교육청장 차이위안페이蔡元培의 지지에 힘입어 미국에서의 영향을 능가했다. 듀이는 '민주주의 선생님'이라며 추앙을 받고 1920년에는 베이징대학으로부터 '제2의 공자'라는 칭호를 받았다(다이큐젠, 1989). 듀이의 지도에 의해서 1922년 11월에 학교 제도는 4·3·4제에서 6·3·3제로 변혁되고 전국의 사범학교 부속학교는 '듀이학교'를 모델로 하는 실험학교로 개조되어 공장과 농장을 가진 학교가 각지에 창설되었다. 듀이가 강연의 중심 무대로 삼았던 베이징대학, 난징고등사범학교, 베이징고등사범학교에서는 여학생 모집을 시작하여 남녀공학제도도 수립되었다. 듀이가 추진한 또 한 가지 중요한 개혁은 언어의 현대화이며 고문古文에 의한 교과서가 폐지되고 현대문의 국어가 만들어졌다. 이로써 듀이가 중국어의 현대화를 추진하기까지 중국에는 공통어가 존재하지 않았고 다른 성省 끼리의 대화는 영어로 이루어졌다.

듀이의 사상은 쑨원을 중심으로 한 민주주의 혁명에만 영향을 끼친 것이 아니다. 중국 공산당의 창설자인 베이징대학 교수 천두 슈陳独秀나 마오쩌둥毛沢東에게도 직접적인 영향을 끼쳤다. 천두슈는 듀이의 민주주의를 혁명의 원리로 하는 주장을 전개했고 1918년에 후스로부터 듀이 사상의 강의를 받은 마오쩌둥은 듀이의 방중 강연에 관한 90건 이상의 기록을 읽었다. 또한 마오쩌둥은 1920년에 듀이의 강연을 직접 듣기 위해 베이징을 방문하여 강연 기록 담당을 자청하는 등 실험주의 사상을 적극적으로 흡수했다.

1차 세계대전 참전 지지에 대한 반성을 계기로 떠난 일본과 중국 여행의 경험이 서양 중심 철학을 상대화하고 비판적으로 음미하는 계기가 되어 듀이의 사상에 급진주의를 가져왔다는 점은 상상하기 어렵지 않다. 도쿄테이코쿠대학의 강의를 기초로 지어진 『철학의 개조』에서는 영국 경험론에 기저한 자유주의적 사회철학이 개인을 원자론적으로 해체하는 계보와 독일의 이성 철학이 초월적인 국가개념에 의해 배타적인 민족주의에 이르는 계보가 비판적으로 고찰되어 있다. 이는 실재에 근거한 과학적이고 실험적이고 민주적인 철학으로의 개조를 전망하는 것이기도 하다(듀이, 1920).

서양철학을 상대화하고 비판적으로 검토하는 사색은 『인간성과 행위』(1922) 및 『경험과 자연』(1925)에서 더욱 명료하게 주제화되었다. '사회심리학서설'이라는 부제가 있는 『인간성과 행위』에서 듀이는 인간 내면의 자유를 규범화하는 철학과 환경(역사, 문화, 제도)에 인간성의 특질을 환원하는 철학, 모두를 비판하고 환경과 교섭하는 인간의 행위가 습관을 사회적으로 형성시키고 도덕을 성장시키는 길을 열어 보이고 있다. 이 책은 서양철학에 포함되어 있는 형이상학의 극복을 숨은 주제로 하고 있어 개인과 사회의 이원론, 의식과 행위의 이원론, 존재와 의식의 이원론, 정신과 신체의 이원론의 극복이 사색의 중심을 이루고 있다. 그의 철학의 특질인 활동적 인식론의 입장에서 여러 가지 이원론을 연속성을 통해 극복하는 사색의 양식을 나타내고 있다(듀이, 1922). 한편 『경험과 자연』은 경험과 자연을 이원적으로 다루어온 철학의 전통을 비판하여 정신=신체mind-body가 언어를 매개로 하는 커뮤니케이션의 중층적인 교섭transaction에 따른 사회적 경험, 과학적 경험, 예술적 경험을 탐구하는 경험적 자연주의(자연주의적 경험론, 자연주의적 휴머니즘)의 방법이 제시되어 있다(듀이, 1925).

일본과 중국 방문 후에 집필된 『철학의 개조』, 『인간성과 행위』, 『경험과 자연』 이 세 가지 저작은 모두 영국 경험론의 개인주의 및 독일의 관념론적 형이상학에 대한 비판이며 근대의 서양철학을 구성하는 일련의 이항대립적인 개념의 틀을 허무는 철학적인 도전이었다. 그 근간에 1차 세계대전의 대량학살로 인한 충격이 있었던 것은 앞서 말한 바와 같다. 과학과 산업의 진보가 인류의 행복을 가져다준다는 신념에 대한 근원적인 회의가 듀이의 철학적 사색의 전환을 촉진한 것이다.

3. 공중의 정치철학

1차 세계대전 후 미국의 민주주의는 두 가지 위기에 직면한다. 하나는 대중사회 성립에 의한 공중의 몰락이며, 다른 하나는 전쟁 히스테리로부터 시작된 공산주의 배척운동the Red Scare에 의한 시민적 자유의 억압이다. 듀이의 공공권의 정치학은 이 두 가지 민주주의 위기에 대한 저항에 의해 성립되었다.

공중의 몰락은 투표율의 저하로 나타났다. 혁신주의의 기운이 고양된 1870년대부터 1880년대의 선거에서는 유권자의 투표율이 80%에 육박한 데 비해 1920년대의 투표율은 50%까지 떨어졌다. 1920년을 경계로 도시인구는 농촌인구를 상회하고 도시화와 산업화를 기반으로 하는 행정기구의 관료주의화와 개인주의에 의한 공동체의 붕괴가 민주주의의 위기를 낳은 것이다.

한편 시민적 자유의 위기는 노동운동과 공산주의운동에 대한 탄압에서 현저히 나타났다. 1차 세계대전 후 노동운동이 갑자기 고양되어 1919년에 결성된 두 가지 공산주의 정당인 공산주의노동당과 공산당은 백만 명이 넘는 지지자와 함께 혁명운동의 고양을 이끌었다. 그러나 그 반동으로 전개된 외국인 노동자에 대한 탄압과 공산주의자에 대한 배척운동은 1919년에는 3만 명 가까이 재적해 있었던 공산당을 다음 해에 2,000명 이하로까지 격감시키며 괴멸 상태에 이르게 했다.

듀이가 관여한 사코-반제티 사건Sacco-Vanzetti case*은 1920년 공산주의 배척운동 속에서 일어난 대표적인 범행 조작이었다. 듀이는 1926년 월터 리프먼Walter Lippmann이 주관하는 『서베이Survey』지에 폴 언더우드 켈로그Paul Underwood Kellogg, 제인 애덤스와 함께 지사 앞으로 쓴 항의 편지를 발표했다. 그리고 1927년 사코와 반제티가 처형된 직후에 『뉴 리퍼블릭New Republic』지에 기고한 「심리학과 정의」라는 논문에서 "미국 사회에서는 인종이나 계급의 이해와 관련된 사회적인 문제에 항상 여론이나 사람들의 감정이 판결에 영향을 끼치기 때문에 정의를 확보하는 것이 어려워진다"고 사회적인 편견이나 차별에 의한 민주주의의 유린을 비판했다(듀이, 1927).

『공중과 그 문제』는 1926년 1월에 오하이오주의 케니언칼리지 Kenyon College에서 기록된 강의록이 바탕이 되었는데, 더 직접적으로는 월터 리프먼의 『공론Public Opinion』(1922) 및 『공중의 망령The Phantom Public』(1925)에 대한 반론이 계기가 되었다. 리프먼은 민주주의는 공중의 공론을 전제로 하고 있으나 대중사회에 있어서 사람들은 영화나 가족이나 상품 등 비정치적인 것에 관심을 가지고 공중도 공론도 망령이 되었다고 했다. 러시아 혁명에 대한 편견을 비판하고 사실에 입각하여 과학적으로 보도하는 입장을 관철한 리프

---

* 1920년 4월, 메사추세츠주 제화공장 직원 살해 혐의로 이탈리아계 이민노동자 사코와 반제티가 체포되었다. 이들은 무죄를 주장하며 7년간 법정싸움을 벌였으나 외국이민자, 1차 세계대전 병역기피, 무정부주의자라는 점이 미국인들의 편견과 반감을 불러일으켰고, 외국이민을 좌익분자로 보는 미국사회의 경향이 불리하게 작용해 1927년 사형당했다. 그러나 1959년, 진범이 밝혀지면서 이 사건은 미국 재판사의 오점으로 기록되었다.-편주

먼은 이미 근대적 저널리스트의 효시로서 높은 평가를 얻고 있었다. 그러한 리프먼이 미국의 민주주의 실패를 공중의 망령이라 단적으로 표현한 논평은 대중사회의 성립을 선포하는 것으로, 사람들에게 충격을 주었다. 리프먼은 "무지하고 교육이 불가능한 대중이 등장한 사회에서는 민주주의라는 궤변은 효력을 잃고 교육 또한 불완전한 민주주의의 수리장치로서의 기능밖에 할 수 없다"고 결론짓는다(리프먼, 1922, 1925).

역사가 크리스토퍼 래시Christopher Lasch가 지적하듯이 리프먼의 공중에 대한 불신은 과학주의를 기조로 하는 근대적 저널리즘의 발빠른 대응임과 동시에 전문적 관료technocrat가 행정을 직접적이고 합리적으로 지배하는 엘리트주의 정치구조의 성립을 의미했다(래시, 1995). 리프먼은 주민총회에의 직접적인 참가에 기원을 두는 미국의 민주주의를 근대주의적으로 재구성함으로써 복지국가를 향한 건설의 길을 열었다. 리프먼에 의하면 공중이 스스로 통치하는 사회는 전세기의 환영幻影에 지나지 않으며, 공중의 민주주의에 대한 관심은 이제 절차상의 사항에 지나지 않고, 공중이 관심을 두는 것은 법 일반이지 개개의 법이 아니며, 법의 내용은 더욱 아니다. 공중이나 공론은 종전의 자급자족 공동체에 있어서의 전능한 시민을 기초로 하는 관념이며, 현대 사회에서는 각 분야의 전문가expert나 전문적 관료의 객관적인 과학적 탐구를 통한 판단으로 사회가 통치되어야 한다. 즉 전문가의 객관적이고 과학적인 지식에 정치적인 의사결정을 맡기는 복지국가에서 공중에 의한 공론은 필요악에 지나지 않는다는 것이다(리프먼, 1925).

듀이 또한 리프먼과 마찬가지로 공중의 소멸에서 민주주의의 위기를 보았다. 후에 호세 오르테가 이 가세트José Ortega y Gasset나 데이비드 리스먼David Riesman이 문제 삼은 대중사회의 병리에 대한 신속한 대응인 셈이다. 그러나 듀이는 협동사회주의와 포퓰리즘의 전통에 미국 민주주의의 성립 기반이 있다고 보고, 민주주의의 기반이 되는 공동체를 소생하는 것에서 공공권을 재생하는 방도를 탐색했다. 듀이는 공공권의 원형을 공립학교와 학구의 성립에서 찾고 있었다. 미국 사회에서는 사람들이 생활권에서 공동체를 형성하여 그 공동체의 주민총회에서 공립학교의 설립을 결정하고 교사를 고용하고 아이들을 통학시켰다. 이러한 공립학교의 학구가 가장 전형적인 공공권이라고 듀이는 말한다. 그러나 시장의 확대로 사람들의 생활이 사적으로 치우쳐 대량의 상품과 오락이 범람함으로써 사람들의 의식이 비정치화된 대중사회에서 어떻게 공중을 재생시켜 공론을 복권시킬 수 있다는 말인가.

듀이가 지적하는 공중의 소멸은 세 가지 위기를 표현하고 있다. 첫째로는 시야가 좁은 공중이며, 둘째로는 확산된 공중이며, 셋째로는 무관심한 공중이다. 자기중심적인 이익을 중시하는 좁은 시야에 간힌 공중은 더 이상 공적인 존재가 아니다. 세분화된 이익집단의 한 명으로 확산된 공중도 공적인 존재가 아니다. 사적인 취향 속에 간혀 사회나 정치에 무관심한 공중 또한 공적인 존재가 아니다.

듀이는 '공중의 소멸'의 중심 요인을 개인주의와 그것을 생산한 근대의 정치경제학에서 찾고 있다. 데카르트가 상정하고 로크John Locke와 스미스Adam Smith와 밀John Stuart Mill이 전제로 한 합리적인 개인은 허구가 아닌가. 더 나아가서 개인 복리와 사회 복리의 조화를 자연법칙으로 인식하는 경제학의 원리와, 인권을 자연권 안에서 조정하려는 정치학의 원리는 모두 자기충족적이고 자기완결적인 개인의 관념을 기초로 구성된 허구가 아닌가. 즉 시장경제에서의 자연법칙과 개인의 인권이라 불리는 자연권을 기초로 성립된 시민사회와 근대국가는 모두 자연주의적으로 해석된 심리학, 경제학, 정치학의 허구의 산물이 아닌가. 또한 그 허구의 개인을 전제로 하는 개인주의가 공중의 소멸의 근간에 자리 잡고 있는 것이 문제가 아닌가. 듀이에게 공중의 소멸은 대중사회 출현의 위기에 그치지 않고 근대 시민사회의 근간에 있는 개인주의와 자유주의를 급진적으로 되묻는 주제로 자리 잡은 것이다.

듀이는 『공중과 그 문제』에서 공중의 소멸을 두 가지 과제로 수렴하여 논하고 있다. 하나는 공중의 존재 기반이며 또 하나는 국가(주정부, state)의 기능이다.

듀이가 공중의 정의로 접근하는 방법은 관념이 아니라 행위에서 출발한다. 공공권은 추상적으로 존재하는 것이 아니라 사람들 매일의 활동에 뿌리를 두고 있다. 사람들의 사회생활은 추상적이고 고립된 개인의 생활이 아니라 다양한 협동사회association의 활동을 기초로 성립한다. 즉 공공권은 협동사회에서의 활동을 기반으로 성립되는 것이다. 협동사회의 활동을 기초로 하는 듀이의 공공성 개

넘은 자유주의를 주장하는 시민적 공공성과는 이질적인 레토릭을 가지고 있다는 점이 중요하다. 듀이의 공공권의 정치학은 개인의 자유와 인권을 원리로 근대 시민사회를 창설한 자유주의의 연장선에 있는 것이 아니라, 협동사회의 실현을 공동체의 정치철학에 따라 추구한 공상적 사회주의 전통의 연장선에 있으며, 미국 사회학의 창시자로 불리는 찰스 호튼 쿨리Charles Horton Cooley가 제창한 협동사회주의의 전통에 뿌리를 두고 있다.

듀이는 사람의 행위가 타인에게 영향을 끼친다는 사실 속에 공적인 것과 사적인 것을 구별할 단서가 존재한다고 한다. 사람의 행위의 결과가 개인의 범위 내에 머무른다면 그 영위는 사적이다. 또한 A라는 사람과 B라는 사람 사이의 대화 안에서 이루어지는 상호작용은 사회적이지만, 그 결과 이익이나 손해가 A와 B 이외의 누군가에게 파급되지 않는다면 그것은 '사적'이다. 그러나 그 대화의 결과가 당사자인 두 사람을 넘어서 많은 타인의 복리에 영향을 끼칠 때 그 대화는 '공적'이다.

여기서 '개인적'과 '사회적'을 구별하는 것과 '공적'과 '사적'을 구별하는 것은 다른 차원의 문제이다. 많은 사적인 행위는 사회적이다. 사려 깊은 행위에 의한 두 사람 이상의 교섭은 사회적이며 협동적인 행위associated behavior의 형식으로서 협동사회의 장래에 영향을 끼친다. 그런 관점에서 말하자면, 사적 영위도 공동체 속에서는 타인을 돕는 것이 된다. 아침 식사 테이블이 농민의 생활을 지탱하고 있다는 예시로 일컬어지는 사적 이해의 추구가 공적인 윤리의 기초가 된다는 애덤 스미스의 주장도 어느 정도 진실을 포함하고 있다. 사적 행위는 간접적인 결과나 직접적인 의도에 의해 사회적 가치를 지닐 수 있다.

공동체의 복리에 기여하고 사회적으로 가치 있는 것을 듀이는 '공적'이라고 불렀다. 공적인 건물과 사적인 건물, 공도와 사도, 공립학교와 사립학교, 개인과 공인, 사재와 공적 기금 등 우리는 공과 사를 쉽게 구별하고 있다. 듀이는 이러한 공과 사의 구별 속에 국가의 성격과 기능을 푸는 열쇠가 존재한다고 말한다. 공중public이란 공무official를 그 어원으로 하는 것을 봐도 알 수 있듯이 공동체의 공공재commonwealth를 획득하여 보호하는 주체를 의미한다. 공중은 공공권이라는 공동의 장을 간접적으로 옹호하고 보호하고 있으며 정부와 국가는 공중의 대리인으로서의 공무원 조직인 것이다.

공중과 국가의 관계는 저자성authorship과 권위authority의 관계에도 표현되어 있다. 여론조사에서의 공론은 공중의 고유명은 지워지고 누군가somebody로 익명화되어 있다. 이러한 공중의 익명성이 국가의 권위를 불러일으키는 것이다. 그러나 듀이는 공중 개개인의 저자성이 여론과 대행자에 의해 권위로 전환되는 과정을 "결과로부터 추론하는 사고"라며 비판하고 있다. 국가가 있기 때문에 공공권이 형성되고 공중 개개인의 행위가 인가되거나 통제되는 것이 아니다. 공중 개개인의 활동이 그 협동적인 교섭을 통해 공공권을 구성하고 그 공공권을 옹호하고 보호하는 국가를 요청하는 것이다.

듀이에게 국가(주정부)란 이를테면 오케스트라의 지휘자와 같은 것이다. 오케스트라의 지휘자는 어떤 악기도 연주하지 않고 어떤 음도 내지 않는다. 악기를 연구하여 음을 울리게 하고 음악을 창조하는 것은 오케스트라 단원이다. 그러므로 지휘자를 초월적인 존재로 여겨 전적인 권위를 맡기는 것은 어리석은 일이다. 그러나 오케스트라는 지휘자에 대한 충성 없이는 개개의 음이 연합되지 못하고 해체되며 어소시에이션association으로 조화로운 음을 울려 퍼지게 하지 못한다. 지휘자(국가)와 오케스트라(사회)의 관계는 정신(국가의 관념)과 신체(사회의 활동)의 비유로도 표현된다. 인간의 정신(뇌)과 신체(근육)는 협동하고 있다. 사회과학에서는 정신(뇌) 활동이 주된 대상이라 할지라도 정신과 신체의 연결이 무시되어서는 안 된다. 그러나 정치철학이 특정 국가를 권위를 강조한 대문자의 국가(The State)로 언급한 순간 괴물 같은 지성이 우리의 눈을 흐리고 다양한 관념의 논리적 관계로 이끌면서 국가 관념이 사실적 인간활동으로부터 단절되고 만다고 듀이는 논하고 있다. 괴물 같은 지성에 휘둘리지 않는 소문자의 국가는 어떻게 편제되어야 하는가. 『공중과 그 문제』의 또 하나의 주제가 이것이다.

듀이의 공공권이 어소시에이션을 기반으로 성립된 점을 상기하자. 듀이의 어소시에이션은 두 가지 사회편제에 대한 비판을 포함한 개념이다. 하나는 대공장과 거대 시장에 기초한 거대한 사회Great Society에 대한 비판이며, 또 하나는 국가의 공동성共同性을 기초로 하는 복지국가나 민족국가, 스탈린주의의 사회주의 국가에 대한 비판이다. 전자는 협동하는 사회를 개개인의 원자로 해체하고 후자는 다양한 사람의 교섭에 기반을 두는 생활의 공공권을 이념적인 국가의 공동성으로 회수하고 만다. 개인의 자유를 기초로 한 시민사회의 공동성을 표현하는 어소시에이션은 개인과 국가의 중간영역에 성립하는 공공권의 기반인 것이다.

듀이의 민주주의는 정치적인 절차나 제도에 머무르지 않는 삶의 방법a way of living 그 자체를 관통하는 포괄적인 개념이며 다양한 사람들이 공생하는 협동생활associated living의 행동원리다. 더 단적으로 말하면 민주주의란 어소시에이션이 구성하는 공공권에의 참가 원리다. 그리고 이러한 어소시에이션을 파멸로 인도한 것이 산업사회와 시장사회로 조직된 거대한 사회이다. 듀이는 "거대한 사회Great Society는 위대한 공동체Great Community로 전환되어야 한다"고 결론지었다. 듀이가 거대한 사회라고 했을 때 그것은 익명의 개인이 자유의 이념을 표방하며 구성된 시민사회 그 자체를 의미했다. 거대한 사회에 있어서 국가의 통일은 의견이나 정보를 단시간에 쉽게 순환시키는 대중매체의 기술에 의해 조직되며 그 정치적인 통일은 사회적인 획일성과 지적인 획일성을 조장하여 정치의 평범한 표준화를 촉진한다. 대량생산은 공장만의 이야기가 아닌 것이다. 또한 이러한 거대한 사회는 민주정치의 기초를 개인주의에 두고 있다. 그 결과, 정치적인 통일이나 국가의 통합이 촉진될수록 다양한 사람이 교류하는 협동생활은 해체되어 민주주의의 주체가 되어야 할 공중은 소멸된다는 아이러니한 결과를 초래하고 있다고 듀이는 지적한다.

듀이는 어소시에이션에 있어 사람과 사람의 연대를 회복하여 위대한 공동체를 건설하는 열쇠로 커뮤니케이션에 의한 민주주의의 중요성을 지적한다.

> 민주주의는 협동생활'associated life'의 원리 이외에 그 무엇도 아니다. 민주주의는 공동체의 생활community life 그 자체의 개념이다.(듀이, 1927, p.48)

서로 다른 사람들이 공생하는 어소시에이션을 조직하는 일은 '얼굴과 얼굴을 마주치는 커뮤니케이션face to face communication'이며 이 커뮤니케이션에 의해 사람들은 공동체를 구성한다.

여기서 듀이의 어소시에이션과 공동체가 영국의 자유주의 철학과 경제학이 상정한 자기완결적인 개인이라는 개념, 혹은 독일 개념론이 상정한 자율적인 주체라는 개념에 대한 비판 개념이었다는 점이 중요하다. 사람은 개인으로 태어나는 것이 아니라 타인과 공생하는 유기체organic being로 태어나는 것이다. 또한 사람은 공동체의 구성원으로 태어나는 것이 아니다. 사람은 어소시에이션 속에서 태어나 교육에 의해 공동체의 구성원이 되는 것이다. 이러한 듀이의 철학은 그가 구상하는 공공권이 국가와 개인 사이의 사회권에서 조직되는 시민적 공공성을 기초로 할 뿐 아니라 민주주의라는 지적인 신념으로 묶인 공동체를 기반으로 하는 것이며 더 나아가 인류라는 종의 공존과 유지에 관한 생명권에도 뿌리내리고 있는 공공권임을 시사하고 있다. 공공권의 철학이 끊임없이 신체의 행위를 출발점으로 하여 구상되는 것은 그의 공공권이 근대 시민사회를 넘어선 사회를 지향함으로써 구상된 것임을 나타내고 있다. 근대 시민사회를 구성한 사회도 개인도 결국 비현실적인 추상인 것이다.

사회라는 관념은 비현실적인 추상이고 개인이라는 관념도 비현실적인 추상이다. 개인은 이런저런 집단에서 떨어져 나와 결혼할 필요도, 교회의 일원이 될 필요도, 유권자가 될 필요도, 클럽이나 과학조직에 속할 필요도 없어진다. 거기서는 어떠한 어소시에이션의 일원도 아닌, 떨어져 나온 개인이라는 이미지가 부각되어 있다.(듀이, 1927, p.191)

이렇게 하여 『공중과 그 문제』는 얼굴과 얼굴을 마주하는 공동체에서 공중을 커뮤니케이션에 복귀시키는 방법을 찾고 있다. 아무리 대중매체가 발달하고 과학과 기술의 합리주의가 지배하고, 이에 걸맞는 전문적 관료가 구성된다 해도, 가까운 사람들과 서로 성장하는 관계를 구축하지 않는 한 스스로가 직면한 문제를 해결할 수 없다. 그러한 커뮤니케이션이 공중을 재생하는 유일한 방법이며 커뮤니케이션에 의해 형성되는 사회적 지성이 민주주의 정치의 실현을 이끈다.

그러나 공중의 커뮤니케이션을 중시하는 듀이의 주장이 자유주의자가 제창하는 활발한 공론과는 질적으로 다르다는 점에 유의할 필요가 있다. 듀이는 개개인이 언론의 자유에 의해 자기주장을 하며 공론을 형성할 것을 주장하는 것이 아니다. 커뮤니케이션에서 듀이가 강조하는 것은 대화dialogue이며, 자기의 주장을 말하는 행위보다는 타인의 목소리를 듣는 행위이다. 『공중과 그 문제』의 마지막에서 듀이는 "공론을 구축하는 커뮤니케이션에서 목소리를 통해 내는 말은 책에 적힌 말에서는 찾아볼 수 없는 생기가 있다"고 하면서 듣는 행위의 중요성을 강조하며 다음과 같이 결론 짓는다.

청각the ear과 생기 있는 사고, 정동과의 관계는 시각the eye과 그들과의 관계보다 압도적으로 긴밀하며 다채롭다. 보는 것vision은 관조자spectator이며 듣는 것hearing은 참가자participant이다.(듀이, 1927, pp. 218-219)

4. 자유주의 비판과 옹호

거대한 사회를 위대한 공동체로 전환하여 공중을 옹호하고 민주주의를 복권해야 한다는 『공중과 그 문제』의 결론은, 과학주의와 기술적 합리주의가 테크노크라시technocracy*를 형성하고 전문적 관

---

* 기술technology과 관료bureaucracy의 합성어로, 전문적 지식이나 과학기술 등에 의한 지배를 뜻함.-편주

료에 의한 복지국가의 시스템으로 이행하는 1920년대 후반의 미국 사회에서 주목받지 못했다. 테크노크라시의 정치지배를 필연이라 말하는 월터 리프먼의 입장에서 보자면 듀이의 위대한 공동체 국가 구상은 1차 세계대전 전 혁신주의의 잔재로 여겨졌고, 전세기에는 미국 각지에서 실험된 공상적 사회주의 사상에 대한 향수로 이해되었다. 과거의 이야기가 아니다. 크리스토퍼 래시는『진리와 유일한 신』(1991)에서『공중과 그 문제』에 나타난 듀이의 리프먼 비판을 높이 평가하면서도 듀이의 위대한 공동체가 19세기 미국 민주주의에 대한 그리움으로서의 성격을 가지고 있었다는 의혹을 불식하지 못했다(래시, 1991). 래시뿐만 아니라 듀이의 정치철학은 낭만주의라는 비판이 반복적으로 있어 왔다. 듀이가 인간의 지성과 상상력의 가능성을 전제로 정치철학을 구성한 것은 틀림없지만, 그것을 향수나 낭만주의로 특징지어도 되는 것일까. 오히려 듀이 자신이 강조한 급진주의 정치철학의 소산으로 읽어야 하는 것이 아닐까.

　듀이의 공공권의 기초는 공동체이다. 듀이의 공동체 개념은 결코 난해한 것이 아니다. 공동체는 공통적인 것the common을 공유하고 커뮤니케이션에 의해 구성된 사람과 사람 간의 유대이다. 공통적인 것이란 공통의 믿음, 공통의 윤리, 공통의 문화, 공통의 지식, 공통의 복리, 공통의 시설 등이 포함된다. 이러한 공통의 선善과 재財가 공공적인 것이다. 다시 말하자면 '공통적인 것＝공공적인 것'을 공유하여 커뮤니케이션으로 결합된 사람들의 유대가 공동체이며, 그러한 커뮤니케이션의 공간이 공공권인 것이다. 공공권이란 커뮤니케이션에 의해 '공통적인 것=공공적인 것'의 가치나 공공복리를 구성하여 그것을 서로 나누는 활동sharing activity을 수행하는 공간이다.

이러한 공공권의 구성과 조직, 즉 커뮤니케이션에 의한 공동체의 조직에 있어서 중시된 것이 교육이다. 교육이야말로 인간의 사회적 지성과 상상력의 성장을 촉진하고 한 명 한 명의 개성을 타인의 개성과 병행하여 형성시켜 사람들을 민주적 공중으로 발달시키기 때문이다. 듀이의 공공권의 정치학은 인간의 가능성을 여는 교육을 중심영역으로 하는 정치학이었다. 듀이의 정치철학에 낭만주의를 느끼는 사람들은 정치학과 윤리학, 경제학과 심리학에 의해 듀이의 사회변혁 철학을 인식하는 것이며, 듀이가 민주주의의 조산사라 부른 교육의 기능을 정당하게 평가하지 못하고 있는 것이다.

듀이의 공공권의 정치학에 있어서 비판의 초점이 된 것은 자유주의의 사상적 기반이 된 개인주의와 자유방임주의laissez-faire를 중심으로 한 시장주의이다. 사람은 자기완결적인 개인으로 태어나는 것도 아니고 인권은 천부인권설이 말하는 것처럼 원래부터 준비되어 있는 것도 아니다. 사람은 사람과 사람의 관계 속에서 협동적인 존재associated being로 태어나는 것이며 인권은 그 사람이 속한 공동체의 투쟁의 성과로서 실현되는 것이다.

듀이에게 자연은 개인도 시장도 아닌 어소시에이션이며 공동체였다. 사람은 단독으로 사는 것이 아니라 사람과 사람의 관계 속에서 살아간다는, 누구나 인정하는 소박한 사실에서 듀이는 출발하고 있다. 듀이는 루소와의 유사성으로 인해 미국과 일본에서 자연법의 계보에 서는 사상가로 인식되기 십상인데, 듀이의 '인간적 자연=인간성'이라는 기반은 개인이 아니라 협동성에 있다. 듀이에게는 개인individual도 사회society도 협동생활associated life로부터 나오는 것이며 상호매개적인 개념이다. 『자유주의와 사회적 행위』(1935)에서 듀이는 개인을 이미 만들어진 존재ready-made로 간주하는 심리학의 가설을 비판하고 개인의 권리는 사회관계의 정치적 조직에 선행하여 존재하지 않는다고 주장했다(듀이, 1935). 개인적인 일과 사회적인 일 사이에는 아무런 갈등이 없으며 사회 집단 속에서만 사람은 개성을 발달시킬 기회를 가지는 것이다. 특정한 개인이 특정한 사회(대인관계)를 구성하고 특정한 사회가 특정 개인을 구성한다는 것이 듀이의 개인과 사회의 관계에 대한 인식이다. 개인은 그 자체로서 이미 사회적이다.

또한 듀이는 개인주의individualism와 개성individuality을 구별하여 개인주의를 극복하고 개성이 개화하는 사회를 전망한다(듀이, 1930). "개성은 처음부터 주어진 것이 아니라 협동생활 속에서 창조되는 것"(듀이, 1920)이라며 "개성은 사회 집단 속에서 발달하여 유동적이며 지속적인 성장 속에서만 획득되는 것"(듀이, 1935)이라 했다. 듀이에게 있어 개성은 인간의 상상력에 근거한 지성의 다원적이고도 다양한 가능성을 나타내는 개념이며, 사회진보의 수단임과 동시에 민주주의가 성립하는 기반이었다.

이러한 개성 발달을 추진하는 것이 자유의 개념이다. 『자유주의와 사회적 행위』는 자유주의에 있어서의 급진주의를 선명하게 주장한 저작이다. 듀이는 자유주의에 대한 가장 급진적인 비판자임과 동시에 가장 급진적인 옹호자이기도 했다. 듀이가 자유주의를 격렬하게 비판한 것은 자유주의가 개개인을 원자로 해체하여 사람들의 경험을 기초로 하는 공동체적인 유대와 민주주의 윤리와 공공권을 파괴하기 때문이다. 듀이가 자유주의를 철저히 옹호한 것은 이러한 사상이 개성의 가능성을 자유롭게 표현하고 다양한 사람들이 함께 생활하는 민주주의를 실현하는 기초가 되기 때문이다. 따라서 듀이의 자유는 국가의 권력통제나 기존 사회제도의 틀로부터의 자유라기보다는 개인이 사회적 이익에 공헌할 수 있게 하는, 공공권에 참가하는 적극적인 자유를 의미했다. 자유를 희망하는 투쟁을 통해 사람은 스스로의 개성인 자기를 형성하고 민주주의 윤리와 공공적인 복리를 공유하는 사회를 형성한다고 생각한 것이다.

자유주의에 대한 철저한 비판과 옹호라는 양의적인 급진주의는 1930년대의 듀이가 시장을 만능시하는 자유방임주의로서의 자본주의를 비판하고 전문적 관료에 의해 시스템화된 뉴딜정책과 복지국가론을 비판하여 스탈린주의의 사회주의 국가를 비판하고, 나아가 독일, 이탈리아, 일본 파시즘의 전체주의를 비판하는 기반이 되었다.

5. 민주적 사회주의의 철학

1929년 듀이는 폴 더글러스Paul H. Douglas와 함께 독립정치행동 연맹IPA을 결성하고 사회당의 노먼 토머스Norman Thomas를 대통령 후보로 지지하여 이듬해 1930년에는 민주당 타도와 제3의 당 결성을 선언했다(듀이, 1931). 이는 민주적 사회주의에 의한 혁명정당을 수립하는 투쟁의 시작이었다. 독립정치행동연맹이 표방한 제3의 당은 영국의 파비안 사회주의Fabian socialism의 영향을 받아 영국 노동당을 모델로 삼았다.

제3의 당을 수립하려는 노력은 사회민주주의를 신봉하는 지식인을 중심으로 사회당과 공산당의 연합을 추구하는 도전이기도 했다. 그러나 그 도전은 사회당과 공산당의 대립 격화로 실현이 어려워지고 있었다. 1934년 사회당과 공산당의 대립에 의한 유혈사건, 같은 해의 코민테른Comintern 제7회 대회에서 결정된 인민전선 정책 이후 공산당은 내부에서 스탈린주의와 트로츠키즘Trotskyism의 대립을 심화시키면서 복지국가 정책으로의 접근을 강화하고 1938년 제10회 당 대회에서 민주전선의 제기로 뉴딜정책과 루스벨트 대통령 지지에까지 이른다.

웨스트브룩이 적확하게 지적했듯이, 1930년대 이후 듀이의 사회사상은 민주적 사회주의democratic socialism로 특징지을 수 있다(웨스트브룩, 1991). 듀이가 사회주의로 기운 것은 청년기의 공상적 사회주의에 대한 동경을 출발점으로 하고 있는데, 단적으로는 1928

년의 소비에트 방문과 그에 대한 전면적인 찬사 속에서 찾아볼 수 있다(듀이, 1928).

미국 공산주의자들도 듀이 사상의 사회주의적인 성격에 공감을 나타내고 있었다. 예를 들어 『자유주의와 사회적 행위』에 대하여 미국 공산당 일부에서는 '미국에 있어서의 공산당 선언'이라고 평가하는 목소리도 있었다고 한다. 그러나 미국 공산당이 코민테른 영향 하에 스탈린주의로 기울어 뉴딜정책에 접근한 것과 대조적으로, 듀이는 스탈린주의의 국가사회주의state socialism에 대한 비판을 강화하며 뉴딜정책의 국가자본주의state capitalism에 대해서도 강하게 비판하고 있다. 듀이가 미국 공산당의 사회주의 혁명 노선과도 대립했다는 것은 명료하다.

듀이는 스탈린의 사회주의를 국가사회주의로 표현하면서 자신의 사회주의를 민주적 사회주의 혹은 공공적 사회주의public socialism라고 불렀다(듀이, 1939). 사실 노동자 계급 해방을 추구하여 노동자 계급을 정치 권력의 중심으로 하는 사회주의 국가 건설을 표방하면서도 듀이의 민주적 사회주의(공공적 사회주의)의 혁명과 스탈린이나 트로츠키 등 마르크스주의에 의한 혁명과는 다음과 같은 점에서 성격이 다르다.

첫째로, 듀이가 추진한 사회주의 혁명은 교육을 중심적인 수단으로 삼는 비폭력적인 혁명이며 소비에트에서 수행된 폭력혁명과는 전략이 달랐다. 두 번째로, 수립되는 정치 권력에도 차이가 있었다. 듀이가 추진하는 사회주의국가의 정치 권력은 소비에트와 같은 노동자 계급의 전제적인 권력이 아니라 의회제 민주주의를 전제로 하는 정치 권력이었다. 셋째로, 혁명의 주체에도 차이가 있었다. 소비에트 혁명의 주체는 노동자 계급이며 노농동맹労農同盟인 것에 비해 듀이가 구상하는 사회주의 혁명은 교사와 지식인, 자영업자 소시민을 주체로 하는 혁명이었다. 그중에서도 교원노동조합에 대한 기대가 컸다. 그에게는 교사야말로 공공적 사회주의를 조직하는 중심적 주체이며, 민주주의 혁명을 수행하고 사회주의국가로 연속시키는 중심세력이었다. 넷째로, 건설된 사회조직의 이미지에 차이가 있었다. 소비에트가 집산주의의 계획 경제를 추진하는 노동자 조직과 농민조직으로 구성되는 사회였던 것에 비해 듀이가 구상하는 혁명 후의 사회는 위대한 공동체이며 민주주의의 정치윤리로 구성된 공공권을 중핵으로 하는 협동적인 사회였다. 다섯 번째로, 생산과 재생산의 관계에도 차이가 있었다. 마르크스주의 경제학에서는 사회의 중심이 생산 과정에 있고 재생산 과정은 노동력의 재생산으로서 생산에 대해 종속적인 위치를 부여받았다. 그러나 듀이는 문화 재생산의 정치적 과정이 사회의 중심문제이며 생산 과정이 오히려 재생산 과정에 종속되는 것으로 인식했다. 듀이는 "생산의 궁극적인 문제는 인간 존재의 생산이다"라고 주장하고 있다(듀이, 1939).

듀이의 민주적 사회주의 사상은 스탈린주의의 국가사회주의와 뉴딜의 국가자본주의, 전체주의의 파시즘 국가라는 대공황 후 분기된 세 가지 사회 시스템에 대한 급진적인 비판으로서의 의미를 가지고 있었다. 이는 1930년대에 세계 각국이 이행한 『시스템 사회(야마노우치 야스시)』의 세 가지 모델에 대한 비판이었다.

사실 듀이는 스탈린의 사회주의 국가나 뉴딜정책의 복지국가가 모두 계획된 사회planned society라고 말하며, 자신이 추진하는 민주적 사회주의 혁명은 그 운동 중에도 끊임없이 구상되고 또 수정되는 '계획하는 사회planning society'라고 말하고 있다. 일상적인 경험으로 형성된 협동성과 공동성을 기초로 하여 민주주의의 실현을 수행하는 영구적인 과정이 듀이가 추진하는 민주적 사회주의 혁명이었던 것이다.

1930년 이후에 전개된 제3의 당 설립을 추구한 듀이의 궤적은 민주적 사회주의(공공적 사회주의)의 구체적 실행과정이었다. 제3의 당 구상은 1933년에 미네소타주의 노농동맹을 중심으로 하는 노농정치동맹FLPF으로 구체화되어 듀이는 동맹의 의장으로 선출되었는데, 이 조직이 발전된 미국공화정치연맹ACPF도 1936년에는 뉴딜정책을 추진하는 루스벨트 대통령을 지지하여 듀이의 구상은 좌절되었다. 시장을 만능시하는 자유방임주의의 자유주의를 비판하고, 뉴딜정책의 국가자본주의를 비판하고, 계획경제와 관료주의의 국가사회주의를 비판한 듀이의 민주적 사회주의는, 미국 사회의 현실적인 문맥에서 그 성립 기반을 상실하고 있었다.

6. 종교를 넘어서는 것

『공통의 신앙』(1934)이라는 제목의 작은 팸플릿은 듀이의 공공권 정치학의 또 하나의 특질을 나타내는 저작이다. 이 책은 출판 직후부터 유신론자는 물론 무신론자에게도 실망과 비판의 표적이 되었다. 신학자로부터는 신의 존재와 종교의 가치를 부정하는 무신론이라고 비판받고, 프래그머티즘pragmatism(실증주의) 철학자로부터는 과학을 부정하고 인간의 비합리성을 승인하는 자연주의적인 유신론이라 비판받았으며, 마르크스주의자로부터는 신에 대한 신앙을 승인하고 종교를 옹호하는 것이라 비판받았다.

듀이의 모친은 경건한 조합교회의 회원이며, 듀이 자신도 미시간대학 철학 강사로 연구자의 길을 걷게 된 청년기에는 조합교회의 열렬한 신자였으며 35세까지는 일요일에 빠지지 않고 교회에서 예배를 드렸다고 한다(록펠러, 1998). 그러나 프래그머티즘 철학을 탐구하기 시작하면서부터는 경험적 인식론을 기초로 하는 무신론자가 됐다. 1892년의 논문 「기독교와 민주주의」에서 듀이는 모든 종교가 공동체나 인종의 사회적 생활과 지적 생활에 유래하고 있다고 하면서 기독교의 현대적인 이상은 민주주의에 있다고 주장한다. 또한 신의 존재에의 충성을 민주주의의 신념으로 전환시킬 필요성을 제기한다(듀이, 1892). 이후 듀이는 『공통의 신앙』을 집필할 때까지 직접적으로는 종교에 대해서 논하지 않았다.

듀이는 『공통의 신앙』에서 종교religion와 종교적인 것religious을 엄밀히 구별하며 종교를 부정하고 인간 경험의 일부인 종교적인 것을 옹호하고 있다. 명사인 '종교'는 특정 종교와 종파를 의미하고 구체적인 교회를 나타내는데 비해 형용사인 '종교적'은 다양한 종교나 종파를 포섭한 종교적인 경험을 표현하고 있다고 한다.

물론 듀이는 유신론의 입장에서 종교적인 것을 옹호하지도 경험적 인식론의 과학적인 방법이나 합리적인 정신을 부정하지도 않았다. 오히려 사람의 경험이 종교적인 경험을 포함하고 있으며, 그러한 종교적인 경험이 합리적인 경험뿐 아니라 비합리적인 경험도 포함하고 있다는 사실을 출발점으로 삼고 있다. 그리고 듀이는 종교가 지적인 정신과 도덕적인 규범을 조화적이고 전체적인 세계관에서 희망해온 역사에 비추어 종교 속에 갇힌 종교적인 경험을 기존의 종교로부터 구출하여 소생시킬 것을 의도했다.

무신론의 입장에서 종교적인 것에 포함된 인간의 지성과 윤리를 철학적 성찰을 통해 탐구하는 듀이는 자신을 스피노자의 연장선상에 두고 있었다. 스피노자는 서양사상의 세 가지 전통, 즉 히브리인의 정의의 전통, 고대 그리스의 지성의 전통과 과학적인 발견의 전통을 소생시킴으로써 종교와 과학의 조화를 탐구했다. 듀이도 지성의 파산자가 되어 도덕의 파산자가 된 기존의 종교로부터 지성과 윤리의 신앙을 구출하고자 한 것이다.

종교적인 경험은 도덕적 경험과 미적 경험의 일치로, 개인의 내발적인 상상력과 지역적인 경험을 보편적인 것으로 인도하고, '선'과 '미'를 결합시켜 경험에 전체성과 조화를 초래하며, 사람과 사람을 신앙으로 연결한다. 그러나 종교의 지성적 파산은 분명한 것이다. 과학적인 방법이 개방적이고 공공적인데 비해 교리적인 방법은 한정적이고 사적이라고 듀이는 지적한다. 또한 종교가 상정하고 있는 초자연적인 존재에 의한 보이지 않는 힘의 지배는 지적인 탐구와 실천적인 해결을 저지하는 속박이 되기도 한다. 기존 종교의 도덕적인 파산도 명료하다. 종교에 의한 전쟁이나 범죄의 확대는 말할 것도 없고, 종교 그 자체의 세속화로 교회는 '양'이나 '산양'으로 상징된, 구원받아야 할 민중에게 립서비스로 신자를 획득하기 위한 경쟁을 하고, 정치나 경제나 사회를 개선하는 도덕적 영향력을 잃고 있다.

그러나 듀이는 종교의 초자연적 존재에 의한 통제를 과학과 도덕으로 치환할 것을 주장하는 것이 아니다. 듀이가 종교를 부정하고 종교적인 것을 옹호한 까닭은 공통의 신앙을 다양한 종교로부터 구출하기 위해서였다. 신앙은 듀이 철학의 중심적인 개념이다. 민주적인 협동에 있어 실효적인 신앙working faith이라거나 도덕적인 신앙moral faith이라는 표현이 자주 사용된다. 신앙은 실현 가능한 신념을 의미하는데 신앙이 예측이나 기대를 포함할 때는 과학적 탐구와의 사이에 갈등을 초래한다고 듀이는 말한다. 신앙은 기존의 과학이나 도덕을 넘어선 개념인 것이다.

종교적 교리는 잃어도 보편적인 것과 자기의 일치를 추구하는 신앙을 잃어서는 안 된다는 것이 듀이의 주장이었다. 그리고 공통 신앙의 기반은 개인이 교회의 일원으로 태어나는 것이 아니라 공동체의 일원으로 태어난다는 데 있다. 공동체의 일원으로 태어나는 인간의 종교적인 신앙은 랠프 월도 에머슨Ralph Waldo Emerson이 제시한 것과 같이 자연의 경애piety to nature로서의 신앙이며 또 하나의 자연인 인간성이 협동생활associated living 속에서 충분히 열릴 가능성에 대한 신앙이다. 사람은 지성과 상상력에 의해 자연을 경애하고 인간성의 개화를 실현하는 존재이며 협동생활에서 민주주의를 실현하는 존재이다. 공통의 신앙이란 사람과 사람의 유대를 회복하고 민주주의를 희망하는 사람들의 기도와 미래를 향한 의지에 의해 연결되는 공동체를 교회 밖에 구축하는, 종교를 넘어선 신앙인 것이다(듀이, 1934).

결론

양 대전 사이의 듀이는 형이상학에서 이탈하여 자유주의의 개인주의를 비판하고 공공권의 정치학을 회복시키는 방도를 탐구함으로써 진보주의자에서 사회주의자로 이행했다. 세계대전에서의 대량학살의 현실과 위기는 듀이에게 있어 진보의 사상을 전제로 해온 서양 근대사상의 파탄을 의미했으며, 대중사회에서 공중의 소멸은 자유주의의 개인주의 파탄과 민주주의의 위기를 의미했고, 대공황의 현실은 시장만능주의의 파탄을 의미했다. 그리고 뉴딜정책에 의해 현실화된 복지국가(국가자본주의)와 스탈린의 계획경제에 의해 추진된 사회주의 국가(국가사회주의)는 모두 국가의 기능을 비대화시켜 자유로운 개성의 발전을 억제하고 산업주의와 관료주의를 조장하는 것이라고 비판했다. 듀이가 기대한 것은 공공적 사회주의이며 다양한 사람들이 삶의 방법으로서의 민주주의를 실천하고 공생하는 사회를 구성하는 민주적 사회주의였다.

듀이는 급진적인 사회주의자였다. 그의 사회주의에서의 급진주의는 사코와 반제티 사건에 대한 적극적인 항의활동이나 스탈린이 멕시코에 망명 중인 트로츠키의 처형을 명령한 트로츠키 사건의 조사위원장 활동에 표현되어 있는 것이 아니다. 그러한 활동은 사회주의와 공산주의를 옹호하는 활동이 아니라 사상과 표현의 자유를 옹호하기 위한 투쟁이었다. 듀이 사회주의의 급진성은 개성의 자유로운 발달을 사회주의의 기본원리로 하여 사회주의 사상을 국가주의와 전체주의로부터 해방한 점에 있다. 이는 자유주의 경제학이 상정하는 개인주의를 비판하는 급진성이며, 다양한 사람들이 커뮤니케이션으로 구성하는 공공권의 민주주의를 추구하는 급진성이다. 또한 그러한 공공권의 정치학에 의해 국민국가와 시민사회를 위대한 공동체로 변혁하는 혁명을 희망하는 급진주의였다.

듀이는 공공성과 민주주의와 공동체라는 세 가지 개념에 의해 근대의 국민국가와 시민사회를 초월하는 논리를 계속해서 탐구했다. 듀이에게 케인즈 경제학에 의한 복지국가, 스탈린주의의 사회주의국가, 파시즘국가는 독일 관념론의 철학이 준비한 국가이성의 귀결이었다. 또한 대중사회에 있어서의 공중의 몰락, 경쟁과 차

별을 포함하는 시민사회의 현실, 계급 간의 분열을 가져온 대공황의 현실은 영국의 경제가 제기한 시장경제와 공리주의 정치의 필연적인 귀결이었다. 만년의 듀이가 대니얼 벨Daniel Bell의 「인간의 기계에의 적응」(1947)과 칼 폴라니Karl Polanyi의 『거대한 전환The Great Transfonnation』(1944)을 획기적인 논문으로 절찬한 것은 산업주의와 시장경제의 팽창에 듀이가 근본적인 위기감을 강하게 느끼고 있었음을 나타낸다(듀이, 1947).

그러나 듀이의 공공권의 정치학은 당시로부터 오늘날에 이르기까지 연로한 철학자의 양식 있는 발언으로서는 주목되어 왔지만, 그 사상의 혁신성이 수용되었다고는 말하기 어렵다. 듀이의 철학적인 탐구는 교육 영역에서는 지속적으로 관심의 대상이 되었지만 교육학에서의 듀이는 철저히 탈정치화되었고, 정치학에서는 공동체 의견의 조화를 믿은 낭만주의 이론으로 무시된 것이 현실이다. 듀이 정치철학의 르네상스가 일어난 것은 그의 공공권 정치학의 급진성이 현실적인 의미를 띠기 시작한 냉전 구조의 붕괴 이후이다.

듀이의 공공권의 정치학은 국가를 중심으로 하는 공공성은 물론 아렌트가 제창하는 공공권이나 하버마스가 주장한 시민적 공공성에 회수되지 않는 중층적인 공공권의 성립 기반을 시사한다. 근대의 공공권은 시장경제가 구성하는 사회권 안에 위치하는데 듀이의 공공권은 사회권뿐만 아니라 생명권에 깊이 뿌리를 내린 공공권이다. 듀이가 공공권을 말할 때 그 전제가 시민으로서의 개인이 아니라 공동체의 일원으로서의 개인이었던 것을 상기해보자. 듀이에게는 사회가 의식이나 정신의 산물이 아니라 '정신=신체'의 활동의 산물이었던 점을 상기하자. 또한 그러한 공공권이 시민사회 society라 아니라 협동사회association를 기반으로 하고 있었던 점을 기억하자. 듀이의 공공권은 생명권에 있어서의 공동성에 기반한 정치 공간이며 타인과 더불어 사는 존재인 인간의 협동성을 기초로 하는 삶의 정치 공간인 것이다.

그리고 듀이의 공공성과 사사성은 이율배반적인 대립 항이 아니다. 듀이에게 있어서는 사적인 사항의 대부분이 사회적이며 공공적이다. 사적 영역이나 친밀권이 팽창해서 공공권이 해체된 것이 아니라 사적 영역이나 친밀권에 내재하는 공공성이 개인주의 이데올로기에 의해 사사화된 결과 공공권이 해체된 것이다. 그래서 듀이는 개성의 실현을 공공권을 회복하는 기초 요건으로 삼았다. 1930년대 듀이가 미적 경험에 의한 상상력의 발달을 탐구한 것은 미학과 윤리학에 의한 개성의 발달을 기초로 하는 다양한 문화의 교류가 공공권의 정치학을 활성화시키는 생명력이 되기 때문이다(듀이, 1934). 공공권의 정치학politics은 시학poetics을 필요로 한다.

듀이의 공공권의 정치학은 미완의 정치학이었다. 민주적 사회주의 비전은 위대한 공동체라는 추상적인 사회상밖에 제시하지 못했고, 위대한 공동체는 인간의 가능성인 지성과 상상력의 자유로운 발달과 그것을 실현하는 민주주의를 공통의 신앙으로 하는 투쟁을 필요로 하고 있었다. 듀이의 공공권의 정치학은 종교를 넘어서는 것을 공통의 신앙으로 삼는 민주적인 공중의 등장을 요청하는 철학이며, 근대 시민사회를 초월하는 사회를 준비하는 정치철학이었다. 그것은 타인과의 공생을 삶의 방법으로서 신체화하는 미완의 프로젝트이며, 민주주의를 실현하는 영속적인 혁명의 철학인 것이다.

주

듀이에 관한 근년의 주요한 저작으로 다음 문헌을 들 수 있다.

- Rorty, Richard, 1989, Contingency, Irony and Solidarity.

- Hickman, Larry, 1990. John Dewey's Pragmatic Technology.

- Westbrook, Robert B., 1991, John Dewey and American Democracy.

- Rockfeller, Steven, C., 1991, John Dewey : Religious Faith and Democratic Humanism.

- Bernstein, Richard Jacob, 1992, The New Constellation : The Ethical-Political Horizons of Modernity~Post Modernity.

- Stuhr, John J., 1993, Philosophy and the Reconstruction of Culture.

- Garison, Jim, ed., 1995, The New Scholarship on Dewey.

- Campbell, James, 1995, Understanding John Dewey : Nature and Cooperative Intelligence.

- Ryan, Alan, 1995, John Dewey and the Tide of American Liberalism.

- Welchman, Jenifer, 1995, Dewey's Ethical Thought.

- Hickman, Larry. Ed., 1998. Reading Dewey : Interpretation for a Postmodern Generation.

- Fott, David, 1998, John Dewey : American's Philosopher of Democracy.

- Boisvert, Raymond D., 1998, John Dewey : Rethinking Our Time.

- Jackson, Phillip, 1998. John Dewey and the Lesson of Art.

참고문헌

- Arendt, Hanna, 1958, Human Condition, The University of Chicago Press.(시미즈 하야오 역, 1973, 『인간의 조건』, 츄오코론샤)

- Bernstein, Richard, 1992, The New Constellation : The Ethical-Political Horizons of Modernity/Post Modernity. Blackwell.(타니 토오루, 타니 유 역, 1997, 『손잡이 없는 사고-현대사상의 논리-정치적 지평』, 산교도서)

- Campbell, Jones, 1995, Understandig John Dewey. Nature and Cooperative Intelligence, Open Court

- Bourne, Randolph., 1917. "Conscience and Intelligence in War," TheDial, 13, September, 1917.

- Dewey, John, 1892, "Christianity and Democracy," EarlyWorks, 4:7-8.

- Dewey, John, 1919, "Philosophy and Democracy," University of California Chronicle, 11, Middle Works, 11.

- Dewey, John, 1919, "Liberalism in Japan," MiddleWorks, 11:156-173.

- Dewey, John, 1919, "On two sides of Eastern Sea," Middle Works, 11:174-179

- Dewey, John, 1920, Reconstruction in Philosophy, Henry Holt&Company.

- Dewey, John, 1922, Human Nature and Conduct : An Introduction to Social Philosophy, Henry Holt&Company.

- Dewey, John, 1925, Experience and Nature, Open Court Publishing.

- Dewey, John, 1927, "Psychology and Justice," Later Works, 3:186-195

- Dewey, John, 1927, The Public and Its Problems, Henry Holt&Company.

- Dewey, John, 1928. "Great Experiment and the Future," LaterWorks, 3.

- Dewey, John, 1930. "Individualism Old and New" New Republic, 62. April 1930. LaterWorks, 5.

- Dewey, John, 1931, "The Need for a New Party," New Republic, 66. March 1931, LaterWorks, 6.

- Dewey, John,, 1934, A Common Faith, Yale University Press.

- Dewey, John, 1934, Ar tas Experience, Capricorn Books.

- Dewey, John, 1935, Liberalism and Social Action, LaterWorks, 11.

- Dewey, John, 1939, "I Believe," in Clifton Fadiman (ed.), The Personal Phlosophies of Certain Eminent Men and Women of Our Times, Simon and Shuster, LaterWork, 14.

- Dewey, John, 1939, "Economic Basis of the New Society," LaterWorks, 13.

- Dewey, John, 1947, "Comment on Bell and Polanyi," LaterWorks, 15:361.

- Dewey, John, & Dewey, Alice, 1920, Letters from China and Japan, E.P.Dutton&Company.

- Dykhuizen, George, 1989. The Life and Mind of John Dewey, Southern Illinois University Press.

- Feuer, Lewis, 1971, "John Dewey's Sojourn in Japan," Teachers College Record, 11:1.

- Habermas, Jurgen, 1962, Strukturwandel der Öffentlichkeit, Neuwied.

(호소야 사다오 역, 1973, 『공공성의 구조전환』, 미라이샤)

• 리수언, 1997, 「듀이의 중국 방문 강연에 관한 일고찰」, 아시아교육사
학회 『아시아교육사연구』, 제6호, 1997년 3월, 14-29페이지

• Lasch, Christopher, 1991, The True and Only Heaven: Progress and Its
Critics, Norton.

• Lash Christopher, 1995, The Revolt of the Elites: And the Betrayal of
Democracy, Norton.(모리시타 신야 역, 1997, 『엘리트의 반역-현대민주주
의의 병폐』, 신요샤)

• Lippman, Walter, 1922, Public Opinion, Free Press.(카케가와 토미코 역,
1987, 『여론』, 이와나미분코)

• Lippman, Walter, 1925, The Phantom Public, Macmillan.

• Rockfeller, Steven, 1998, "Dewey's Philosophy of Religeous
Experience," in Larry Hickman, (ed.), Reading Dewey: Interpretation
for Postmodern Generation, Indiana University Press, pp.124-148.

• Rorty, Richard, 1989, Contigency, Irony and Solidarity, Cambridge
Univerisyt Press.

• Senett, Richard, 1976, The Fall of Public Man, Alfred A. Knoph.(키타야
마 카츠히코, 타카하시 사토루 역, 1991, 『공공성의 상실』, 쇼분샤)

• Ryan, Alan, 1995, John Dewey: And High Tide of American Liberalism,
Norton.

• Westbrook, Robert, 1991. John Dewey and American Democracy,
Cornell University Press.

||||| **5장** |||||

학교재생의 철학

———————— '배움의 공동체'의 비전과 원리와 활동 시스템 ————————

1. 또 하나의 풍경

많은 이가 학교의 위기를 소리 높여 외치고 하향식top-down 개혁이 끊임없이 단행되는 가운데 교사 이외의 사람들에게는 별로 알려지지 않은 하나의 풍경을 써 내려가려 한다. 2012년 3월 현재 '배움의 공동체' 만들기를 표방하며 학교개혁에 도전하고 있는 학교는 소학교 약 1,500개교, 중학교 약 2,000개교, 고등학교 약 300개교이며, 이 숫자는 일본 공립학교의 약 10%에 해당한다.

이 풍경은 공립학교의 위기, 학생의 학력저하, 교사의 지도력 저하를 외치는 대중매체가 그려내고 있는 공립학교의 풍경과는 확연히 다르다. 이는 대중매체의 주장과는 달리 공립학교에 혁명적 변화가 일어나고 있음을 나타낸다. 이 장에서는 이러한 조용한 혁명, 긴 혁명을 준비·조직하고 있는 교육학자로서 '배움의 공동체'를 중심으로 한 학교재생의 철학을 소개하고자 한다. '배움의 공동체' 만들기의 학교개혁에 있어서 개혁의 비전과 철학은 실천보다 선행하고 있으나, 그 이론적인 해명은 실천의 진행보다 뒤처지고 있다.

예를 들어, 왜 이렇게 많은 학교가 '배움의 공동체'를 표방하는 학교개혁에 적극적으로 참가하고 있는 것일까? 왜 '배움의 공동체'를 표방하는 학교개혁은 이토록 많은 교사의 도전을 유발하고 있는 것일까? 왜 '배움의 공동체' 만들기를 추진하는 학교개혁은 기적이라고 불릴 만한 성공을 달성할 수 있었을까? 개혁의 비전과 철학을 제시하고 실천적 방법을 설계하며 전국 각지의 학교를 방문하여 개혁을 추진해온 나 자신조차도 이러한 핵심적인 사항들에 설득력 있는 해답을 가지고 있지 못하다. 그러나 학교개혁을 위한 모색과 탐구를 통하여 발견한 것, 배운 것, 그리고 그로부터 얻을 수 있는 교훈은 셀 수 없이 많다. 이 논문에서는 그 교훈들의 단편을 통합하여 가능한 한 실천의 언어가 아니라 이론의 언어로써 이 개혁의 철학을 서술하려고 한다. 말하자면 개혁을 뒷받침하는 무대 뒤의 이야기를 서술하려는 것이다. 참고로 '배움의 공동체 만들기 학교개혁'은 일본 교육계에서는 드물게도 철학과 사상과 이론에 의해 도출된 학교개혁이라는 특징이 있다.

2. 배움의 공동체

'배움의 공동체learning community'의 학교상은 존 듀이가 1896년에 시카고대학에 부설한 실험학교laboratory school에서 유래한다. 1910년 이후의 신교육운동 때 세계 각국에 보급되었고(1), 2차 세계대전 후에도 1970년대 미국의 오픈 스쿨 등 혁신주의progressivism 교육개혁을 통하여 계승되어 왔으며, 오늘날에도 21세기 학교의 비전 중 하나로 거론되고 있다.

일본의 교육연구와 학교개혁에 '배움의 공동체' 개념이 등장한 것은 1992년의 졸저『대화적인 실천으로서의 배움─학습 공동체를 찾아서』(사토 마나부, 1995) 및 필자가 참가하여 협력한 니가타현 오지야시 오지야 소학교의 개혁 사례(1995~1999)에서이다.(2) 오지야 소학교에서 도전한 개혁의 이념은 1996년 오지야 소학교 히라사와 켄이치 교장의 전근에 의하여 나가오카시립 미나미 중학교로 파급되었으며, 1998년에는 치가사키茅ケ崎시 교육위원회가 두 학교를 방문한 것을 계기로 '배움의 공동체 파일럿 스쿨'이 건설되기에 이르렀다.

'배움의 공동체 만들기 학교개혁'이 전국적으로 확대되는 출발점이 된 것은 치가사키시 교육위원회에 의한 '21세기 파일럿 스쿨─하마노고 소학교'의 창설(1998)이다. 이 학교의 창설을 적극적으로 주도한 인물은 치가사키시 교육위원회 학교교육과 지도과장이던 오세 토시아키大瀬敏昭였다. 오세는 내가 제창하는 '배움의 공동체'

의 비전과 철학 및 방법을 전면적으로 도입한 '카야芽의 교육 플랜 (치가사키시 학교개혁 10년 계획)'을 작성하여 시의회에서 의결, 시장과 교육장, 시의회의 지원을 받아 '파일럿 스쿨－하마노고 소학교'를 신설하고, 이 학교의 초대 교장으로서 도전을 시작했던 것이다.(3)

하마노고 소학교의 창설은 역사적인 사건이었다. 학교가 독자적으로 개혁 이념을 설정하고, 또 자체적인 교육 비전을 내걸며 창설된 공립학교가 이전에 있었을까? 하마노고 소학교에서 구체화된 '배움의 공동체'의 이념과 철학은 다음과 같다.

1 **배움의 공동체로서의 학교**: '배움의 공동체'는 21세기형 학교의 비전을 나타내는 개념이며, 그 비전이란 학생들이 서로 배우며 자라는 장소, 교사도 전문가로서 서로 배우고 성장하는 장소, 학부모와 시민이 함께 학교의 교육활동에 참가하여 서로 배우고 성장하는 장소로 학교를 재생시키는 것을 말한다.
이 비전을 달성하기 위해 교실에서는 협동하는 배움을 실현하고, 교무실에서는 교사가 수업실천에 창의적으로 도전하며 교사끼리 서로 비평하는 동료성collegiality(4)을 구축하고, 학부모와 시민이 수업실천에 참가하여 교사와 협동하는 학습참가를 위한 실천을 수행한다.

2 **공공성·민주주의·탁월성**: 배움의 공동체로서의 학교는 공공성public philosophy과 민주주의democracy와 탁월성excellence이라는 세 가지 철학적 원리에 입각하여 운영된다.

A. 공공성: 학교는 공공적인 사명public mission과 책임으로 조직된 장소이며, 교사는 그 공공적인 사명과 책임을 맡고 있는 전문가이다. 학교의 공공적인 사명과 이를 담당하는 교사의 책임은 학생 한 명 한 명의 배움의 권리를 실현하고 민주주의 사회를 실현하는 것에 있다.

학교의 공공성이 가지는 또 하나의 의미는 학교가 공공공간公共空間으로 열려있다는 것이다. 공공성은 공간 개념이며 학교와 교실의 공간이 안팎으로 열려 다양한 삶의 방식이나 사고방식이 대화를 통한 커뮤니케이션에 의해 교류되는 것을 말한다.(5)

B. 민주주의: 학교 교육의 목적은 민주주의 사회의 건설에 있으며 학교는 그 자체로 민주적인 사회조직이어야 한다. 민주주의는 단순한 정치적 절차가 아니다. 여기서 말하는 민주주의는 존 듀이가 정의한 것처럼 타인과 더불어 살아가는 방법a way of associated living을 의미한다.

민주주의 원리로 조직된 학교에서 학생, 교사, 학부모 한 사람 한 사람은 각각 고유의 역할과 책임을 가지고 학교운영에 참가하는 주인공protagonist이다.

C. 탁월성: 가르치는 활동, 배우는 활동은 모두 탁월성을 추구해야 한다. 여기서 말하는 탁월성이란 타인과 비교하여 우수하다는 의미가 아니라 스스로 최선을 다해 최고를 추구한다는 의미이다. 경쟁에 의한 탁월성의 추구가 우월감

이나 열등감을 초래하는 것에 비하여, 스스로 최선을 다하여 최고를 추구하는 탁월성은 가르치는 사람과 배우는 사람 모두에게 신중함과 겸허함을 가져다준다. 가르치는 활동과 배우는 활동은 본질적으로 이러한 탁월성의 추구를 포함하여 성립된다. 나는 이러한 탁월성을 추구할 방법을 '발돋움과 점프가 있는 배움'으로 제기하고 있다.

③ **활동 시스템의 구상**: 배움의 공동체 전략은 활동 시스템의 구성이다. 내가 제창하는 '배움의 공동체'는 다른 이의 목소리를 서로 듣는 관계를 기반으로 성립된다. 다른 이의 목소리를 듣는다는 것은 곧 배움의 출발이다. 배움은 흔히 능동적인 활동으로 일컬어지곤 하는데, 배움은 오히려 수동적 능동성을 그 본질로 하고 있다. 고대 그리스어에는 수동태와 능동태가 일체화된 중동상中動相이라는 동사의 태가 있는데, 배움은 바로 이 중동상과 같은 활동이다. 가르치는 활동 또한 같다. 탁월한 교사로 알려진 데보라 마이어Deborah Meier는 그녀의 저서에서 "가르치는 활동의 대부분은 듣는 것이다"라고 했다 (데보라 마이어, 1956). 그녀의 말대로 훌륭한 교사는 교실에서 아이 한 명 한 명의, 소리로 표현되지조차 않는 목소리를 듣는 일에 혼신을 다하고 있다.

듣는 것의 우위성priority은 학교를 공공적인 공간으로 구성하는 데 중요하다. 존 듀이는 『공중과 그 문제(The Public and Its Problems‐An Essay in a Political Inquiry)』의 마지막 부분에서 공공성을 수립하는 요건으로 청각의 우위성을 언급하면서 다음과 같이 말한다.

"청각the ear과 활력이 넘치는 사고나 감정과의 연결은, 시각eye과 그들 간의 연결보다도 훨씬 긴밀하며 다채롭다. 본다는 것vision은 관찰자spectator라는 것이며 듣는다는 것hearing은 참가자participant라는 것이다."

이 한 구절에는 듣는 것의 수동성이 참가를 가져다준다고 하는, 듣는 것과 참가의 관계성이 단적으로 표현되어 있다. 듀이가 지적하듯이 사람은 '보는 것'으로 인해 사변speculation*에 젖기도 하지만, '듣는 것'을 통해서는 그 장場의 당사자로서 참가하지 않을 수 없게 된다.

서로 듣는 관계는 공동체를 구성하는 데 결정적으로 중요하다. 서로 듣는 관계는 대화의 언어를 생성시키고 대화적인 커뮤니케이션에 의한 공동체 구성을 마련해주기 때문이다.

내가 제창하는 '배움의 공동체로서의 학교'는 한 묶음의 활동 시스템activity system에 의하여 조직되어 있다. 이 활동 시스템은 그 활동을 수행하면 무의식중에 자연스럽게 공공철학과 민주주의와 탁월성의 추구를 체득하여 실천하도록 구성되어 있다. 말하자면 배움

---

* 경험에 의하지 않고 순수한 논리적 사고만으로 현실 또는 사물을 인식하려는 일.–편주

의 공동체 만들기의 운용 시스템operation system인 것이다.

교실에서의 활동 시스템은 학생들의 활동적이고 협동적이며 반성적인 배움을 조직하도록 만들어져 있다. 모든 교실에서 서로 듣는 관계가 조직되기 위해서는 소학교 3학년 이상의 교실에서는 어떤 수업에서든 ①남녀 혼합의 4명 그룹에 의한 협동적인 배움을 조직할 것, ②서로 가르치는 관계가 아니라 서로 배우는 관계를 구축할 것(학습하다가 모를 때는 친구에게 '이거 어떻게 하는 거야?' 하고 물어보기를 습관화할 것) 그리고 ③점프가 있는 배움을 조직할 것이 요구된다.

또한 교사에게는 학생들의 배움에 대한 응답 관계에 따라 수업을 조직하여 ①듣기, 연결하기, 되돌리기라는 세 가지 활동으로 일관되게 진행할 것, ②차분한 목소리로 말을 정선해서 할 것, ③즉흥적인 대응으로 창조적인 수업을 할 것을 요구한다.

교실에서 아이 한 명 한 명의 배움의 권리를 실현하기 위한 책임을 학급이나 교과의 담임교사가 혼자 지는 것이 아니라 그 교실 아이들 모두와 학년 별 교사들 그리고 교장 및 학부모가 함께 공유해야 한다.

학교운영에 관해서는 월간 직원회의와 주간 학년회의 이외의 회의는 폐지하여 수업 관찰에 바탕을 둔 사례연구회(교내연수)를 학교경영의 중심에 두도록 한다. 교내연수에서는 학교가 공통적인 주제를 정하지 않고 연구 주제는 교사 개개인이 결정한다. 그리고 ①모든 교사가 최소한 일 년에 한 번은 동료에게 수업을 공개하여 교내연수 혹은 학년연수를 통해 수업의 사례연구를 실시한다(이렇게 함으로써 매년 교내에서 교사 수 이상의 횟수의 사례연구회가 열리게 된다). ②수업 사례연구회에서는 모든 교사가 반드시 발언하도록 한다. ③ 수업 사례연구회의 주된 목적은 우수한 수업을 추구하는 것이 아니라 한 명도 빠짐없이 모든 아이들의 배움을 성립시키는 것과, 그 배움의 질을 높이는 것이다. 따라서 ④사례연구회의 연구내용은 교재나 교사의 지도법보다는 교실에서 일어난 아이들의 배움의 사실 및 서로 간의 배움의 사실에 초점을 맞춘다.

학부모와의 관계에서는 ①학기에 한 번 정도 실시하고 있는 수업참관을 폐지하고 학부모가 교사와 협동하여 수업 만들기에 참가하는 '학습참가'로 전환하여 학부모와 교사가 아이들을 키우는 책임을 공유하는 활동을 전개한다. ②'학습참가'에 있어서는 연간 80% 이상의 참가율을 확보하는 것을 목표로 한다. ③총합학습 등에서 지역 시민이 교사와 협동하여 수업 만들기에 참가할 수 있는 기회를 마련한다.

'배움의 공동체 만들기 학교개혁'의 비전과 철학과 실천의 원리, 방법과 전략 및 구체적인 활동 시스템은 세 가지 기원을 가지고 있다. 첫 번째는 나 자신이 32년간에 걸쳐 도전해온 학교개혁의 실패와 부분적인 성공의 경험이다. 대학에 부임한 이래로 오늘까지 나는 매주 전국 각지의 학교를 방문하여 교실을 관찰하고 교사와 협동하여 학교를 내부에서부터 개혁하고자 도전해왔다. 이제까지 방문한 학교는 유치원, 소학교, 중학교, 고등학교, 특수학교 등을 합쳐 약 2,500개교이며, 사례연구의 대상이 된 수업은 일만 개 이상에 달한다. 나의 학교개혁 아이디어와 수업 관찰법의 대부분은 각지에 있는 학교의 교실에서 아이들, 교사, 교장에게 배운 것이다.

두 번째는 국내외의 학교개혁 및 수업개혁의 사례이다. 일본에는 타이쇼 자유교육과 패전 후 민주교육을 통한 학교개혁 및 수업 개혁 등 수많은 사례가 있다. 또한 약 20개국의 300여 곳의 학교를 방문하여 조사하면서, 세계 각국의 앞서가는 사례에서도 배워왔다. 그중에서도 미국의 데보라 마이어에 의한 뉴욕과 보스턴에서의 학교개혁의 실천과 이탈리아의 로리스 말라구찌Loris Malaguzzi가 지도한 레죠 에밀리아Reggio Emilia의 유아교육 실천에서 큰 배움을 얻었다.(Edwards, Gandini&Forman, 1998)(6)

세 번째는 개혁을 뒷받침하는 이론이다. 일반적으로 교육학자는 교육학 이론에 의거하여 학교 및 수업의 개혁을 준비하고 지도하려 하지만, 교육학이나 교육과 관련된 학문만으로 개혁을 수행하는 것은 불가능하다. 교육학이나 교육과 관련된 학문이 교육을 개선하는 데 큰 공헌을 하는 것은 사실이지만 학교와 수업의 개혁은 사회개혁의 일부이자 문화혁명의 일부이다. 인문사회과학의 모든 영역에 걸친 이론이 필요한 것이다. 물론 그 모두를 한 연구자가 포괄하는 것은 불가능하다. 학교개혁과 수업개혁은 다양한 학문 영역에 걸친 이론의 통합에 의하여 준비되고 수행된다. 내 경우 다음과 같은 인문사회과학 이론들을 토대로 '배움의 공동체' 학교개혁의 기초를 형성했는데, 듀이, 제임스William James ⋅ 폴라니Karl Polanyi ⋅

푸코Michel Foucault · 들뢰즈Gilles Deleuze · 쇤Donald Schön · 홀퀴스트 Michael Holquist의 철학, 모스Marcel Mauss의 문화인류학, 멈포드Lewis Mumford의 문화비평, 비고츠키Vygotsky · 레빈Kurt Lewin · 사에키 유타카佐伯胖 · 츠모리 마코토津守真 · 브루너Bruner Jerome S.의 심리학, 테일러Charles Tayolr · 거트먼Amy Gutmann · 후지타 쇼조藤田省三의 정치철학, 바우만Zygmunt Bauman · 벨라Robert Neelly Bellah · 퍼트넘 Hilary Putnam · 쿠리하라 아키라栗原彬 · 번스타인William J. Bernstein의 사회철학, 타니카와 슌타로谷川俊太郎의 시와 철학, 미요시 아키라의 음악과 철학, 키사라기 코하루如月小春의 연극론, 나딩스Nel Noddings 의 윤리학, 이나가키 타다히코稲垣忠彦 · 슈밥Joseph J. Schwab · 프레이리 · 로리스 말라구찌 · 슐만Lee S. Shulman · 아이즈너Elliot W. Eisner · 엥게스트롬Yrjö Engeström · 램퍼트Magdalene Lampert의 교육학, 로티Dan C. Lortie · 하그리브스Andy Hargreaves · 위티Geoff Whitty의 교육 사회학 등이다.

'배움의 공동체 만들기 학교개혁'을 추진하고 있는 대부분의 교장이나 교사들은 각지의 파일럿 스쿨을 방문하여 관찰한 것을 직접적인 계기로 삼고 있다. 그들 중 많은 사람은 내 저서의 독자이며 텔레비전이나 신문, 잡지 등을 통해서 배움의 공동체의 학교개혁 사례를 알고 있지만, 그것만으로 개혁에 착수한 것은 아니다. 파일럿 스쿨의 존재와 실천의 사례들이 그 무엇보다 강력한 계기가 된 것이다. 치가사키시의 하마노고 소학교, 후지富士시 가쿠요岳陽 중학교에는 매월 수백 명의 교사가 찾아오고, 매년 각지에 열리는 파일럿 스쿨의 공개연구일에는 수백 명에서 천여 명에 이르는 교사가 방문한다. 근 8년간 전국각지의 '배움의 공동체 파일럿 스쿨'을 방문한 교사 수는 수십만 명에 이를 것으로 추정된다.

3. 비전의 공유

그렇다면 파일럿 스쿨의 어떤 점이 교사들을 개혁에 도전하게끔 이끄는 것일까? 이들이 달성한 기적과 같은 성과가 그렇게 한 것일까? '배움의 공동체 만들기'를 추진한 학교가 기적에 가까운 성과를 달성하고 있는 것은 틀림없는 사실이다. 하마노고 스타일(소학교), 가쿠요 스타일(중학교)을 도입하여 배움의 공동체 만들기를 추진한 학교에서는 아무리 문제가 많은 학교라도 약 1년 후에는 교사와 학생 사이의 갈등이나 학생 간의 폭력 행위가 완전히 혹은 거의 사라졌고, 학생들이 한 명도 빠짐없이 적극적으로 배움에 참가하는 상태로 변한다. 그리고 개혁을 시작한 2년이 지나면 등교거부 학생 수(연간 30일 이상 결석하는 학생)가 개혁 전의 30%에서 10% 정도(원래 적었던 경우는 0)까지 급격히 감소한다. 학력 향상의 면에서도 마찬가지이다. 배움의 공동체 만들기를 추진한 대부분의 학교에서 1년 만에 성적이 낮았던 학생들의 학력이 대폭 향상되고, 2년이 지나면 성적 상위자들의 학력도 향상되어 지역 최고 혹은 그에 준하는 학교로 재생하게 된다. 기적이라고도 부를 수 있는 일련의 변화는 도대체 어떻게 일어나는 것일까? 그 비밀에 대해서는 개혁의 비전과 철학과 전략을 설계하여 디자인한 나 자신도 충분히 인식하고 있지 못하다.

재미있는 에피소드가 있다. 후지시의 가쿠요 중학교가 배움의 공동체 만들기 개혁의 기록을 책으로 발간한 직후 전국에서 수천 명의 교사가 이 학교를 방문했는데, 그중에 개혁 활동을 배울 목적으로 방문한 교사는 적었다. 그보다는 "이 책에 쓰여 있는 것들이 사실인지 아닌지 눈으로 확인하고 싶었다"는 것이 대부분의 방문 목적이었던 것이다. 긴 세월 동안 현縣에서 손꼽히는 문제 학교로 알려져 왔던 이 중학교가 불과 수년 만에 학생들의 문제행동을 없애고, 등교거부 학생 수를 36명에서 4명으로 격감시키고, 시내에서 최저였던 학력을 시내 최고 수준으로 끌어올린 개혁이 사실이라고 누가 믿을 수 있을까. 책의 내용이 진짜인지 확인하기 위한 목적으로 방문하는 사람들로 학교가 붐비는 것도 당연했다.

그러나 더욱 중요한 것은 파일럿 스쿨에서의 기적과 같은 화려한 성과가 '배움의 공동체 만들기 학교개혁'의 폭발적인 확산을 낳은 것은 아니라는 점이다. 파일럿 스쿨을 방문한 사람들이 입을 모아 말하는 것은 겸손하게 서로 배우는 아이들과 교사의 아름다운 모습이며, 파일럿 스쿨에서 실현되고 있는 학교개혁의 비전에 대한 희망이다.

배움의 공동체 만들기를 추진하는 학교에 방문한 사람들이 제일 처음 놀라는 점은 학교가 조용하다는 것과 아이들도 교사도 꾸밈없는 모습에 말과 행동이 부드럽고 서로 소통하는 관계가 드러나고 있다는 점이다. 다른 이의 목소리를 경청하는 관계를 기반으로 소통하는 케어의 관계와 협동적인 배움의 실천이 학교생활 전체를 구성하고 있는 것이다. 일본 학교의 특징인 떠들썩함이나 들뜬 목소리, 과도한 긴장감 혹은 언제나 무언가에 쫓기는 듯한 초조함이 배움의 공동체 파일럿 스쿨에는 없다. 조용하다고 해서 배움이 활발하지 않은 것은 결코 아니다. 오히려 아이들이나 교사나 배움에 대하여 놀랄 정도로 진지하며, 교실의 어느 누구의 발언이든 속삭임이든 모두가 귀를 기울이고, 다른 이의 사고나 감정의 작은 차이에도 민감하다. 사람은 배울수록 겸손해지고 지성적이 될수록 조용해진다. 배움의 공동체에 있어서의 공공공간公共空間은 다른 이의 목소리를 듣는 들음의 교육학listening pedagogy이 낳는 배움의 공간이며, 한 사람 한 사람의 사고와 감정의 작은 차이가 서로 울려 퍼지는 속삭임의 교향交響 공간인 것이다.(7)

배움의 공동체 파일럿 스쿨을 방문한 교사들에게 가장 감명을 주는 것은 기적과 같은 학교개혁이 달성된 성과가 아닌 학교의 조용함과 꾸밈없고 부드러운 신체와 목소리로 주고받는 커뮤니케이션이며, 한 명도 빠짐없이 수업에 참가해 서로 배우는 아이들의 모습이며, 교실을 개방해 동료와 함께 아이들의 배움으로부터 겸손히 서로 배우는 교사들의 모습이다. 또한 그러한 학교가 만들어지고 있다는 사실은 과연 무엇을 의미할까? 교사들이 희망하는 것은 학교개혁의 비전이며, 그 비전을 실현할 수 있다는 희망이다. 일반적으로 학교개혁에 대해 이야기 할 때 사람이 부족하다, 시간이 부족하다, 돈이 부족하다, 자원이 부족하다고 말하곤 한다. 그러나 현재의 학교개혁에서 정작 결여되어 있는 것은 교사들이 희망을 걸 수 있는 개혁의 비전이다. '배움의 공동체'의 학교개혁은 희망의 비전을 실천으로 나타냈기에 교사들과 아이들은 물론 학부모의 압도적인 지지를 얻었다고 할 수 있다.

4. 개혁의 거시 정치-학교 외부에 대한 대응

배움의 공동체 학교개혁 최초의 파일럿 스쿨인 하마노고 소학교가 있는 치가사키시는 차터스쿨charter school(공적 비용에 의하여 설립된 사립학교) 운동의 전국적 거점이 있는 후지사와藤沢시와 인접한 곳이다. 이 학교는 21세기의 학교 이념, 배움의 공동체의 파일럿 스쿨일 뿐 아니라 공립학교를 옹호하고 그 가능성을 여는 역할도 담당하게 되었다. 파일럿 스쿨이라는 호칭은 보스턴시에서 차터스쿨의 보급에 대항하여 생긴 학교에서 유래했다. 교원조합과 교육위원회의 요청에 의하여 데보라 마이어를 중심으로 공립학교 개혁을 위한 거점학교가 건설되었는데 이것이 '파일럿 스쿨'이라 불린 것이다. '배움의 공동체 학교개혁'은 그 이름대로 학교를 시장원리의 경쟁으로 통제하여 공교육을 사사화私事化, 민영화하는 신자유주의 이데올로기와 정책에 대항하는 개혁으로서 전개되었다.

경제동우회経済同友会가 21세기의 학교상으로서 학부모의 자유로운 선택을 존중한다며 학교 기능의 3분의 2를 민간 교육산업과 지역 자원봉사에 의한 교육으로 이양하여 현재의 3분의 1 규모로 공교육의 슬림화를 도모하자는 제언을 한 것이 1995년이고, 오부치 총리의 자문기관인 '21세기 일본의 구상 위원회'가 교육의 기능을 '국가를 위한 교육'과 '개인을 위한 교육'으로 이분화하여 공교육을 '국가를 위한 교육'에만 한정시키라는 공교육의 슬림화를 제창한 것이 1999년이다. 2001년 이후에는 코이즈미 총리가 설치한 경제재정자문회의가 의무교육비 국고부담 제도의 폐지(공교육에 대한 국가 책임의 포기), 학교 선택 제도의 전국화, 차터스쿨의 도입, 공립학교 교사의 인원과 급여의 대폭 삭감 등을 연이어 제창했으며, 아베 총리는 교육기본법의 개정을 단행하고 '교육재생회의'를 통해 총리가 직접적으로 학교를 통제하기 위한 개혁을 시작했다.

신자유주의 이데올로기와 정책은 대중매체를 통해 학력저하 및 따돌림 문제 등의 사건을 이용, 창작된 위기manufactured crisis(8)에 의한 대중의 집단 히스테리아를 양성하여 학교와 교사에 대한 비판을 반복했으며, 그 속에서 교사들은 희생양이 되었다. 나아가 신자유주의에 의한 시장주의 원리는 교육의 공공성을 해체하고 교사의 일을 '탈 전문직화'하는 작용을 하고 있다.

신자유주의 이데올로기와 정책의 가장 심각한 문제 중 하나는 교사의 일을 책임에서 서비스로 전환시킨 것이다. 신자유주에서 교사와 학부모의 관계는 서비스 제공자와 서비스 이용자의 관계로 전환되었고, 그 결과 교사의 일은 끝없는 헌신을 요구하는 일로 바뀌어 교사의 피로감을 누적시켰으며, 다른 한편으로 교사의 서비스에 대한 학부모의 불만을 더해가고 있다. 지금의 교사가 창조적인 실천을 추진하는 데 있어 가장 큰 걸림돌이 되는 것은 교사에 대한 학부모의 불신과 불만과 비판이다.

그러나 교사와 학부모와의 관계는 정말로 서비스 제공자와 이용자의 관계일까? 그렇지 않을 것이다. 교육은 서비스가 아니라 아이들에 대한 어른의 책임이며, 교사와 학부모들은 아이들의 교육을 함께 책임지는 관계로 연결되어 있어야 한다. 아이들의 교육을 중심으로 교사와 학부모가 책임을 공유하지 않고서는 교사와 학부모 사이의 신뢰와 연대는 형성되지 못할 것이다.

또한 교육이 서비스로 전환되면서 교사에 대한 존경과 교직의 전문성이 위기를 맞이하고 있다. 교사 일이 누구나 할 수 있는 일 easy work로 간주되어 교사에 대한 신뢰와 존경이 붕괴되고 있는 것이다. 더욱 심각한 것은 교사의 존엄성이 상처를 입고 있다는 것이다. 학력저하나 집단 따돌림 등의 과도한 보도가 이어지고, 극히 일부 교사의 비상식적인 언동이 정보 프로그램이나 뉴스에 의해 대대적으로 보도되자 많은 학교가 교사들에게 인사하는 방법을 훈련시키기 위하여 백화점에 연수를 보내고 수업기술을 향상시키기 위하여 학원에 보내기 시작했다.

신자유주의 이데올로기와 정책은 교사의 책임을 응답책임 responsibility에서 설명책임accountability으로 전환시켰다. 설명책임이란 원래 납세한 금액에 알맞은 서비스를 요청하는 개념이다. 글자대로 계산이 맞는 서비스를 요구하는 개념인 것이다. 이 설명책임과 경쟁원리에 의한 통제는 학교의 행정과 경영에 수치 목표에 의한 평가를 만연케 하는 결과를 초래하고 있다. 수치에 의한 평가는 평가를 받는 조직이 괴멸 상태에 있을 때는 유효하게 기능하지만, 조직이 건전하게 기능하고 있을 경우에는 오히려 조직을 부식시키는 기능을 가져온다. 또한 수치에 의한 평가는 조직의 목표가 한 가지이거나 단순할 때는 극적인 효과를 가져다주지만, 목표가 다원적이고 복잡한 경우에는 부정적 효과만 나타난다. 교육의 책임이 응답책임에서 설명책임으로 전환되면서 전국 각지의 교육위원회는 수치 목표에 의한 평가를 모든 학교에 도입했고, 그 결과 교사의 일은 학력 향상이나 집단 따돌림 및 등교거부의 해결, 진학실적 향상이라고 하는 단순하고 눈에 보이는 목표로 한정되었다. 더군다나 실적을 증명하고 평가받기 위한 자료작성에 막대한 힘과 시간을 쏟는 상황에 빠지고 말았다. 이렇게 오늘날의 교사는 한편으로는 학부모나 납세자에 대한 서비스와 그 설명책임에 쫓기고, 또 한편으로는 각 지방의 교육위원회가 요구하는 수치 목표와 관료적인 평가에 편입됨으로써 두 가지 요구에 부응하느라 이도 저도 못하는 상태로 내몰리고 말았다. 이러한 평가 주체의 관계에서 결여되어 있는 것이 아이 한 명 한 명에 대한 응답책임이며 교사에 대한 전문가professional로서의 평가이다.

5. 개혁의 미시 정치-학교 안쪽의 벽을 넘는다

이제 학교 내부로 눈을 돌려보자. 학교개혁의 과정은 내부와 외부의 변증법弁証法을 통해 인식할 수 있다. 학교는 내부에서부터 변화할 수밖에 없고, 동시에 외부로부터의 지원이 없으면 개혁이 지속되지 못한다. 이러한 사실에서 본다면 오늘날의 학교개혁 정책에 있어 이러한 변증법은 명확하게 역전되어 있다고 볼 수 있다. 정책결정자들은 교사의 의식개혁이라는 명목하에 학교를 외부로부터 강제로 개혁하려고 하고 있고, 학교가 내부로부터 변하려는 움직임을 보이면 외부에서는 반대로 지원하려고 하지 않는다. 학교 현장이 혼란에 빠지고 피폐해지는 것도 당연하다.

사람들은 학교개혁을 너무 안이하게 생각한다. 학교는 완고하고 완미頑迷한 조직이며, 결코 안이하게 개혁할 수 있는 곳이 아니다. 예를 들면, 각 도도부현*이나 시정촌**에서 학교개혁을 촉진, 지원하기 위하여 '연구지정학교제도'를 제정하고 수많은 학교에 막대한 힘과 노력을 쏟고 있으나 연구지정을 받고 2~3년이 지나 연구발표를 마친 이후에도 연구를 지속해가는 학교가 과연 존재하는지는 의문이다. 대부분의 학교는 연구지정이 끝나면 모든 연구 활동을 마치고 10년 후에 다시 연구지정학교로 임명될 때까지 아무것도

---

* 도쿄, 오사카, 교토, 홋카이도와 43개현.-편주
** 행정 구역 단위로 한국의 시·군·구의 성격을 띔.-편주

하려 하지 않는다. 막대한 시간과 노력을 쏟아부어 작성한 연구보고서를 읽으려고 하는 사람도 없다. 학교개혁은 용이한 사업이 아니고 학교개혁을 행하는 것이 곧 교육의 질을 개선하고 교사의 사기morale를 높이는 결과로 이어지는 것도 아니다. 오히려 반대의 결과를 가져오는 경우가 많은 것이 현실이다.

나 자신도 32년간에 걸쳐 2,500개교에 가까운 학교의 개혁에 협력해 왔지만, 솔직히 말해 처음 10년 이상은 실패의 연속이었다. 물론 부분적인 개선은 실현되었고 하나하나의 활동은 그에 따른 성과를 거두어 왔지만, 이런 변화들은 일시적이고 국소적인 것에 불과했다.

학교개혁은 수년 안에 완수할 수 있는 안이한 사업이 아니고 부분적인 개혁으로 달성될 수 있는 사업도 아니며, 일부의 사람에 의해 달성될 수 있는 것도 아니다. 학교개혁은 적어도 10년 이상의 단위로 서서히 진행되는 '긴 혁명'이며, 부분적 개혁이 아닌 전체적이고 구조적인 개혁이어야만 한다. 단기간의 급격한 개혁이나 부분적, 국소적인 개혁은 그 부작용이나 반작용에 의해 부정적인 효과를 초래할 위험이 더 크다.

내부에서부터 학교를 개혁하는 데 가장 중요한 것은 학교 내부의 미시 정치를 구조적으로 인식하는 것이다. 예를 들면, 소학교에서 학교 내부의 개혁을 저해하는 가장 큰 장애물은 교실의 벽이다. 스탠퍼드대학의 교육사 연구자인 데이비드 타이액David Tyack은 미국의 초등학교를 페다고지컬 할렘pedagogical Harlem이라고 비유한다. 남성 교사가 교장을 맡고 각 교실이 밀실화되어 그 밀실에서 여교사가 생활하며, 여교사들은 서로 사이가 나빠 교장 이외에는 관계를 맺지 않기 때문이다. 이 탁월한 비유는 소학교를 개혁할 때 교실의 벽을 열고 교사 간에 동료성을 쌓지 않으면, 학교 내부로부터의 개혁은 실현될 수 없다는 것을 지적하고 있다. 또한 학교문화를 연구한 영국의 교육사회학자인 앤디 하그리브스(현재는 미국 보스턴 칼리지 교수)는 중등학교의 내부 구조를 발칸제국화Balkanization 되었다고 표현하고 있다. 이 비유도 탁월하다. 중학교, 고등학교의 학교 내부는 교과 단위로 조직되어 각 교과의 교사가 각자 독립국을 형성하여 저마다 독자적인 법칙으로 경영하고 있어서 아무리 지도력이 뛰어난 교장이 리더십을 발휘하여 개혁하려고 해도 까딱도 하지 않는 것이 현실이기 때문이다. 이 경우 교과의 벽, 교무분장의 벽, 서클 활동의 벽이 학교의 개혁을 내부로부터 막는 권력 구조를 형성하게 된다.

따라서 소학교의 개혁에서는 교실의 벽을 열고 아이들의 배움의 실현을 중심으로 동료성을 쌓는 것이 중요하며, 중학교와 고등학교에서는 교과의 벽을 열고 배움의 실현을 중심으로 동료성을 쌓지 않고는 학교를 내부로부터 개혁하는 것은 불가능하다.

학교에서의 커뮤니케이션의 특징에 대해서도 더욱 현실적인 인식이 필요하다. 학교만큼 대화의 중요성이 강조되는 곳은 없음에도, 학교만큼 독백monologue이 지배하는 곳도 없다. 교장의 말은 대부분이 독백이며, 교무실에서의 교사의 말도 대부분 독백이다. 이

러한 독백을 대화로 바꾸지 않고는 대화적인 커뮤니케이션을 실현
할 수 없고, 학교를 공동체로 재구축할 수 없다.

또한 학교만큼 민주주의의 중요성을 강조하는 곳이 없음에도,
학교만큼 민주주의가 경시되고 비민주적인 관계가 지배하는 곳도
드물다. 예를 들어, 교무실에서 학생을 화제로 삼는 경우는 많지만
화제가 되는 학생의 수는 보통 전체의 20% 정도다. 문제행동을 빈
번하게 일으키는 학생이나 성적이 특히 나쁜 학생, 성적이 좋은 학
생, 서클 활동에서 우수한 학생 등을 제외하면 교무실에서 화제가
되는 학생은 극히 드물다. 부모가 내는 세금의 10배 이상의 서비스
를 받는 학생이 있는가 하면 10분의 1의 서비스도 받지 못하는 학
생이 다수 존재하고 있는 것이다. 이러한 불공평하고 비민주적인
학교를 개혁하기 위해서는 학교의 구성원 한 명 한 명이 주인공으
로서 대등하게 참가하고 교류하는 조직이 되도록 학교 내의 커뮤니
케이션 구조 그 자체를 변혁해야만 한다.

교장의 지도력에 대해서도 근본적인 검토가 필요하다. 학교의
공공적 사명과 책임은 아이 한 명 한 명의 배움의 권리를 실현하는
것이며, 그 책임의 중심은 교장에게 있다. 아이들의 배움의 권리를
한 명도 빠짐없이 실현하는 것은 교장의 중핵적인 책임이라고 해도
될 것이다. 그러나 이 책임을 자각하고 있는 교장은 놀라울 만큼 적
다. 이를 자각한 교장이라면 교장실에서의 잡무나 학교 밖 회의에
만 쫓겨서 바쁘지는 않을 것이다. 직무 시간의 대부분을 교실 관찰
과 교사지원 및 연수의 활성화를 위해 투자하고 있을 것이기 때문

이다.

연구를 열심히 하는 학교가 꼭 좋은 학교인 것도 아니다. 오히려 연구를 열심히 하는 학교일수록 아이들 한 명 한 명의 배움의 권리 실현보다 연구 성과나 수업기술에 관심을 집중시키고 일부 교사와 그에 동조하는 일부 아이만이 활약하는 경우가 많다. 그런 학교에 서는 교사의 근무시간이 무시당하고 교사들은 학교 안의 세계에서 만 살아가는 편협한 하루하루를 보낸다. 이러한 학교가 많은 이유 는 수업개혁이 너무 쉽게 여겨지고 있기 때문이다. 교사의 일은 고 도의 교양을 기초로 성립되는 지성적인 일이며, 전문적 지식과 실 천적 견식을 필요로 하는 복잡한 일이다.

배움의 공동체 학교개혁에서는 모든 아이의 배울 권리를 실현 하고 모든 아이에게 '발돋움과 점프가 있는 배움'을 보장하는 것이 교사의 수업기술 개선 여부에 달려 있다고 생각하지 않는다. 교사 와 아이들이 협동하여 함께 도전하지 않는 이상 모든 아이들의 배 움의 권리를 실현하고 '발돋움과 점프가 있는 배움'을 실현하는 것 은 불가능하기 때문이다. 또한 대부분의 학교가 연간 3회 정도의 연구수업을 통해 수업개혁을 시도하고 있지만, 내가 협력하고 있는 배움의 공동체 학교개혁에서는 한 시간의 수업 관찰과 두 시간의 사례연구를 교사들 사이에서 적어도 100회 정도 수행하지 않으면 수업개혁도 배움의 개혁도 충분히 달성되지 않는다고 생각한다. 그 정도로 학교개혁은 어려운 일이며, 수업개혁은 고도로 복잡한 작업 이다.

6. 재정의-성찰과 숙고

배움의 공동체 학교개혁이 이처럼 많은 학교의 도전을 유도하고 기적이라고도 불릴 만한 성과를 거두고 있는 배경에는 교사들이 교육에 대한 여러 개념을 재정의한 경위가 있다. 나는 학교개혁의 기초로서 다음 세 가지 개념의 재정의를 제창해왔다. 첫 번째는 배움의 재정의이다. 배움의 공동체에서의 배움은 대상 세계와의 대화, 다른 이와의 대화, 자기와의 대화라고 하는 세 가지 대화적 실천으로서 재정의된다. 배움은 인지적(문화적), 대인적(사회적), 실존적(윤리적) 실천인 것이다.

두 번째로, 배움의 공동체 학교개혁에서는 교사도 재정의된다. 이제까지의 교사는 가르치는 전문가로 정의되었으나 배움의 공동체에서 교사는 가르치는 전문가임과 동시에 배움의 전문가로 재정의되고 있다. 또한 이제까지 교사의 전문적 능력은 과학적 지식이나 기술을 실천으로 구체화하는 합리적 적용의 원리에 의해 정의되어왔으나, 배움의 공동체에 있어 교사의 전문적 능력은 자신과 동료의 실천 사실을 성찰하고 서로 배우는 반성적 실천가reflective practitioner(도날드 쉰, 1983)로서의 능력으로 재정의된다.

학교개혁의 공공성 개념 혹은 참가민주주의가 아닌 심의민주주의deliberative democracy로 정의되는 민주주의의 개념도 배움의 공동체 학교개혁의 탐구 과정을 통해서 심화되고 있다. 교육과정의 개혁도 마찬가지이다. 배움의 공동체 학교개혁을 추진하는 학교에서

는 교육과정을 과학적 담론discourse의 교육, 예술기법의 교육, 시민
성의 교육이라는 세 가지 기본 축으로 설계하고 실천하는 방향을
모색하고 있으며, 이들 실천이 가까운 장래에 새로운 교육과정의
구조를 개척할 것으로 기대된다.

그러나 전국에서 수천 개교 규모로 전개되고 있는 배움의 공동
체 학교개혁은 진전되면 될수록 일본 교육의 현실적 어려움이라는
벽에 부딪히고 있는 것도 사실이다. 교장의 견식과 리더십을 어떻
게 형성할 것인가, 교육정책상의 탈 전문직화에 어떻게 대항할 것
인가, 급속하게 악화되고 있는 아이들의 위기 상황에 어떻게 대응
할 것인가, 교육행정의 관료적 통제에 어떻게 대항할 것인가, 개별
학교 단위로 추진되고 있는 개혁을 어떻게 거시적인 교육정책의 변
화로 연결시킬 것인가, 학교의 개혁을 내부로부터 뒷받침하는 교육
연구자를 어떻게 육성할 것인가. 이러한 과제에 대하여 여전히 명
확한 해결의 방도를 찾고 있지는 못하다. 이에 대해서는 다른 기회
에 본격적으로 논의하고자 한다.

주

(1) '배움의 공동체'의 역사는 고대 그리스의 아카데미아, 중세의 수도 원과 대학까지 거슬러 올라갈 수 있다. 학문^{discipline}은 원래 학습자 $disciple$의 공동체를 의미하는 개념이었다.(사토 마나부, 1998)

(2) 오지야 소학교에서의 배움의 공동체 만들기 개혁의 역사적 배경과 그 철학적 의미에 대해서는 본서 제1장을 참조.

(3) 하마노고 소학교 창설의 경위와 그 초기 개혁에 대해서는 오세 토시 아키·사토 마나부의 2000년, 2003년 저작 참조.

(4) 동료성^{collegiality}의 개념을 제시한 것은 주디스 리틀$^{Judith\ Little}$이 다. 그녀는 학교개혁을 위한 성공요인이라 여겨지는 수많은 요소 의 기능을 조사 연구하여 교사의 동료 간 전문가로서의 연대가 학 교개혁에서 결정적인 역할을 수행한다는 것을 밝혔다.(Little, 1990; Little&McLaughlim 1993) 학교개혁에 있어 교사의 전문가로서의 연대 에 우선권을 부여한 리틀의 제언은 탁월하며 필자는 이를 '동료성'이 라고 번역하여 소개하여 왔다. 동료성은 이제 일본 교사들의 공통용 어로 정착했다.

(5) 이 장에서 제시하는 공공성 개념과 그 정치철학에 대해서는 사토 마 나부, 2000c(＝본서 제4장)을 참조.

(6) 데보라 마이어가 뉴욕의 센트럴파크 이스트교에서 교장을 역임한 개 혁사례, 혹은 보스턴에서 공립학교의 옹호를 위해 교장을 역임한 미 션힐 스쿨의 개혁사례에 대해서는 마이어의 1996년 저작 및 졸저

(2003년)『보스턴의 작은 학교의 큰 도전』을 참조.

(7) 마키 유스케眞木悠介는 동질 집단이 뭉쳐 있는 산호와 같은 공동체가 아니라 이질적인 사람들이 서로 연결되어 있는 오케스트라와 같은 공동체라는 탁월한 비유를 통해 공동체의 존재 양식을 제시하고 있다. 배움이 개인과 개인의 차이 속에서 성립한다면 '배움의 공동체'는 마키가 말하는 오케스트라와 같은 공동체로서 성립하지 않으면 안 된다.(마키 유스케, 2003,『기류가 울리는 소리』, 치쿠마쇼보)

(8) 애리조나 대학의 교육학자 데이비드 버리너David C. Berliner는 미국의 신문보도에서 과다하게 언급되는 '교육위기'가 대중매체에 의하여 '창작된 위기'임에 경종을 울리고 있다.(Berliner, 1997) 이와 같은 사태가 일본의 대중매체에서 한층 과격하게 일어나고 있다.

참고문헌

- 오세 토시아키, 사토 마나부 편저, 2000,『학교를 만들다-치가사키시 하마노고 소학교의 탄생과 실천』, 쇼가쿠칸.
- 오세 토시아키, 사토 마나부 편저, 2003,『학교를 바꾸다-하마노고 소학교의 5년간』, 쇼가쿠칸.
- 사토 마나부, 1995,「대화적 실천으로서의 배움-학습 공동체를 추구하여」, 사에키 유타카, 후지타 쇼죠, 사토 마나부 편저,『배움으로의 유혹』, 도쿄대학출판회.
- 사토 마나부, 1998,「서론: 배움의 쾌락으로」,『배움의 쾌락-다이얼로그로』, 세오리쇼보.
- 사토 마나부, 2000a,「학교라는 장치-학급왕국의 성립과 붕괴」, 쿠리하라 아키라, 코모리 요이치, 사토 마나부, 요시미 순야,『장치-부수고 만들다(경계를 넘는 앎4)』, 도쿄대학출판회. (=본서 제2장)
- 사토 마나부, 2000b,『수업을 바꾸면 학교가 바뀐다-종합학습에서부터 커리큘럼의 창조로』, 쇼가쿠칸.
- 사토 마나부, 2000c,「공공권의 정치학-양 세계대전 사이의 듀이」,『사상』(이와나미쇼텐) 907호, 18-40. (=본서 제4장)
- 사토 마나부, 2003,「보스턴의 작은 학교의 커다란 도전」,『교사들의 도전: 수업을 만들면 배움이 변한다』, 쇼가쿠칸.
- 사토 마나부, 2006,『학교의 도전-배움의 공동체를 만들다』, 쇼가쿠칸.

- 마키 유스케, 2003, 『기류가 울리는 소리』, 치쿠마쇼보.

- Berliner, David C., 1997, "If It Bleeds It Leads: The Natrural Alliancce between School Critics and Media" [Paper presented at the meetings of the American Educational Research Association, Chicago,Illinois,1997].

- Dewey, John, 1927, The public and Its Problems: An Essay in Poitical Inquiry, Denver:Allan Swallow.

- Edwards Carolyn, Gandini, Lella & Forman, George (eds.) 1998, The Hundred Languages of Children: The Reggio Emilia Approach Advanced Reflections, 2nd ed., Ablex Publishing Corporation. (사토 마나부, 모리 마리, 사카타 미키 역, 2001, 『아이들의 100가지 말: 레죠 에밀리아의 유아교육』, 세오리쇼보)

- Hargreaves, Andy, 1994, Changing Teachers, Changing Terms: Teachers' Work and Culture in the Postmodern Age, Teachers College Press.

- Little, Judith W., 1990, "Teachers as Colleagues", in Lieberman,A. (ed.), Building a Professional Culture in Schools, Teachers College Press, pp.165-193.

- Little, Judith W. & McLaughlin, M. W., 1993, "Perspectives on Cultures and Contexts of Teaching" in Little,J.W.& McLaughlin, M. W. (eds.), Teachers' Work: Individuals, Colleagues and Contexts, Teachers College Press, pp.1-8.

- Meire, Deborah, 1996, The Power of Their Ideas: Lessons for America from a Small School in Harlem, Beacon Press.

- Schon, Donald, 1983, The Refelective Practitioner: How Professionals Think in Action, Basic Books. (사토 마나부, 아키타 키요미 역, 2001, 『전문가의 지혜-반성적 실천가는 행동하면서 생각한다』, 유미루출판)

- Spring, Joel, 2001, The American School:1642-2000, 5th ed., McGraw-Hill.

- Tyack, David, 1974, the one Best System: A History of American Urban Education, Harvard University Press.

2부

/

철학적 단상

1장

경계를 넘는 앎(知)

1. 신체

유치원이나 특수학교에 가보면 유아나 장애아가 처음 만나는
어른을 실로 적확하게 식별하고 판단하고 있다는 사실에 놀란다.
그들은 사람이 서 있는 모습이나 숨결을 한순간에 파악하여 그 어
른이 자신을 지켜주고 자신의 바람을 들어주는 존재인지 아니면 자
신을 적대하여 자신의 바람을 밟아버리는 존재인지를 간파한다. 물
론 이러한 식별과 판단은 언어화된 인식에 의한 것은 아니다. 상대
의 숨결과 모습에서 모든 것을 읽어내는 것이다. 이런 탁월한 능력
이 그들의 미발달된 상태의 소산이라는 점이 중요하다. 유아나 장
애아의 신체는 독자적인 공간을 살고 있다. 신체 공간으로 의식되

는 그들의 존재 공간에 침입하는 어른은 신체에 대한 침입자와 다름없다. 이때 드는 위화감 혹은 안도감이 그들이 어른을 식별하는 근거일 것이다. 반면에 타자를 언어에 의해 분절화하고 자기 신체를 의미 공간 속에서 의식하는 어른은 그렇지 않다. 신체가 인식하는 능력과 그러한 인식을 또 다시 인식하는 능력이 겹상자와 같은 구조를 이루고 있다.

신체적 상상력의 생성과 교류를 나타내는 한 사례가 있다. 어느 유치원의 점심시간 풍경이다. 말을 하지 못하는 다운증후군의 남자아이가 도시락을 열다가 젓가락을 바닥에 떨어뜨리고 말았다. 그 젓가락을 주우려고 옆에 있던 교사가 한 발짝 다가섰지만 곧 멈추었다. 남자아이가 젓가락을 주우려고 몸을 기울이고, 그 앞에 있는 여자아이 또한 몸을 기울여 눈앞에 있는 젓가락에 손을 뻗었기 때문이다. 먼저 젓가락을 주우려 했던 것은 여자아이였다. 여자아이가 젓가락을 주워서 남자아이의 도시락통 위에 놓자 남자아이는 기울였던 몸을 의자로부터 떨어뜨려 바닥 위를 뱅글뱅글 2회전하고 젓가락을 주워준 여자아이에게 방긋 미소를 지었다. 마음을 담은 '고마워'라는 메시지에 여자아이도 미소를 활짝 지으며 응답했다.

이러한 무언의 사건 속에는 서로 응답하는 신체의 절묘한 컴비네이션이 있다. 한 발짝 다가서다가 멈춰서는 교사의 신체. 그 이유를 묻자 무언가가 일어날 것 같은 느낌을 받았기 때문이라고 했다. 그 틈 사이에서 두 사람의 신체가 교차했다. 하나는 남자아이를 위해 젓가락을 주운 여자아이의 신체이고, 또 하나는 여자아이에게 온몸으로 감사의 표현을 한 남자아이의 신체이다. 이렇듯 신체의 응답성과 공진성共振性은 사람과 사람이 관계를 맺으며 사회를 구성하는 원형을 만들어 낸다. 그러니 '태초에 말(로고스)이 있었다'보다는 '태초에 신체가 있었다'가 맞을 것이다.

어린 신체는 앎知이라 불리는 행위의 발생을 더욱 명료하게 표현한다. 유아 A가 유아 B와 공을 굴려서 주고받으며 웃고 있다고 하자. 공에 의해 교환되고 있는 것은 신체의 쾌락으로서 향유되는 호의의 교환이다. 또한 모리스 메를로 퐁티Maurice Merleau-Ponty(1966)가 지적하듯 유아는 혼자 놀이('전교통(前交通)'의 단계)를 할 때는 '굴리다'라는 동사 한 단어로 자신의 행위를 표현하다가 타자의 행위를 관찰함으로써 '누군가가 굴린다'라는 주격을 동반하는 말이 생겨나고, 나아가 타자와의 교통을 거쳐 중립적인 신체를 분절화하여 '유나가 굴린다'라는 자신의 이름을 넣은 표현으로 이행하며, 또한 '유나'를 추상화하여 '나'라는 주격을 동반한 말을 발달시킨다. 이렇게 유아 A와 유아 B의 공 주고받기는 신체적 놀이인 동시에 그 이상으로 지적인 놀이다. 발달심리학자 브루너Bruner는 유아 A와 B의 공놀이와 같은 주고받기의 신체 경험을 거쳐 유아는 '○○가 △△에게 ××를 □□한다'와 같은 말의 구조를 획득한다고 했다(브루너, 1969). 앎은 언어로 분절화되고 구조화되기 이전에 신체를 통해 분절화되고 구조화되어 있다. 신체의 앎은 앎의 신체에 선행한다.

유아의 발달에서 찾아볼 수 있는 신체적 앎의 선행성과 우위성은 어른에게 있어서도 마찬가지이다. 세계는 신체와 사물의 사이in-between에 있는 것이며, 사회와 나의 신체 그리고 타자의 신체 사이에 있다. 신체가 움직이면 세계도 움직인다. 만지면 세계가 바뀌고 걸으면 풍경이 바뀐다. 신체가 응답하고 공진共振할 때 사회는 바뀌는 것이다.

작곡가 미요시 아키라는 어느 에세이에서 건초염에 걸린 손가락으로 피아노를 치는 행위를 '뼈의 기억'이라는 말로 표현했다. 건초염에 걸린 손가락으로 피아노를 연주하면 어릴 때부터 수없이 반복해서 쳐 온 손가락의 기억이 뼈의 기억으로서 재현된다고 한다. 이 뼈의 기억이라는 비유가 충격적이다. 뼈의 기억은 미요시 개인의 근간을 이루는 유년기로부터의 신체 기억을 의미할 뿐 아니라, '뼈'로 구상화된 무수의 죽은 자들의 기억 또한 환기시키기 때문이다. 뼈의 기억이라는 직관적인 표현에는 모든 형이상학을 거부하고 언어에 의한 꾸밈을 거부하는 강인한 의지가 담겨 있다.

뼈의 기억이라는 말을 통해 미요시는 음악의 작곡과 연주라는 예술적인 표현행위가 어떻게 성립되는지를 표현하고 있다. 뼈의 기억은 우리의 집합적인 무의식으로 연결되어 죽은 자들의 목소리로서 구상화되는 동시에 기도를 불러일으킨다. 신체에 의한 표현이라는 행위가 개인의 내력에서 유래한 자기표현이 아닌 자립적인 무언가라고 한다면, 그 무언가는 뼈의 기억과 기도 사이를 배회하는 표현자로서의 개개의 신체 궤적이라고밖에 할 수 없지 않은가. 그렇게 미요시는 말하는 듯하다.

뼈의 기억은 음악표현의 이야기에서 그치지 않는다. 표현자의 신체는 미요시가 뼈의 기억이라고 이름 붙인, 깊은 침묵을 품은 신체이다. 예를 들면, 모든 역사는 신체의 기억이며 신체의 기억에 배인 죽은 자의 이야기다.

뼈의 기억이라는 말 그대로, 원시시대의 인간 유골에는 나무처럼 나이테가 새겨져 있다. 생산성이 낮은 원시사회를 살았던 인간의 뼈는 마치 나무처럼 봄, 여름, 가을, 겨울을 나이테로 새겨 넣었다. 그 흔적은 현대인의 신체에도 기아에 대응하기 위한 항상성 homeostasis이라는 형태로 각인되어 있다.

전쟁, 내란, 공황, 혁명의 역사 또한 뼈의 기억으로서 신체의 심부에 새겨져 있다. 그 집합적 무의식의 기억은 각자의 신체 심부에서 번민하고 배회하다가 땅 속 마그마처럼 분출하여 개개의 신체를 움직인다. 전쟁터에 남겨진 녹슨 총으로부터, 전사한 소녀의 축 늘어진 발의 잔상으로부터, 폭격으로 폐허가 된 벽에 새겨진 탄흔으로부터, 돌길에 새겨진 죽은 자의 그림자로부터 신체화된 역사는 죽은 자의 목소리를 '영(사물)의 말'로서 표현하고 있다. 그리고 죽은 자의 말이 산 자의 목소리로 나타날 때 우리 신체는 표현자로서 목소리를 획득하고 뼈의 기억은 기도의 말로 승화될 것이다.

학교의 신체가 반란을 일으키고 있다. 학교는 〈신체 없는 말〉과 〈말 없는 신체〉가 서로 싸우는 장소이다. 중학생들이 흔히 '열받는다'고 말한다. 열받은 중학생의 신체로부터 말을 끌어내는 것은 불가능하다. 열받은 중학생의 신체와 대치한 교사는 그 신체를 등 뒤로부터 감싸며 진정되기를 기다릴 수밖에 없다. 〈신체 없는 말〉을 모두 쳐부수고 거칠어진 신체를 기도하듯이 감싸 안는 교사는 모든 말을 단념하고 있다. 〈신체 없는 말〉로 조직된 학교 공간에서 일어나는 〈말 없는 신체〉의 필사적인 교류. 몇십 분 혹은 몇 시간이 흐르면 안겨 있던 신체는 이윽고 부드러움을 회복한다.

중학생의 등 뒤에 서서 '잡아줄 테니까, 붙잡을 테니까 그대로 뒤로 넘어져 봐'라고 요구한다고 치자. 넘어지려고 해도 아주 조금 뒤로 젖힐 뿐 불안과 공포 때문에 뒷걸음질 치고 말 것이다. '절대 다치게 하지 않는다', '믿어도 된다'고 몇 번이나 말을 해도, 학생도 자신을 받아 줄 것이라고 머리로는 알고 있어도 몸이 조금이라도 뒤로 기울어지면 무의식적으로 뒷걸음질하여 방어하고 만다. 이것은 이 중학생의 신체가 누구에게도 안심하고 몸을 맡긴 경험이 없거나, 무방비로 몸을 맡겼다가 치유될 수 없는 깊은 상처를 받았다는 것을 증명한다. 타인을 받아들일 수 있는 경험을 해본 적이 없는 이상 타인을 받아들이는 신체가 될 수 없는 것은 당연할 것이다. 그러나 그러한 신체도 끈기를 가지고 몇 번이고 시행하면 무의식적으로 뒷걸음질 치기 직전에 신체를 타인에게 맡기고 안길 수 있게 된다. 몸을 타인에게 맡긴다는 경험, 즉 타인을 신뢰한다는 경험을 하게 되는 것이다.

한번 몸을 뒤로 넘어뜨려 몸을 맡기는 경험을 한 학생에게는 담임교사를 뒤에 세우고 같은 것을 경험하도록 한다. 개중에는 교사를 뒤에 세우면 몸을 뒤로 젖히지 못하는 학생도 있다. 그러한 학생에게는 역할을 바꾸어 교사가 뒤로 넘어지고 학생이 교사를 붙잡는 경험을 하게 한다. 그리고 학생끼리도 두 명이 짝을 이루어 같은 체험을 하게 한다. 따돌림이나 폭력이 너무 심해서 학급이 붕괴될 것 같은 어려운 상황에 처했을 때는 위와 같은 체험과 더불어 더 큰 위험이 수반되기는 하지만 다음과 같은 체험도 시킨다. 교탁 위에 학생을 세우고 다른 학생들을 그 앞에 모이게 하여 교탁에 선 학생이 뛰어내리면 모두 함께 받쳐주는 체험이다. 위험한 줄은 알지만 나는 중학교를 방문해 몇 번이고 이러한 신체 실험을 해왔다.

사람과 사람이 교류하는 것은 위험한 행위이다. 교류에는 타인을 신뢰하고 몸을 맡기는 위험한 행위도 있다. 거칠어진 신체는 이러한 위험한 도박 속에서 몇 번이나 상처를 받고 트라우마를 각인한 신체이다. 몸을 코뿔소와 같이 딱딱한 가죽으로 덮어 트라우마를 방어하는 신체, 이런 거친 신체에서 교류할 수 있는 신체로의 전환을 위해서는 신체의 체험에 의해 두꺼운 방어벽을 스스로 파괴하게 해줄 필요가 있다. 〈말 없는 신체〉와 〈신체 없는 말〉로 구성된 학교 공간을 안에서 파괴하는 실천은 이러한 위험한 도박에 몸소 도전하는 정치적 실천이다.

2. 장치

아카기산 자락의 군마현 세타군 오고마치에 아카기 소년원이란 곳이 있다. 영화 「써드Third」의 무대로 알려진 소년원이다. 매년 경찰에서 발표하는 형법범 소년의 수는 약 15만 명. 그중 약 5,000명이 가정재판소에서 소년원으로 송치되는데, 아카기 소년원은 그중 하나다. 흉악범과 조폭범이 많고 입원자의 80% 가까이가 중학교 3학년이며, 약 90명이 의무교육과 교화교육을 받고 있다.

아카기 소년원을 방문했을 때 가장 먼저 놀란 것이 시설과 지역을 나누는 담이 전혀 없다는 점이다. 지역과의 경계는 산울타리가 있어 확연하지만, 통상 소년원이나 소년형무소, 형무소에서 볼 수 있는 높은 담은 존재하지 않는다. 뿐만 아니라 이 소년원의 교실과 기숙사 방에는 철창도 자물쇠도 없다. 더 놀라운 것은 이 자물쇠도 담도 없는 소년원에서 과거 15년 동안 탈주자가 한 명도 없었다는 점이다.

원내의 생활은 평온하고 엄격하다. 아침 6시 45분에 기상하여 밤 9시에 취침할 때까지 조식과 점심, 시간과 사이사이의 저녁 휴식 각각 1시간을 제외하면 교과지도를 중심으로 직업보습, 정서강좌, 진로지도, 진로별 학습, 문제군별 강좌, 생활목표 강좌, 인간관계 학습, 역할집회, 자주계획 활동, 개별면접, 일기지도 등의 지도과정이 빈틈없이 조직되어 있다. 그리고 자주성과 책임에 입각한 규율 있는 집단생활이 원내의 생활 전체를 관통하고 있다. 수업을 참관해 보면, 어떤 중학교 교실보다도 진지하게 배우는 학생들의 모습을 볼 수 있었다. 갱생과 자립을 향한 학생들의 의지가 강해 매년 364명이 진로지도를 통해 위험물 취급자, 워드 검정, 가스 용접 기능, 컴퓨터 검정 등의 직업 자격을 취득하고 있다. 이러한 교화와 갱생을 뒷받침하는 것이 매일의 자기반성과 일기에 의한 자기 성찰, 그리고 매주 정기적으로 실시되는 자기 관찰이다. 규율 있는 집단생활과 교관과의 개별 면담 자기 수양에 의해 교화와 갱생을 위한 지도가 효과적으로 조직되어 있는 것이다.

과연 이곳은 소년원인가? 이상적인 학교라 해도 손색이 없지 않은가. 방문자 중 다수가 가질 법한 이 의문은 본질을 꿰뚫어 보고 있다. '조용히 생각하는 기숙사'라는 이름을 가진 기숙사를 제외하면 시설 배치는 통상의 학교와 다를 바 없고, 형무소의 특징인 일망 감시 시스템Panopticon의 성격은 약하다.

그러나 신체에 대한 정치기술을 권력으로 인식한다면, 이처럼 훌륭한 권력 장치도 없을 것이다. 담도 철창도 자물쇠도 없는 이 소년원은 그 빛나는 실적에서도 알 수 있듯이 정교하게 조직된 교화와 교육의 장치이다. 이 소년원은 일망 감시 시스템(제러미 벤담) 이상으로 강력한 권력 장치이며 초감옥이라고 불릴 만한 장치라 해도 될 것이다.

푸코가 일망 감시 시스템에서 근대사회의 '규율=훈련'이라는 권력 장치를 읽어냈듯이 우리는 담도 철창도 자물쇠도 없는 이 소년원 속에서 현대사회의 권력 장치를 찾아볼 수 있다. 원래 푸코가 말한 권력이 작동하는 장은 디스쿠르discours*로 표현되는 언어와 그에 의해 구성되는 주체의 내면에 한정되는 것은 아니었다. 권력 장치는 공간의 기능이며 디스쿠르에 의해 주체의 내면을 구성하면서 비언어적인 장소의 조직과 밀접하게 작동하고 있다. 또한 푸코 자신도 자각하고 들뢰즈가 적확하게 지적했듯이, 규율이나 훈련적 사회는 근대의 산물이며, 현대사회는 더욱 교묘한 통제에 의한 권력 장치로서 기능하고 있다. 들뢰즈는 새로운 사회를 '콘트롤 사회'라 명명하고 다음과 같이 말했다.

> "예를 들면, 고속도로를 사용하여 사람을 감금시키고자 하는 자는 없지만 그것을 만듦으로써 컨트롤의 수단은 점점 늘어가고 있습니다. 그것이 고속도로의 유일한 목적이라는 것은 아닙니다. 그러나 끝없이, 자유롭게, 전혀 감금되지 않고 계속 회전하면서도 완벽하게 관리되는 일은 분명히 생길 것입니다. 그리고 그것이야말로 미래의 우리 모습입니다."
> (들뢰즈, 1999)

다시 말하자면 아카기 소년원은 현대적인(더군다나 미래적인) 권력 장치이며, 미래로 계속될 감옥, 학교, 병원, 회사, 가정의 원형이다. 그로부터 다음과 같은 심각한 물음이 생긴다. 자유와 자주성에 의한 관리와 통제 장치에 대항해 우리는 어떻게 싸워나갈 수 있는

---

* 사실이나 증거가 아닌, 연설, 강연, 설교같은 말을 일컫는 프랑스어.–편주

가? 보이지 않는 감옥에서 탈출하는 방법이 없다면 보이지 않는 감옥을 가시화할 방법은 있는가? 또한 도주가 투쟁으로 연결되지 않는다면 이러한 권력 장치를 파괴하기 위한 방도를 어디에서 찾으면 되는 것인가?

엄밀성rigor이 현실적인 의미relevance를 가지는가? 새로운 전문가상으로 반성적 실천가reflective practitione의 개념을 제기한 도날드 쇤은 오늘날의 전문가가 직면하는 딜레마의 일단을 이렇게 표현했다. 근대의 전문가가 과학적 기술의 합리적 적용technical rationality을 실천 원리로 삼았다면, 오늘날의 전문가는 클라이언트와 함께 복잡한 상황에 참가하여 대화를 통해 전개되는 행위 중의 성찰reflection in action을 실천적 인식론으로 삼고 일하고 있다고 한다. 전문가와 클라이언트는 어떻게 전문적 지식의 유효성을 가진 채로 권위적, 권력적인 관계로부터 협력적이고 공투하는 관계로 이행할 수 있는 것일까.(쇤, 1983)

'전문가'란 말의 어원은 '신의 선택을 받은 자profession'이다. 어원의 의미대로 최초의 전문가는 성직자이며, 그다음으로 대학교수와 의사와 변호사였고, 이어서 교사, 건축사, 임상심리 상담사, 사회복지사 등이 있다. 적어도 '신의 선택'이라는 어감이 지속되는 동안에는 전문가들이 경외나 기도의 감정을 스스로의 사명감 속에 가지고 있었다. 예를 들면, 중세 유럽에서 의료는 수도원을 중심으로 이루어졌고, 치료는 손을 얹는 것handing on에 의한 통증의 공유이자 죽음을 맞이하는 자에 대한 기도였으며, 병원hospital이라는 시설은 문자 그대로 친절hospitality의 장이었다. 학교 또한 마찬가지이다. 수도원에 세워진 학교는 성경 암송이 반복적으로 이루어졌고, 일하는 중에도 수도사들은 그레고리온 성가Gregorian chant와 같이 끊임없이 성경을 합창하고 있었다. 교사는 신의 음성에 조금이라도 가까워지기를 바라고 제자는 신의 음성을 울려 퍼지게 하는 '속삭임의 공동체'(이반 일리치)가 학교의 사제관계를 구성하고 있었다.

근대에 이르러 전문가의 일은 신의 선택 대신 과학 지식과 기술을 중심으로 재편되었다. 주술은 과학이 되고 병실과 교실은 수술실과 실험실이 되었으며, 전문가는 스페셜리스트가 되고 클라이언트는 처우와 조작의 대상이 된다. 전문가의 일과 관계의 이러한 구조적 전환은 과학 지식과 기술의 편제에 의해 수행되었다. 기초과학-응용과학(기술)-임상실천(실습)의 계층화가 진행되면서 연구와 치료, 간호의 분화 및 서열화가 진행되었다. 엄밀성과 실증성이 전문가의 지식과 기술의 권위화를 견인하여 이윽고 전문가의 서비스는 국익에 대한 공헌도와 시장에서의 가치에 의해 통제되게 되었다. 앎知의 권위적인 편제에 의해 전문가는 하나의 권력 장치를 구성하고 있는 것이다.

어떻게 이러한 장치를 파쇄하고 다시 세울 수 있을까? 그를 위한 하나의 회로가 목소리의 복권일 것이다. 제도론적 정신요법을 실천하는 다니엘 룰로Danielle Roulot는 "나는 증상을 지우기 위한 정신과의도 아니고 환자를 복귀시키거나 회복시키거나 사회로 돌려보내는 정신과의도 아니다"라고 선언하며 '삶이 살아볼 만한 것이라는 생각을 하게끔 만드는 것이 무엇인지'를 묻는 환자의 목소리를 소중히 여기고, 그 물음을 환자와 함께 탐구하는 행위가 자신의 일이라고 정의하고 있다. 그녀가 일하는 정신병원은 아틀리에, 집회소, 온실, 도서관, 음악실 등의 건물이 산재하는 거주공간이며, 과학적인 의료는 중심에서 벗어나 있다. 신체 이동의 자유와 거기에서 생겨나는 집합성이 치유와 치료의 장치로서 기능하고 있는 것이다. 환자의 목소리에 귀를 기울이는 것에서 출발하여 "우리들(의사)은 병을 치료하기 전에 우리 자신을 치료해야 한다"고 주장한다(펠릭스 가타리Felix Guattari 외, 2000). 이러한 룰로의 주장은 쇤의 '반성적 실천가'의 제창과 겹쳐진다. 상황과 대화하는 행위 속에서 성찰하는 반성적 실천가는 궁극적으로는 자신과 대화하는 실천가이다.

이연숙(2000)의 명석한 논거에 의하면 도구가 되는 말이란 한편으로는 신체의 연장선으로써 몸에 익히면서 신체성을 획득하고, 다른 한편으로는 신체화되지 못하는 외부의 힘으로 남아 장치라는 성격을 가진다. 신체의 연장선이 된 말은 우리를 해방시키지만, 장치가 된 말은 우리를 구속한다. 이연숙은 이러한 말의 도구성이 초래하는 이중성을 근대사회와 전통적 공동체 사이에 생기는 번역(식민지화)이라 부연하며, 나아가 단어의 슬롯머신으로 변화된 표현에 따른 '로고크라시logocracy=말의 지배체제'를 해부하고 있다. 이연숙이 지적하듯 로고크라시는 근대사회 언어 모습의 극한이라는 점이 중요하다. 말에 있어서 신체성의 상실은 장치로의 종속 그 자체인 것이다.

이전에 메이지 초기 영어교육에 대한 역사 자료를 조사하다가 놀란 점이 있다. 영문에 한문 훈독에 쓰이는 一, 二와 같은 부호와 어순을 거꾸로 읽으라는 표시인 ㄴ가 쓰여 있었던 것이다. 영문을 한문과 같은 방식으로 번역하고 있었다. 그러나 영문을 한문과 같이 어순만 바꾸어놓으면 당연히 문제가 생긴다. 한문이라면 어순을 바꿔 간단히 일문으로 변환할 수 있지만 영문은 그렇지 않기 때문이다. 그래서인지 사료에는 영문과 영문 어순을 바꾼 문장 아래 또다시 일본식으로 수정한 문장이 있었다. 오늘날의 영어교육에까지 이어지고 있는 직역과 의역이라는 2단계 번역방식은 여기에서 기인한 것이다. 이것은 어떤 외국어도 일본어로 치환해주는 자동번역장치이다.

한문이든 영문이든 불문이든 노문이든 상관없다. 편리하다고 하자면 이처럼 편리한 것이 없다. 그러나 이러한 편리함으로 인해 상실하는 것도 크다는 사실을 알아야 한다. 몇 년씩 배워도 영어를 신체화할 수 없다는(말을 못 한다는) 통속적인 비판을 하는 것이 아니다. 이異 문화와 교섭하고 받아들이는 행위에 있어 본질적인 문제가 이 번역장치에서 기안한다는 것이다.

이러한 번역장치에 의존하고 있는 한 어떠한 이질적인 문화와 교섭하든지 주체가 위협받는 일은 없다. 본 적이 없는 타인의 역사와 문화를 응축한, 신체성을 띤 언어가 이 번역장치를 거치면서 자신의 문법에 의한 2단계 조작을 통해 목소리를 상실하고 자신만의 정보 시스템에 치환된다. 이러한 장치하에서는 타인과 편리하게 교섭하면서도 결코 주체는 위협받지 않는다. 타인과 직접 만나지 않는 이문화 교섭에서 변화를 일으킬 어떠한 충돌도 갈등도 일어날 수 없는 것이다.

또한 이 번역장치에서 자신과 타인의 관계는 비대칭이다. 직역과 의역의 2단계 번역은 영문에서 일문으로의 번역은 가능하지만 일문에서 영문으로의 번역은 불가능하다. 이 장치는 타인의 시선으로 자신을 보는 관점을 잃고 있으며 타인을 자기식대로 표상하고, 자발적인 식민지화를 무의식중에 추진하고 마는 것이다. 이러한 번역장치에 의한 독선성과 식민지성은 무엇보다 근대 일본의 역사가 증명하고 있다.

3. 식민지

우리의 '앎'은 철두철미하게 식민지주의에 묶여 있다. 하나의 예시로서 국민의 상식을 형성하고 있는 역사와 지리 교과서를 풀어보자. 왜 일본사 속에 세계사가 등장하지 않고 세계사 속에 일본사가 등장하지 않는가? 죠몬·야요이 시대縄文·弥生時代부터 일본이라는 나라가 확고하게 존재했다는 듯한 기술은 날조가 아닌가. 세계지리 교과서를 보면 각국의 기후, 문화, 산업이 기술되어 있기는 하지만 이런 지식은 '빈 지도'에 일방적인 표상으로 특징을 써넣는 제국주의적 시점에 의해 제시되어 있을 뿐, 각지에 살고 있는 다양한 사람들의 고유한 생활 세계를 내부자의 관점에서 기술한 지식은 아니다. 제국주의와 식민지주의는 문부성 검정의 지도첩에서 더욱 노골적으로 드러나는데, 언제부터인가 북방영토를 일본의 영토로 색칠하면서 일본의 총면적은 확대되고, 또한 사할린의 남쪽을 백지로 남겨둠으로써 욕망의 대상인 무국적 영토로 취급하고 있다.

일본의 근대는 원래 자발적 식민지화의 역사였다. 교과서에서는 일본이 식민지화되지 않은 것은 서구의 앞선 과학기술을 재빨리 도입하여 근대화를 달성했기 때문이라고 설명하고 있지만, 사실은 반대이다. 국내를 자발적으로 식민지화하고 다른 아시아 나라들을 식민지로 삼음으로써 국가의 주권을 빼앗기는 위기를 모면한 것이다. 혹 다른 아시아 국가들과 같이 서구에 의한 식민지화의 압력에 저항했다면, 쉽게 주권을 박탈당하여 식민지화될 운명에 봉착했을 것이다.

일본의 근대화가 자발적 식민지화를 통해 수행되었다는 사실은 학제(1872)의 읽기(reading의 번역)가 미국의 『Wilson's readers』의 번역 교과서를 사용하여 '대체로 세계는 5주로 나뉘어'로 시작되는 백인, 황색인, 흑인의 인종 차이부터 가르친 것이나, 국민교육의 제도를 확립한 최초의 국정교과서인 『진상소학 독본尋常小学·読本』(1904)이 '이에, 스시(イエ, スシ)'부터 서술된 점에서 여실히 드러난다. '이에, 스시'를 첫 페이지에 게재한 국정교과서는 그 내용이 노골적으로 나타내고 있듯 '이'와 '에', '스'와 '시'의 발음의 분절화가 모호한, 토호쿠지방 식민지화를 의도하여 편찬된 것이다. 더욱이 3차

소학교령 시행규칙(1900)에서 발음에 의한 방언의 교정을 통해 제도화된 국어 교육에 착수하는 방법은 타이완을 식민지 지배했을 때 그 유효성이 검증된 방법이었다. 이처럼 타국을 지배함으로써 개발된 '앎'이 일본의 국내를 지배하는 '앎'으로 역식민지화되는 형태는 근대화 과정의 곳곳에 편재해 있다 .

'근대화＝식민지화' 역사의 전형인 교육사에서의 역식민지화 사례를 몇 가지 들자면, '문부성창가'의 특징인 파와 시를 뺀 5음계는 조선 민속 음악의 5음계를 기초로 하여 역식민지화된 것이다. 파와 시를 뺀 5음계에 의한 식민지화의 기억은 오늘날의 엔카演歌로 변하여 일본과 한국의 가요계에 이어지고 있다. 또한 파시즘 교육의 이념이 된 '황국민의 연성'이라는 표어도 만주에서의 식민지 교육에서 등장하여 한반도 식민지교육을 경유해 일본 국내로 역식민지화된 것이다.

국사라는 교과명도 그 기원은 만주에서의 식민지 교육이다. 전후 민주주의의 상징으로 여겨지는 6·3·3제조차도 만주의 식민지 교육 확대와 일본의 학교제도를 연결하는 역식민지화를 기반으로 부상한 제도이며, 패전 후에 미국 점령군이 추진한 제도라 하기보다는 전시하의 식민지 교육에서 확립된 제국주의적인 제도였다.

근대 일본의 앎은 자발적 식민지화, 식민지 지배, 역식민지화의 삼각형 순환의 산물이었다. 근대 일본의 앎을 둘러싼 식민지화의 구조는 정통화되고 권위화되었으며, 관행화되고 제도화된 앎에 의해 은폐되어 있다.

식민지주의에 대한 저항은 동일성과의 투쟁이다. 이 투쟁은 국가주의라는 의태擬態와의 싸움이며, 문화적 원리주의와의 싸움이고, 동일성에 의한 통합이라는 허구에 균열을 일으켜 현실적인 차이를 인정하는 정치학으로 전환시키기 위한 싸움이다. 세계화와 포스트 식민지주의라는 상황에서 이 싸움은 날로 중요해지고 있다.

포스트 식민지주의는 일본의 문화 현상에서도 현저히 드러난다. 세계 각국을 이민을 보내는 나라와 받아들이는 나라로 구분해 보았을 때 일본이 최근까지 이민 유출국이었다는 사실에 유의하는 사람은 적다. 마지막 이민집단은 1995년 해외청년협력대였다. 그들 중 대부분은 가난하고 쓸쓸한 마을 출신이었으며, 중남미 쪽으로 먼저 이민 간 친척을 방문하여 국적을 변경하여 취직했다. 이후 해외청년협력대는 자원봉사단으로 성격을 바꾸었고 일본은 이민을 보내는 나라에서 받아들이는 나라로 바뀌었다.

이 해 경시청의 보고에 의하면, 거리에서 호객하는 일본인 창부의 검거율은 0%였다. 대신 매춘을 하는 사람들은 외국인 창부와 원조교제 중고등학생으로 이행했다. 거의 같은 시기에 신주쿠를 비롯한 도시의 노상에 홈리스가 넘치게 되어 시부야에서 보이듯이 중고생들이 스트리트 칠드런처럼 노상을 떼지어 방황하고, 포스트 포디즘fordism(포드방식, 대량생산방식)하에서 대량의 청년 실업자들이 프리터가 되어 헤매는 상황이 출현했다. 또한 고등학생의 40%가 일본인의 상징인 흑발을 갈색 머리로 염색하고 야생회귀로 보이는 강구로顔黑*패션이 유행했으며, 사이버공간에서 만남을 찾는 젊은

이들 속에 삐삐(호출기)가 침투하고 홍콩에서 유행하던 휴대전화가 폭발적으로 보급되기 시작된 것도 이 시기이다. 일련의 현상은 세계화에 의한 문화 현상이며 마치 일본 국내에 제3세계가 출현한 것처럼 사회 전체가 포스트 식민지주의에 의한 새로운 경계선으로 분단되어 재편되는 양상을 나타냈다고도 할 수 있다.

사카이 나오키酒井直樹(2000)가 명시하고 있듯이, 미국에 의해 준비된 괴리 장치인 국가주의를 작동시켜온 패전 후의 일본에서는 포스트 식민지주의하에 고유명으로 불리던 정체성이 용해되는 한편, 일본문화의 동일성을 원시로 회귀시켜 기반을 만들고자 하는 원리주의 담론이 등장했으며, 지금까지 국민이라는 방어벽으로 보호받고 있던 사적인 자아가 드러나면서 갈등과 충돌이 빈번하게 발생했다. 이제 제국주의의 식민지 지배는 군대와 같은 직접적 지배에 의한 것이 아니라 거실에 틀어놓은 텔레비전 브라운관을 통해서, 친밀한 가족이라 불리는 관계나 가까운 이들과의 사교적인 교섭에 의해서 더욱 상징적이고 더욱 신체적으로 작동한다. 미디어가 제공하는 강렬한 자극과는 대조적인 단조로운 일상생활의 신체 감각이 투쟁의 아레나arena로서 부상한다. 이질적인 타자를 표상하는 사람과 사물과 사건을 만나서 직접 경험하고 교류하며 무언가를 표현하고 남기는 일련의 활동 과정에서 '나'라는 동일성의 귀속성은 흔들리

---

* 2000년 즈음을 정점으로 일본의 젊은 여성 사이에 유행한 머리색을 금발이나 오렌지색으로 탈색하고 피부를 검게 하는 스타일의 얼터너티브 패션. 시부야나 이케부쿠로가 강구로 패션의 중심지였다.-역주

고 무너지고 유동화되어 거기에 무언가를 걸고 어떤 시작을 준비한
다. 오늘날과 같이 제국주의적 식민지 지배가 세계화된 상황에서는
멕시코의 아방가르드 화가들이 이미 실험했듯 자본으로 지울 수 없
는 벽화를 코카콜라를 마시면서 곳곳에 그릴 필요가 있다. 호주 원
주민aborigin이나 네이티브 아메리칸이 이야기하는 거룩한 대지에
상응하는 장소를 고유명을 가진 작은 생활세계 속에 구축할 필요가
있다.

　식민지의 역사를 어떻게 말할 수 있을 것인가? 김대중과 김정
일이 평양공항에서 악수를 한 5개월 후, 김대중이 준비한 학술기금
'브레인 한국 21'에 의해 서울대학교에서 개최된 어느 국제학회에
서 일어난 일이다. 이 학회에는 환태평양 국가들의 연구자가 다수
초대되어 한반도에서의 일본의 식민지 지배의 역사적 의미를 논의
하고 있었다. 초대자 중 한 명으로 참가한 나는 일련의 심포지엄에
서 기묘한 위화감을 느끼고 있었다. 몽골, 만주, 타이완, 인도차이
나, 남양 제도 등의 식민지 지배와 한반도의 식민지 지배의 비교 등
을 통해 다원적인 지역으로부터 일본의 식민지 지배의 실태가 밝혀
져 식민지화된 한국의 역사와 그 성격이 다각적으로 검증되어갔다.
일본에서도 20명에 가까운 연구자가 참가하여 식민지화 정책의 역
사와 전쟁 책임에 대해 보고하면서 세계화의 시대를 맞이하여 한국
과 일본의 국경을 넘어선 평화적인 연대에 대한 희망을 논하고 있
었다. 그러나 이 모든 것이 내 속에 기묘한 위화감을 불러일으켜 착
란 상태에 빠지게 되었다.

내가 느낀 위화감 중 하나는 '식민지화'를 주제로 한 심포지엄의 모든 것이 영어로 논의되며 한국어에 의한 발표나 한국어로의 번역이 일절 이루어지지 않았던 점이다. 십여 개국 참가자의 공통 언어가 영어밖에 없었다고는 하지만, 청중의 대다수가 한국의 연구자와 대학원생이었으며 심포지엄의 중심주제는 아이러니하게도 '식민지주의 비판'이었다. 식민지주의에 대한 비판을 모국어의 사용을 금지한 식민지주의의 언어로 말할 수 있는 것일까? 식민지주의 언어로 식민지주의를 비판하는 일에 한계가 있다면 어떠한 말로 식민지주의에 대해 논하면 좋을 것인가?

그러나 그 이상으로 위화감을 느낀 것이 일본의 침략 전쟁과 식민지 지배의 역사를 탐구한 일본인 연구자에 의한 일련의 발표였다. 식민지 지배의 역사와 전쟁 책임에 초점을 두고 논의한 일련의 보고는 참신한 내용과 명석한 논의였음에도 불구하고 내 안에서는 말로 형용할 수 없을 정도의 혐오감을 불러일으켰다. 이 감정은 대체 무엇인가. 그들의 발표를 일본 국내에서 들었다면 위화감이나 혐오감 없이 학술적 공헌을 높이 평가할 수 있었을 것이다. 그러나 식민지 지배의 상처가 생생한 서울에서 일본의 전쟁 책임을 논하는 일본인의 언어는 무엇인가를 얼버무리려는 기만의 말로 들렸다. 이러한 괴리감을 어떻게 메울 수 있는가.

심포지엄 이틀째, 서울대학교의 젊은 연구자와 대학원생들에 의한 환영회가 있어 나는 그들과 자유롭게 교류하는 기회를 가질 수 있었다. 그들도 심포지엄에서 식민지주의의 역사를 단죄한 일본인의 일련의 발표에 말로 표현할 수 없는 복잡한 감정을 느꼈다고 한다. 그들도 그랬구나 생각하던 나에게 '당신은 어떻게 생각했느냐?' 하는 질문이 쏟아졌다. "자위하는 말이라고 생각한다." 그때까지 말로 표현할 수 없었던 위화감과 혐오감을 작은 목소리로 겨우 그렇게 표현하고 즉시 "품위 없는 표현이라 죄송하지만"이라고 말했으나 그 목소리를 지워버릴 정도로 회장에는 환성과 박수가 일어났다. 그들 쪽에서 보아도 역시 그러했던 것이다. 전쟁 책임을 회피하는 역사수정주의자의 언어도, 전쟁 책임에 수렴하여 식민지주의의 역사에 대해 속죄하는 언어도 타인과 만나는 장소에서는 자위 행위에 지나지 않는 것이다.

생각해야 할 점은 그다음에 있다. 식민지주의 언어는 말이 표출되자마자 그 언어가 위치한 지정학적 양상을 띠게 된다. 즉, 언어가 가지는 표상적 정치학을 드러내는 것이다. 더욱이 근대의 학문은 그 내부에 식민지주의의 핵을 안은 채로 성립되어 왔다. 진보는 계몽을 포함하고, 계몽은 식민지화의 또 다른 이름이기도 하다. 식민지화를 동반하지 않는 근대화는 있을 수 없고, 근대화는 필연적으로 식민지화에 의한 지배와 차별을 낳아왔다. 그 내부에서부터 식민지화의 시스템에 균열을 만들어 구조를 파괴하기 위한 언어를 찾아내야 한다면, 실어증 환자와 같이 깊은 침묵에서 시작하는 수밖에 없을 것이다.

참고문헌

- 미요시 아키라, 1995, 「손가락 뼈에 잠드는 인간의 기억」, 『아사히 신문』, 7월 4일 석간.
- 메를로 퐁티, M. (타키우라 시즈오, 키다 겐 역, 1966, 『눈과 정신』, 미스즈쇼보)
- Bruner, Jerome, 1969, On Knowing : Essays for the Left Hand, Atteneum.
- 들뢰즈, 1999, 스즈키 케이지 역, 「창조행위란 무엇인가」, 『비평공간』 Ⅱ-22, 오오타출판.
- Schön, Donald, 1983. The Reflective Practitioner : How Professional Think in Action, Basic Books.
- Guattari Felix 외, 2000, 『정신의 관리사회를 어떻게 넘을 것인가?』, 쇼라이샤.
- 이연숙(2000) 「언어라는 장치」, 쿠리하라 아키라, 사토 마나부, 코모리 요이치, 요시미 순야 편저, 『경계를 넘는 앎 4-장치』, 도쿄대학출판회.
- 사카이 나오키(2000) 「전쟁의, 식민지의 앎을 넘어서」, 쿠리하라 아키라, 사토 마나부, 코모리 요이치, 요시미 순야 편저, 『경계를 넘는 앎 6-앎의 식민지』, 도쿄대학출판회.

2장
커뮤니케이션으로서의 연극과 교육
──────────── 키사라기 코하루와의 대화 ────────────

1. 만남

키사라기 코하루 씨, 저는 지금 멕시코시티에 있습니다(2001).
뉴욕의 세계무역센터가 국제 테러의 습격으로 어이없게 무너지고
만 사건으로부터 아직 10일도 채 지나지 않았습니다. 현실이 연극
이상으로 과격해지는 것을 보며 키사라기 씨였다면 무슨 말을 했을
까, 사건 보도를 들을 때마다 그런 생각을 합니다. 2년 만에 멕시코
시티에 왔습니다. 대로를 달리는 차는 좀 더 세련되어졌지만 교차
로에 무리지어 있는 스트리트 칠드런의 모습은 변하지 않았습니다.
거무추레한 그들의 표정을 보면서 키사라기 씨라면 무슨 말을 했을
까 생각하곤 합니다. 그러곤 젊은 키사라기 코하루 씨의 명저 『도시

에서 노는 방법』(신죠샤, 1986)에 이미 그 말들이 숨겨져 있음을 기억해냅니다.

키사라기 씨가 갑자기 떠나시기 전 3년간, 키사라기 씨는 몇 번이나 제 옆자리에 앉아 계셨습니다. 지금도 '그러고 보니 그러네요' 하는 장난기 섞인 눈빛이 돌아올 것만 같습니다. 수많은 신문과 잡지의 좌담회와 심포지엄, 그 많은 석상에서 키사라기 씨는 언제나 제 옆자리에 있었습니다. 릿쿄대학立教大学에서 쓰러진 다음 날, '케어의 사상'이라는 제목의 심포지엄이 쿠리하라 아키라栗原 彬 씨에 의해 기획되었는데, 거기서도 키사라기 씨의 자리는 제 옆이었습니다. 그 심포지엄에서는 어떤 제약도 받지 않고 서로 가장 깊숙이 있는 생각을 마음껏 이야기할 수 있겠다고 키사라기 씨도 저도 몇 개월간 기다리고 있었죠. 그 공석이 영원히 채워지지 않을 것이라고 누가 예측했을까요.

키사라기 씨는 제 세대의 눈으로 본다면, 마치 새로운 감성과 근본부터 자유로운 지성이 넘치는 여성으로서 혜성과 같이 등장한 연극인이었습니다. 벌써 20년 이상 지난 이야기이지만 그 한 줄기 빛을 강렬하게 느낀 것은 저만이 아니었을 겁니다. 혜성의 등장이라는 비유에 대해서는 나중에 아버님이 천문학자였다는 것을 알고 묘하게 납득했습니다.

하지만 키사라기 씨, 제가 3년 전에 만난 당신은 빛나는 한 줄기의 혜성이라는 이미지보다는 일상 속에서 지혜를 갈고 닦는 생활자이자 어머니인 키사라기 코하루 씨였습니다.

지금 생각해보면 3년 전은 이미 너무 늦었던 것 같아 후회가 남습니다. 키사라기 씨가 고베神戶와 히메지姬路의 아이들과 연극을 준비하고 있었다는 것은 만나기 전부터 알고 있었습니다. 그리고 중앙교육심의회의 전문위원이라는 번거로운 일까지도 교육의 현실을 걱정하는 마음으로 감당하고 계셨다는 것도 알고 있었습니다. 하지만 젊은 키사라기 코하루의 혜성과 같은 잔상에 사로잡혀 있던 저는 교육에 몰두하고 있는 키사라기 씨의 모습과 그 잔상을 잘 연결짓지 못했던 것입니다. 한편으로 3년 전은 저에게 있어서는 좋은 시기였다고도 생각합니다. 저도 니가타현의 어느 소학교에서 연극 극본과 연출에 도전하고 난 직후였기 때문입니다.

　　'언젠가 어디에선가 만날 수 있겠지'라는 생각이 가득해졌을 때 우연히도 키사라기 씨에게 편지를 받은 것은 신의 인도라고밖에 말할 수 없었습니다. 키사라기 씨가 히메지에서 매년 계속하고 있는 중학교와 고등학교의 연극에 참가하는 교사들을 지원해주었으면 한다는 의뢰였습니다. 그때 이후로 연극교육연맹의 심포지엄, 아사히신문의 좌담, 민간교육협회(민방 텔레비전 연합조직)의 심포지엄 등에서 키사라기 씨는 언제나 제 곁에서 꾸밈없는 모습으로, 핵심을 정확하게 찌르는 발언을 해 왔습니다. 저는 언제나 그 정확함에 압도당하면서도, 동시에 든든하고 전폭적인 신뢰감을 느껴왔습니다. 그렇습니다. 교육에 대한 발언과 행동에 있어서 키사리기 씨는 전폭적으로 신뢰할 수 있는 유일한 사람이었습니다.

2. 교육

　키사라기 씨를 잃은 것이 저에게 있어 얼마나 큰 충격이자 타격이었는지 생전의 키사라기 씨는 상상도 못 했을 것입니다. 12월의 그 날로부터 10개월이 지나도 제 마음속에 덩그러니 빈 공간을 만들고 있는 상실감은 작아지기는커녕 더욱 커져만 갑니다.

　교육에 대해 발언하는 사람은 수없이 많습니다. 교육에 대해 무언가의 행동을 취하는 사람도 아주 많습니다. 그렇지만 교육에 대한 발언과 행동에 있어서 전폭적으로 신뢰할 수 있는 사람은 키사라기 코하루 씨 외에 없습니다. 그렇게 생각해온 것은 저뿐만이 아닙니다. 연극교육을 통해 키사라기 씨와 만난 교사들, 그리고 키사라기 씨의 네트워크에 의해 교육과 접점을 찾은 젊은 연극인들, 또 고베나 히메지, 세타가야에서 키사라기 씨의 연출로 연극 활동을 해온 아이들과 학생들과 교사들, 그 모든 이가 키사라기 씨와의 교류를 자신의 일과 배움의 활력으로 삼고 있었습니다.

　교육에 대한 키사라기 씨의 발언과 행동 하나하나가 확실했던 이유는 사회의 현실과 문화의 현실과 여성의 현실과 아이들의 현실에 대한 키사라기 씨의 눈빛이 놀라울 정도로 정확했기 때문입니다. 키사라기 씨와 대화를 계속하는 한 저는 교육에 대한 관점을 끊임없이 새롭게 하고, 교육에 대한 발언과 행동을 확실히 해갈 수 있었을 것입니다. 그럴 만한 신뢰감과 안정감이 키사라기 씨의 발언과 행동에는 있었습니다.

키사라기 씨가 교육에 몰두한 것은 필연적이었다고 저는 생각합니다. 키사라기 씨에게 연극은 사람과 사람의 커뮤니케이션 그 자체였기 때문입니다. 지금도 기억나는 것이 어느 심포지엄에서 동석했을 때 들었던 "연극의 기법과 교육의 기법은 다르지만, 연극의 기법 중에 교육과 상통하는 것이 많다"라는 말씀입니다. 키사라기 씨가 교육에 관여함에 있어 가장 중요시한 점은 연극교육을 어떻게 추진하느냐도 아니었고, 또 교육을 어떻게 연극적으로 구성하는가도 아니었으며, 나아가서는 연극에 의해 어떻게 교육을 변혁하는가도 아니었습니다. 키사라기 씨에게는 연극의 기저에도 교육의 기저에도 사람과 사람의 커뮤니케이션의 창조가 있었던 것입니다. 연극과 교육의 놀라울 정도로 자연스러운 연결고리가 키사라기 씨와 저와 교사들을 연결해 준 것입니다.

키사라기 씨가 연극과 교육의 기저에 사람과 사람의 커뮤니케이션을 두었다는 것을 상징하는 에피소드가 생각납니다. 키사라기 씨가 돌아가시기 2개월 정도 전, "사토 선생님(저에 대한 '선생님'이라는 호칭은 키사라기 씨답지 않은 유일한 말이었습니다)에게 꼭 소개하고 싶은 사람이 있다"고 연락이 있었고 그 두 청년과 함께 도쿄대학 교육학부의 학생과 연구회를 가졌을 때의 일입니다. 청년 중 한 명은 홋카이도 후라노北海道富良野 노인시설의 재활 치료사인 카와구치 준이치川口 淳一 씨, 또 한 청년은 현대 작곡가인 노무라 마코토野村 誠 씨였습니다. 카와구치 씨는 자폐증 아이들과 연극 활동을 하며 치매 노인들에게 연극적인 방식으로 재활치료하는 실천가였고, 노무라 씨는 소학교나 노인시설을 창작과 표현의 장으로 삼아 즉흥 연주를 하는 작곡가였습니다.

카와구치 씨의 유머 넘치는 발표를 듣고 그가 아이들이나 노인들과 지내는 모습을 비디오로 시청한 후, 키사라기 씨는 "연약함을 가진 사람과 함께하는 사람은 강하지 않으면 안 된다"고 역설과 같은 진리를 말했습니다. 정말 그렇습니다. 연약함과 연약함을 부딪치게 하는 커뮤니케이션은 위선을 낳을 뿐입니다. 교육이나 복지의 장에 연약함을 연약함으로 감싸 안는 위선이 얼마나 많은지 크게 납득했습니다. 이러한 말은 대체 키사라기 씨의 어떤 경험에서 생겨나는 것일까, 하는 의문을 생각할 겨를도 없이 "사토 선생님, 참 대단하지요? 이 젊은이들은 아무런 벽도 없이 장애를 가진 아이들이나 노인들과 표현을 창조하고 아무런 허세도 없이 대등한 관계를 이루고 있으니까요"라며 마치 자기 자랑을 하듯이 이야기했습니다. 그때 저는 직감했습니다. 키사라기 씨는 가까운 시일 내에 일본인 커뮤니케이션의 일신을 이룰 도전을 시작할 것이 틀림없다고. 그러나 제가 느낀 직감이 진실인지 어떤지를 확인하는 것은 이제 불가능해졌습니다.

3. 연결

키사라기 코하루 씨는 혼자서는 살아갈 수 없는 사람의 숙명과 그럼에도 사람과 사람이 커뮤니케이션에 의해 어긋나고 마는 숙명과, 그러한 슬픈 숙명이 가져다주는 희로애락에서 연극과 교육의 원점을 찾았던 것 같습니다.

키사라기 씨는 아이들과 연극 활동을 할 때면 언제나 표현이 서투른 아이들에게 따뜻한 눈빛을 보내고 있었습니다. 그것은 교육적인 배려라기보다는 키사라기 씨에게 표현이 어리숙한 아이들은 마음의 벽을 굴곡시키고 구부러뜨리는 아이들이어서 그만큼 다른 아이들은 할 수 없는 각별한 묘미를 가져다줄 것으로 생각하는 듯이 보였습니다. 히메지에 있는 어린이 극장에서 연습을 함께했을 때도 외국 국적을 가지고 있으며 엄격한 부모에게 교육받아서 말 속에 감정 기복이 느껴지지 않는 한 여자아이와 언제나 모자를 쓰고 시험 기간에도 빠짐없이 연습에 나오는 한 남자아이의 모습에 대해 키사라기 씨는 언제나 즐겁게 이야기하고 있었습니다.

세상을 살아가는 데 이처럼 어리숙한 아이는 없을 것이라고 생각되는 아이들에게 키사라기 씨가 왜 그렇게 깊은 관심을 가지고 애착을 느꼈는지 지금도 궁금합니다. 키사라기 씨는 그 아이들이 성장하는 모습을 기뻐한다기보다 그 아이들의 삶 자체를 기뻐하는 것으로 보였습니다. 실제로 무대 연극에서조차 감정이 없는 여자아이의 대사는 책을 읽는 듯했고 모자를 쓴 소년은 얼굴을 가린 채 연기했습니다. 그럼에도 키사라기 씨는 기뻐하며 마치 자기 일인 양 두 아이의 모습에 대해 생생하게 이야기했습니다. 아마 이 따뜻한 마음이 키사라기 코하루의 표현론의 뿌리를 이루고 있던 것이며 왜

연기하는가라는 물음의 근간에 있는 것이라 생각됩니다. 이제까지의 연극인에게는 없었던 표현론이라고 생각합니다.

그 이상의 것들에 대해서는 저는 잘 표현이 안 됩니다. 어리숙함을 그림으로 그린 듯한 아이들의 모습을 기뻐하며 이야기하는 키사라기 씨의 말을 들으면서 저는 이렇게 감수성과 재기가 넘치는 여성이 사춘기와 청년기에 어떤 그늘과 싸우면서 연극 활동에 접근해왔을지를 상상하는 것밖에 할 수 없었습니다. 그러나 이렇게 어리숙한 아이들에 대한 예찬도 키사라기 씨의 연극교육의 근간에 커뮤니케이션의 창조라는 테마가 있다는 것을 생각한다면 충분히 이해할 수 있는 것입니다.

키사라기 씨는 아이들을 대상으로 하는 연극교육의 실천을 추진할 뿐만 아니라 교육 전반에 대해서도 적극적으로 비평하고 제언해왔습니다. 그 비평과 제언은 언제나 당사자의 감각에 뿌리를 내린 구체적인 것이었습니다. 민간교육협회가 주최한 교육개혁 심포지엄 석상에서의 일입니다. 취임한 지 얼마 안 된 아리마有馬 문부장관(당시)과 지금은 고인이 된 교육 저널리스트 사이토 시게오斎藤茂男 씨, 키사라기 코하루 씨와 나 이렇게 4명에 의한 심포지엄이었습니다. 학부모들이 입시교육이나 조기교육에 매달리는 일이 사라졌으면 좋겠다는 아리마 장관의 발언에 키사라기 씨는 "말이 쉽지 부모는 아이의 미래에 불안을 느낄 수밖에 없다"며 부모의 흔들리는 복잡한 심경을 지극히 솔직담백하게 이야기했습니다. 2,000명이 있는 회장에서, 더욱이 텔레비전 방송 카메라가 돌아가고 있는 자리에서 이렇게 솔직한 발언은 확신이 있지 않으면 할 수 없습니다. 저는 언제나처럼 옆자리에서 '키사라기 씨, 저질렀구나' 하며 마음속으로 싱긋 웃었습니다. 키사라기 씨의 교육비평이나 제언이 언제나 적확한 비결이 이러한 솔직담백한 발언에 있었구나 싶어 기뻤기 때문입니다.

교육은 자칫하면 '○○이어야 한다' 같은 위압적인 태도로 다루어지거나, 쓸데없이 고상하게 논의되기 십상입니다. 그러나 키사라기 씨의 교육 비평이나 제언에는 한마디도 '○○이어야 한다' 라는 위압적인 논리나 고상한 논의는 없었습니다. 풍부한 감수성과 무엇이든 통찰하는 지성이 있었기에 여유가 있었던 것이겠지요. 키사라기 씨가 교육에 대해 이야기할 때는 언제나 아이들과 부모와 교사의 고민이나 갈등, 곤혹을 출발점으로 삼았습니다. 교육에 대한 발언과 행동에 있어서도 키사라기 씨는 연극인이었습니다. 그렇기 때문에 언제나 핵심을 찌르는 발언과 행동을 보였던 것입니다.

키사라기 씨는 우리가 추진하는 학문의 개혁에 대해서도 큰 지원을 해주었습니다. 쿠리하라 아키라 씨와 코모리 요이치小森 陽一 씨, 요시미 슌야吉見 俊哉 씨와 함께 이제까지의 학문의 일신을 도모하는 시리즈 '경계를 넘는 앎'(『내파하는 앎』 포함 전 6권, 도쿄대학 출판회)을 5년 걸려 편집했을 때 키사라기 씨는 그 1권 『신체 - 되살아남』의 1장을 집필해주셨을 뿐 아니라 시리즈의 취지를 설명하는 잡지 『UP』의 좌담회와 키노쿠니야紀伊国屋 홀의 심포지엄에서 저희

저자 4명과 이야기하는 상대를 맡아주셨습니다. 키시라기 씨는 학
문의 일신을 도모하는 투쟁의 최대 지원자였습니다. 지금 생각하면
키노쿠니야 홀의 심포지엄이 키사라기 씨의 모습을 마지막으로 뵈
었던 때였습니다.

4. 유지遺志

키사라기 씨, 되돌아보면 좌담회나 심포지엄에서 동석하는 일
은 많았지만, 한 번도 대담을 할 기회는 없었습니다. 그것이 아쉽습
니다만, 한편으로는 다행일지도 모릅니다. 키사라기 씨는 추도집
『키사라기 코하루는 광장이었다』(2001)의 제목처럼 광장이었습니
다. 일본 사회에는 광장이 없습니다. 일본 도시에도 광장이 없습니
다. 키사라기 씨는 연극과 교육을 광장으로 만드는 투쟁을 계속해
온 것이라 생각합니다.

키사라기 씨, 생전의 키사라기 씨와 대담을 할 기회는 없었지
만, 그날부터 키사라기 씨와의 대화가 시작되었습니다. 키사라기
씨와 만나고 교류했던 모든 사람이 저와 같이 키사라기 씨와 대화
를 계속하고 있다고 생각합니다.

지금 생각나는 것은 히메지의 어린이 극장의 연습장을 방문한
후 부군이신 카지야 카즈유키楫屋一之 씨와 키사라기 씨, 마리와 저
이렇게 네 명이 맛있는 생선 요리를 즐기며 각본 만들기에 집중하

는 마리(5살) 옆에서 이야기를 나눌 때의 일입니다.

저희는 일본의 정치와 사회와 문화의 뒤틀림 현상에 대한 이야기에 몰입해 있었습니다. 이러한 대정익찬의 때와 같은, 뒤틀린 현실에 어떻게 대응해야 할지에 대한 이야기였습니다. 제가 "우직하리만큼 민주주의를 추구하는 길밖에는 없다"고 한 말을 귀담아들으셨는지 키사라기 씨는 귀경 후의 편지에서 저의 이 말이 인상적이었다고 하면서 "저는 우직하리만큼 자유를 추구합니다"고 쓰셨던 것을 기억합니다.

6개월 전에 이탈리아 북부에 있는 레죠 에밀리아의 유치원에 방문해서 광장에 있는 사람들의 무리를 점토로 표현한 아이들의 작품을 보았습니다. 아시다시피 이탈리아의 도시는 광장piazza을 중심으로 구성되어 있습니다. 아이들은 광장에 가서 사람들의 무리를 관찰하여 piazza라고 불리는 유치원의 마당에서 재현하려고 했는데 점토 작품은 무리가 되지 않고 행렬이 되어버렸습니다. 거기서 아이들은 행렬과 무리의 차이를 이야기하고 발견합니다. 광장의 사람들 무리는 각자가 자유롭게 걷고 있었던 것입니다.

그렇습니다. 키사라기 씨가 추구하는 광장이 무엇이었는지 이탈리아 아이들에게서 배울 수 있었습니다. 사람들이 각자 그 사람답게 자유롭게 사는 것, 자유에 의해 사람과 사람 사이에 연대가 생겨나는 것, 그러한 자유와 사람의 연대에 의해 광장이 생겨나는 것, 그것이 키사라기 씨가 연극과 교육에 남긴 유지라고 생각합니다. 아니, 그 반대일지도 모릅니다. 사람과 사람이 어리숙함을 그대로 드러내서 커뮤니케이션하는 것, 그 커뮤니케이션에 의해 광장을 창조하고, 그 광장에 의해서 사람과 사람의 연대를 쌓아 각자가 그 사람답게 자유롭게 살아가는 것이라고 생각합니다.

키사라기 씨와의 대화는 아마도 평생 계속될 것입니다. 언제까지나 계속될 그 대화를 통해서 저는 교육을 광장으로 만드는 싸움을 계속하고자 합니다.

3장

기도의 심리학, 희망의 보육학

———— 츠모리 마코토에게 배운다 ————

1. 초상화

츠모리 씨를 처음 만난 것은 1990년 이와나미 출판사의 시리즈 『수업』(서적과 비디오, 전 12권) 중 하나인 「발달의 벽을 넘는다」의 촬영으로 아이이쿠 특수학교愛育養護学校를 방문했을 때의 일이다. 물론 츠모리 씨는 저명한 발달심리학자이며, 어렸을 때부터 들어왔던 '츠모리식 발달검사'의 개발자이자 일본을 대표하는 유아교육 연구자인 것은 충분히 알고 있었다. 그러나 첫 만남 이후 츠모리 씨는 그 이상의 존재가 되어 내 앞에 서 계시다. 진짜 츠모리 씨는 발달 진단법의 개발자도, 발달심리학자도, OMEP(세계유아보육교육 기구) 일본위원회 회장도, 일본 보육학회 회장인 유아교육 연구자도 아니다. 『보육학의 지평 - 사적 체험으로부터 보편을 향해서』에서 자신을 보육자라고 표현하셨지만, 보육자라는 이름만으로는 불충분하다.

1990년 이후 나는 매년 몇 번씩 아이이쿠 특수학교를 방문하여 츠모리 씨와 이야기할 기회를 가졌다. 자주 만난 것도 아닌데 나는 츠모리 씨의 초상화를 몇 장이든 그릴 수 있다. 1926년에 견당사遺唐使*이래, 신관神官이라는 유서 깊은 집에 태어나 관동대지진 후 도쿄의 벌판에서 유년 시절을 지낸 츠모리 씨의 초상화. 전시하에 도쿄테이코쿠대학 문학부에서 심리학을 전공하는 츠모리 씨의 초상화. 전쟁이 끝나고 얼마 지나지 않은 1948년에 도쿄대학을 졸업하고 온시재단 모자애육연구소의 연구원으로서 유아교육의 세계에 들어서는 츠모리 씨의 초상화. 내가 태어난 1951년, 히로시마현의 항구에서 미국으로 출항하는 화물선을 찾아 타고 유학생으로서 미네소타대학으로 향하는 츠모리 씨의 초상화. 귀국 후 오차노미즈여자대학에서 발달심리학을 연구하고 강의하는 츠모리 씨의 초상화. 1982년 문부성 재외연구원으로서 미국 대학에 체재하던 중 아이이쿠 특수학교의 이와사키 테이코岩﨑禎子 씨(현 교장)로부터 의뢰를 받고 다음 해에 대학을 그만두고 아이이쿠 특수학교의 교장직을 맡을 결의를 하는 츠모리 씨의 초상화. 나아가서는 인생의 각 무대를 통해 크리스찬으로서 신에게 기도를 드리는 츠모리 씨의 초상화. 이

---

* 7~9세기에 일본 조정이 당나라에 파견한 사절단.-편주

들 하나하나는 전부 내 상상 속의 '츠모리 씨'임에도 불구하고 언제나 내 속에 살며, 내 앞에 서 있는 츠모리 씨다.

츠모리 씨는 윤곽이 뚜렷한 사람이다. 이 첫인상은 지금도 변하지 않는다. 첫 만남이었음에도 츠모리 씨를 향한 신뢰의 정이 끓어올라 나라는 존재 깊은 곳에 츠모리 씨와의 친밀한 끈이 서서히 연결되는 것을 느낄 수 있었다. 지금 생각해보면 이러한 자질을 가진 분을 이제까지도 몇 번 만날 기회가 있었다. 대학원생 때 석사 논문 집필을 위해 며칠이나 자택을 방문하여 이야기를 들은 키도 만타로 城戸幡太郎 씨가 그러했다. 키도 씨는 이미 90에 가까운 노령이었음에도 젊고 활달한 학문 정신으로 손자보다도 어린 나의 연구에 귀를 기울여주시고 그 수년 후에는 "함께 협력하여 교육과정연구소를 만듭시다" 하고 이야기해주셨다. 츠모리 씨와 동 세대 사람 중에서 말하자면 홋카이도 가정학교에서 비행소년 교육에 평생을 바치신 타니 마사쓰네谷昌恒 씨가 그러했다. 7년 전에 엔가루遠軽(홋카이도北海道 오호츠크 종합진흥국 관내에 있는 마을)의 가정학교를 방문했을 때 타니 씨는 눈이 수북이 쌓인 숲을 걸으면서 소년 한 명 한 명의 인생에 대해 나에게 설명하고 그 슬픔을 온몸으로 느낀 나머지 몇 번이나 목소리를 떨며 하늘을 올려다보았다. 종전 직후 츠모리 씨가 아이이쿠 연구소에서 장애를 가진 아이들의 보육활동을 시작했을 즈음, 같은 도쿄대학 문학부를 졸업한 직후였던 타니 씨는 후쿠시마현의 장애인 시설에서 복지활동을 시작했다. 이 두 청년은 전후 민주주의의 숨결을 함께하면서 황량한 대지에 각자 홀로 서 있었던 것이다. 윤곽이 뚜렷한 사람이라는 츠모리 씨에 대한 내 첫 인상은 츠모리 씨 세대의 사람들이 가지고 있는 내면의 자유 그리고 불행한 사람들과 대등하게 살아감으로써 인간을 위한 사회를 수립하고자 하는 사명감으로부터 말미암은 것이었다.

2. 심리학자에서 보육자로

츠모리 씨의 심리학은 크게 변화해왔다. 미네소타대학 아동연구소에 유학을 간 후 행동심리학의 '객관적 실증과학의 방법론'에 따른 발달심리학을 계속 연구해왔으나, 1970년대 중반에 그러한 시도를 버릴 수밖에 없었다고 한다. "보육은 사람과 사람이 직접 관계를 맺는 일이며 지성과 상상력을 포함한 인간의 모든 것이 걸려 있기 때문"이다(『보육자의 지평』). 실험을 기초로 하는 객관적 실증과학에서 성찰을 기초로 하는 인간학으로 전환한 것이다. 츠모리 씨의 또 하나의 큰 변화는 1983년의 보육연구자(학자)에서 보육자(실천자)로의 전환이었다. 2~3세의 유아부터 12~13세까지 약 30명의 아이가 다니는 아이이쿠 특수학교가 보육자 츠모리 씨의 무대가 되었다. 그 이전에도 이 학교의 가정지도 그룹에서 실천을 했지만, 1983년 이후에는 매일 아이들과 지내는 사람이 되어 언제나 아이들과 함께 있는 사람이 되었다. 츠모리 씨에게 있어서 보육자가 되는 것은 인간학의 실천자가 되는 것을 의미하고 있었다. 일기에는 다음과 같이 기록되어 있다.

나는 아이들 그 자체의 존재, 인간 그 자체의 존재 내부로 무의식적으로 들어가는 것이다. 아이들을 대상으로 움직이는 것이 아니다. 존재 그 자체 속으로 들어가는 것이다. 자기실현이란 외부에서 일컫는 말이다. 보육은 아이 스스로가 끓어오르는 것을 만들어 내는 일이다.(『보육자의 지평』)

이처럼 츠모리 씨의 학문과 실천은 1980년을 전후로 크게 전환되었다. 그러나 이 전환에는 일관성이 있었다는 것을 중요시해야 한다고 생각한다. 츠모리 씨는 아이의 놀이와 보육자의 고심에 대한 관심에 일관성을 추구하고 계시는데, 나는 그 기반에 미국 진보주의교육의 전통이 있다고 생각한다. 그 사상과 실천의 조류가 츠모리 씨의 학문과 실천의 바탕에 흐르고 있다. 우연이라고밖에 할 수 없는데, 츠모리 씨가 유학한 미네소타대학 교육학부는 진보주의교육연맹을 실질적으로 조직한 마리에타 존슨Marietta Johnson이 1907년에 창설한 오가닉 스쿨을 기반으로 하고 있다(사토, 1990). 미네소타대학 교육학부에서 가르치는 친구의 말에 의하면, 마리에타 존슨은 미네소타주 원주민의 육아에서 깨달음을 얻고, 자칫 개인주의에 치우쳐 분석적으로 흘러갈 수도 있었던 진보주의교육의 아동관에 전체성과 공동성을 가져다주었다고 한다. 이러한 아동상像의 전체성과 공동성은 츠모리 씨의 보육사상에도 관철되어 있다.

3. 지금을 살아가는 것

　객관적 실증과학에서 인간학으로의 전환에 있어 또 한 가지 중
요한 것이 있다. 츠모리 씨에게 있어서의 시간 개념의 전환이다. 츠
모리 씨의 문장에는 보육자로서 아이들과 '지금'을 살아가는 것의
중요성이 반복적으로 등장한다. 다음의 주옥같은 문장은 아이들과
지내온 실천자로서의 츠모리 씨의 일상에서 나온 것이다.

> 하나의 순간은 나의 세계의 한 부분이고 더군다나 세계의 모든 것이 응
> 축되어 있다. … 이 아이의 세계 또한 이 순간에 응축되어 지금이라는
> 순간으로 표현된다. 나는 지금 이 이 아이와 함께 지내고 있다.
> 과거는 현재와 연결되어 있지만, 또 떨어져 있다. 언제나 직결되어 있으
> 면 과거에 묶이게 된다. 과거는 현재를 어떻게 사느냐에 따라 바뀐다.
> 현재는 한껏 현재의 뜻으로 살아가자.(『보육자의 지평』)

　여기에 표현되어 있는 '지금(현재)'이라는 시간은 시계가 만드는
균질적인 시간이 아니다. 양적인 시간(크로노스)이 아니라 질적인
시간(카이로스)인 것이다. 일방향으로 흘러가는 직선적인 시간이 아
니라 꾸불꾸불하기도 하고 막히기도 하며 조급하게 흘러가기도 하
는 시간이며, 계절과 같이 순환하는 시간이다. 제도화된 프로그램
의 시간이 아니라 살아 있는 신체가 체험하는 프로젝트의 시간이라
해도 될 것이다. 아이는 지금을 살아간다. 지금을 살아가는 곳에 미

래에 대한 뜻이 있다. 츠모리 씨는 언제나 그렇게 말한다.

이전에 츠모리 씨가 "아이가 매일매일 같은 것을 지겨워하지 않고 반복하고 있는데, 저 반복과 어떻게 대면하면 좋을까요?"라고 물으신 적이 있다. "외부에서 보면 반복으로 보이지만 반복하고 있는 아이의 경험 내부에서 보면 반복이 아니라 언제나 새로운 발견이 일어나고 있는 것이 아닐까요?"라고 내가 말하자 웃는 얼굴로 "그래요, 맞아요" 하며 기뻐하셨던 적이 있다.

츠모리 씨가 '지금을 사는 것'을 중요하다고 말하는 데에는 더 중요한 의미가 있다. 아이의 지금은 지금의 경험을 이해받지 못함으로써 희생당할 뿐 아니라 어른이 요구하는 아이의 장래를 위해 희생당하고 있다. 장래에 대한 불안을 떨쳐버리지 못하는 장애를 가진 아이들의 경우는 더욱 그렇다. 하루하루의 행복과 미래에 대한 의지를 키우기 위해서는 장래에서 출발하여 지금을 살아가는 것이 아니라, 과거로부터 단절된 지금을 지금으로서 살아갈 필요가 있다. 츠모리 씨가 말하듯이 지금을 충실하고 행복하게 살지 않는 한 장래의 행복을 실현할 수 없는 것이다.

4. 현장을 살아간다

'지금을 살아가는 것'은 실천자에게 '현장을 살아가는 것'을 요구한다. 츠모리 씨가 아이이쿠 특수학교의 교장으로서, 즉 보육자로서 재출발한 초기의 일기에는 다음과 같은 말이 기록되어 있다.

믿음, 소망, 사랑.
믿을 수 없을 것 같은 때에도 의심하지 않고 믿을 것.
많은 악조건 속에서도 요행을 바라지 말 것.
소망할 수 없을 것 같은 때에도 소망을 가질 것.
아이들의 보육을 문화와 연결하는 일을….
사랑할 수 없을 것 같은 때에도 사랑할 것.
타인의 세상에 관심을 갖는 일은 언제든 가능하다.
이 세상은 내가 원하는 대로 흘러가지 않는다.
보육의 현장도 모순으로 가득하다.
나는 그 속에 있고, 살아가고, 배운다.

츠모리 씨가 지적하고 있듯이 현장은 모순으로 가득 차 있다. 이 모순은 때로는 잔혹하기까지 하다. 수년 전 아이이쿠 특수학교를 방문했을 때의 일이다. 이때 츠모리 씨는 아이이쿠 특수학교의 교장직을 이와사키 테이코 씨에게 맡기고 노인복지 콜로니colony*인 노기쿠료野菊寮의 이사장 일에 종사하고 있었다. 내 방문을 기다리고 계셨던 츠모리 씨는 첫 마디에 "사토 씨, 아무리 도와도 상태가 더 안 좋아지고 사태가 더 어려워지기만 할 때, 돕는 사람은 무엇을

---

* 교외 등에 건설된, 장애가 있는 사람이나 특별한 필요를 지닌 사람들의 거주시설.-역주

의지하여 일을 계속할 수 있을까요?" 하고 물으셨다.

너무 갑작스럽고도 무거운 질문이었다. 그 무게를 견디는 것만으로도 버거워 침묵으로 응답할 수밖에 없었다. 하지만 츠모리 씨의 질문은 충분히 이해할 수 있었다. 아이이쿠 특수학교의 아이들은 발달을 저해하는 벽이 얼마나 크든지 간에 보육자의 도움을 받아 서서히 발달해간다. 그 희망과 기쁨이 보육자의 하루하루를 지탱해주고 있다. 그러나 장애로 고통받는 노인을 돌보는 경우는 어떠할까. 돌보는 이의 활동이 노인의 발달을 촉진하는 일은 드물다.

아무리 마음을 다하고 힘을 써도 노인의 능력 퇴화는 피할 수없으며, 날이 갈수록 돕는 사람의 고생은 더해지고 복지시설의 어려움은 증폭되기만 한다. 노인 복지의 현장은 이러한 어려운 문제에 직면해 있다. 돕는 사람은 점점 심신이 피폐해져 최악의 경우에는 돕는 사람들에 의한 폭력이 파생된다.

수년 전 츠모리 씨가 던진 이 커다란 물음에 나는 지금도 유효한 답을 가지고 있지 못하다. 답할 능력은 없지만, 이 훌륭한 물음을 받은 후 나는 시시때때로 이 물음을 스스로에게 던지곤 한다. 이물음이 교육과 복지에 관여하는 자에게 근원적인 물음인 것은 확실하다. 이 물음에는 현장을 살아가는 자가 직면하는 세 가지 차원의 물음이 포함되어 있다. 첫 번째는 케어의 윤리에 관한 물음이며, 두번째는 교육과 케어의 실천에 있어서의 기도에 관한 물음이며, 세번째는 보육자나 교사와 노인 혹은 아이들 사이의 상호성에 관한 물음이다.

이렇게 생각하면 이 세 가지 물음은 츠모리 씨 자신이 일관적으로 추구해온 삶의 방식의 근간에 있는 물음이라는 것을 알 수 있다. 케어의 윤리에 관해서는 케어하는 사람과 받는 사람이 윤리와 책임에서 비대칭 관계에 있는 한 이 문제는 해결할 수 없다고 생각한다. 현재의 교육이나 보육, 복지에 있어서 케어의 윤리는 일방적으로 케어하는 사람에게 귀속되는 관계가 전제되고 있다. 이 관계를 어떻게 재구축할 수 있을까? 현장의 균열과 모순을 생각해보면 절망적인 생각이 나를 삼킨다.

기도에 관해 말하자면 종교를 가지지 않는 나도 현장에서의 기도의 중요성에 대해 충분히 이해하고 있다고 생각한다. 기도 없이 현장을 사는 것은 불가능하다. 자기 능력의 한계를 알고 자기의 능력을 넘어서는 무언가에 희망을 맡기지 않고서는, 실천자는 하루도 현장을 살아가지 못하며 아이나 장애자나 노인과 마음을 교류할 수 없다. 현대를 살아가는 우리는 특정 종교를 믿는 사람이든 그렇지 않은 사람이든 종교를 초월한 무언가를 필요로 하는 것이다. 이러한 '종교를 초월한 무언가=기도'를 어떻게 구상하고 매일의 실천에서 사상화하면 좋을까. 이제부터라도 지속적으로 추구하는 방법밖에 없다.

세 번째, 상호성에 관한 물음은 아마 케어의 윤리와 기도에 대한 물음의 합류점에 위치하고 있을 것이다. 이 물음에 관해서도 앞선 두 가지 물음과 같이 츠모리 씨는 나보다 훨씬 앞서서 길을 걸어오셨다. 다음 문장은 그 답에 접근하는 이정표를 나타내고 있다. 그리고 이 문장으로부터 비쳐 나오는 미래를 향한 한 줄기 빛이 츠모리 씨의 발걸음을 내부로부터 관통하고 있다고 생각한다.

공동의 장은 대등한 인간끼리의 상호성에 의해 새로운 가능성이 열리는 장이다. 대등이라는 것은 모두를 나 자신처럼 여기고 사는 것이다. 아이와 어른, 남자와 여자, 노인과 젊은이, 각각의 힘과 입장은 평등할 수는 없다. 그러나 그 모든 이를 나 자신처럼 여기고 각자의 가능성을 열어가는 것을 전제로 대등한 상호성은 존재한다.(『보육자의 지평』)

참고문헌

- 사토 마나부, 1990, 『미국 교육과정 개조사 연구』, 도쿄대학출판회.
- 츠모리 마코토, 1997, 『보육자의 지평 – 사적 체험으로부터 보편을 향하여』, 미네르바쇼보.

4장

수업연구의 궤적에서 배우는 것

──────────── 이나가키 타다히코의 교육학 ────────────

『수업연구의 발걸음-1960~1995년』은 이나가키 타다히코稲垣
忠彦 선생님의 수업연구의 주된 논문을 35년에 걸친 연구의 전개
에 따라 구성하고 편집한 논문집이다. 이나가키 선생님이 집필한
논문은 방대하나 이 책은 그중 수업연구의 행보를 가장 잘 표현한
논문을 선생님의 발자취에 따라 편집한 것이다.

이나가키 선생님의 교육연구는 『메이지 교수이론사 연구-공교
육 교수정형의 형성』(학위논문, 공간, 1966)을 기점으로 『나가노현 교
육사(교육과정 편)』(1974), 『근대일본교과서 교수법 자료 집성』(1982,
도쿄쇼세키), 『일본의 교사』(1993, 교세이)로 연결되는 근대 일본의 수
업과 수업이론의 역사연구 그리고 「교사의 의식구조-실태와 형
성」(『교육사회학연구』 제13집, 1958)과 「교육실천의 구조와 교사의 역

할」(『현대교육학』 제18권, 1961, 이와나미)을 출발점으로 하여 『교사의 라이프 코스-쇼와昭和의 역사를 교사로서 살기』(1988, 도쿄대학출판회)로 연결되는 교사연구와 교사교육연구, 『미국 교육통신-큰 나라의 작은 마을로부터』(1977, 효론샤) 등의 일련의 저작에 나타나는 영미의 수업과 교사에 관한 비교연구 등 많은 영역에 걸쳐 있으며 각각의 영역에서 많은 저서와 논문이 집필되었다. 서문에서 밝히고 있듯이 그중에서도 교실을 기반으로 교사와 협동하여 전개된 수업연구는 전 생애를 통틀어 이나가키 선생님의 교육연구의 중핵을 이루는 것이었다.

나는 이제까지 이나가키 선생님의 작업을 가장 가까운 곳에서 접해 왔지만, 이렇게 35년간의 『수업연구의 발걸음』을 통독해보면 그 발자취의 광범위함과 연결성을 새삼 깨닫게 된다. 특히 이 책의 각 장을 전후 교육과 교육학 역사와 비교하면서 읽어보면 수업의 생동감을 전하는 필치로 기록된 문장 하나하나가 그 당시의 혼란스러운 교육 논의와 팽팽한 긴장감으로 울려 퍼져 압도당할 것만 같다. 이나가키 선생님은 자신의 수업연구의 발걸음으로서 겸허하게 이 책을 제출하셨지만, 독자는 전후 교육의 변천에 실천으로 맞선 이나가키 선생님의 수업에 대한 시선과 견식의 확고함을 간파할 수 있을 것이다. 이 책에는 전후 일본의 교육실천의 주된 논제의 대부분이 언급되어 있고 또한 그 당시에 가장 신뢰할 만한 사색이 이나가키 선생님의 언어로 적확하게 표현되어 있다.

생각해보면, 이나가키 선생님은 항상 누군가와 협동하는 일을 진행하면서도 자립적이고 독창적인 길을 혼자서 개척해오셨다. 이 나가키 선생님의 이러한 자세에는 교육학자에게 있기 마련인 독선 주의와 도당의식에 대한 거부, 대학인이 가지기 마련인 현실로부 터 도피하는 고립에 대한 비판이 담겨 있다. 교육과 교육학의 폐쇄 상황을 극복하기 위해서 이나가키 선생님은 끊임없이 '혼자서도 할 수 있는 것'을 추구하며 'One of them'이라는 역할을 스스로에게 부 여하고 굳게 지켜온 것이다. 정치적 대립과 운동의 논리가 선행해 온 전후 교육의 추이를 상기해볼 때 도당적 관계가 생기기 쉬운 교 육실천의 영역에 있어서 다양한 사람에게 열린 정신으로 혼자서도 할 수 있는 것을 추구해온 이나가키 선생님의 걸음은 상쾌하기까지 하다.

벌써 30년 가까이 지난 일이다. "하나의 점으로서 할 수 있는 일 은 많이 있다"며 이나가키 선생님이 지나가는 말처럼 격려해주신 일이 있었는데, 그 가능성을 이나가키 선생님의 발걸음은 선명하게 나타내고 있다고 생각한다. 자립적인 '점'으로서의 자세를 고집했 기에 이나가키 선생님의 발걸음은 격동하는 전후 교육의 한 가운데 서 뚜렷한 궤적을 그려왔다고 할 수 있다. 우리가 배우는 것은 이러 한 궤적과 그 의미이다.

1. 집약적 대상으로서의 수업
- 구심성과 원심성의 원근법

이나가키 선생님의 연구에는 수업이라는 실천이 내포하고 있는 다층적인 구심성과 원심성이 순환하는 고리가 수없이 포함되어 있다. 일반적으로 수업연구는 교육심리학을 기초로 하는 학습과 인지, 커뮤니케이션에 대한 연구와 인식론의 철학을 기초로 한 교수원리의 연구로 이분화되어 있는데, 교육방법사연구教育方法史研究를 전공한 이나가키 선생님의 수업연구는 외국의 연구에서도 찾아볼 수 없는 독자적인 성격을 가지고 있다. 이나가키 선생님이 대상으로 한 수업의 사실이란 심리적 사실이나 인식론적 사실임과 동시에 사회적, 역사적인 사실이며 문화적 실천의 사실이었다. 다원적이고 종합적이고 학제적学際的인 사실로서 수업의 사실이 대상화된 것이다.

수업이라는 미시적micro 세계를 사회, 역사, 문화라는 거시적 macro 구조의 집약점으로 정위하는 독자적인 방법론과 동시에 그로 인해 받아들인 학문적 영위에 있어서의 고뇌를 포함한 투쟁 또한 이나가키 선생님의 궤적을 나타내고 있다고 생각한다. 구심성과 원심성의 상호작용으로서 나타나는 독특한 원근법perspective이야말로 이나가키 선생님의 방법의 진수라 생각한다.

사실 이나가키 선생님 수업연구의 발자취는 전후 일본 교육의 역사 그 자체를 표현하고 있다고 할 수 있다. 이러한 특징이야말로 이나가키 선생님의 연구가 교사들의 수업을 전형화하는 폭을 내포할 수 있었던 비밀이라고 생각한다. 구심성과 원심성이라는 주제는 그야말로 이나가키 선생님의 수업연구의 핵심을 이룬다고 해도 될 것이다. 이러한 구심성과 원심성은 몇 가지 측면으로부터 확인할 수 있다.

첫째로, 수업이라는 대상을 구심성과 원심성의 연결점으로 여기는 이나가키 선생님의 관점에는 수업의 역사성과 사회성에 대한 통찰이 표현되어 있다. 메이지의 공교육 교수정형을 주제로 한 학위논문을 시작으로, 이나가키 선생님은 일본 사회와 학교의 변모를 근저에서부터 규정하고 있는 근대화의 질을 수업이라는 구체적인 영위를 통하여 비판적으로 묻고 있다. 이러한 물음은 전쟁과 종전, 전후 개혁과 한국전쟁, 안보 투쟁과 고도성장, 대학 투쟁과 교육위기 등 이나가키 선생님이 체험한 수많은 단절과 균열이 담긴 전후 교육의 과정을 내재적 논리로 관철시킨 투쟁에 의해 뒷받침되어왔다고 생각한다. 이나가키 선생님에게 있어서 역사란 계속해서 변화하는 교육의 현재를 근대라는 원근법을 통해 역사화하는 영위였다. 이 책이 패전 후 50년이 지난 1995년에 간행된 것은 결코 우연이 아니다.

두 번째로, 이나가키 선생님이 대상으로 하고 있는 수업이 '구심성과 원심성이 순환하는 원근법에 의해 일반적으로 상정된 수업'이라는 개념보다 훨씬 다양하고 다층적인 세계를 구성하고 있다는 점에 주목할 수 있다. 이나가키 선생님이 대상으로 삼은 수업의 세계는 학문, 문화, 예술을 영위하는 연속성을 포함하는 것이기에 교육이나 교육학의 세계에 갇혀 있지 않았다. 이나가키 선생님이 대학원생 시절부터 견지해온 '제도화에 따른 정형화에 대한 저항'이라는 입장은 일본 수업의 폐쇄성과 경직성, 형식주의에 대한 투쟁으로 연결되었다. 일본 근대의 취약성과 왜곡을 지속적으로 탐구해온 이나가키 선생님에게는 근대화의 재현이라고 할 수 있는 고도성장기 학교와 교실의 변화야말로 메이지 이래로 끝없이 반복된 학교 교육 정형화의 확대재생산으로 주제화되었을 것이다. 이러한 이나가키 선생님의 일관된 입장을 일본의 수업연구와 교육학의 추이와 함께 생각해보면 이나가키 선생님의 발걸음이 그려내는 궤적의 독자성은 명확해진다.

일본의 수업연구는 과학화와 체계화를 지향하여 대학 연구실에서 확대되었고, 교육학은 연구 대상과 과제를 끝없이 세분화, 전문화하고 있다. 수업연구가 교육학의 전문영역중 하나로 확립된 것은 1960년대 초였다. 이후 수업의 과학을 표방하는 수많은 논문이 산출되어 수업을 대상으로 하는 교육 저널리즘의 보급이나 행정기관에 의한 연수제도의 확대를 통해 현장에 있는 교사의 의식과 행동에 서서히 침투해갔다. 수업의 의미를 구성하는 언어가 외부로부터 침투해 오는, 또 하나의 관료적 지배와 제도화가 진행된 것이다. 교육연구의 과학화와 전문화는 이러한 관료적이고 폐쇄적인 제도화와 밀접한 관계를 맺으며 진행되어왔다. 이러한 침투 현상은 문부성을 중심으로 하는 교육행정 뿐만 아니라 민간 교육운동을 통해서도 동일하게, 그것도 무자각적으로 벌어졌다고 할 수 있다.

이나가키 선생님은 교육연구의 관료적이고 폐쇄적인 제도화에 가장 민감하게 반응하고 저항해온 교육연구자였다. 이나가키 선생님이 교사의 자율성autonomy을 기축으로 수업을 열리게 하기 위해 폭넓은 분야의 사람들과 연대하면서 고독을 두려워하지 않고 독자적인 행보를 보인 것은 자율성을 상실하고 폐쇄성이 심화되는 교사에 대한 위기의식이 수업에 관한 사색과 행동에 관철되어 있었기 때문이 아닐까.

수업연구의 폐색閉塞성과 교육학의 폐쇄성에 대한 비판을 기초로 하여 이나가키 선생님은 각종 학문, 예술 분야의 전문가들과 협동을 추구하면서 열린 수업의 세계를 개척해갔다. 그 연대는 우에하라 센로쿠上原 專祿(역사학), 하야시 타케지林 竹二(철학), 우에노 세이사쿠上野 省策(화가), 타케우치 토시하루竹内 敏晴(연출가), 타니카와 슌타로谷川 俊太郎(시인), 카와이 하야오河合 隼雄(임상심리학) 등을 위시하여 다양한 영역에 이른다.

셋째, 이나가키 선생님의 연구는 구체적인 장을 공유하는 교사와의 폭넓은 협동을 통해 추진되었다. 그 협동은 선생님이 처음 부임한 토호쿠대학東北大学과 미야기교육대학宮城教育大学이 있는 센다이의 교사들과의 '실천검토회', 도쿄대학에 부임한 후에는 '교육과학연구회, 교수학부회'(교수학연구의 모임)에서의 사이토 키하쿠斎藤 喜博를 중심으로 하는 교사와의 협동, 도쿄대학에서 26년간 계속된 '셋째 주 토요일 모임', 나가노현의 교육사 편찬을 계기로 한 교사와의 협동, 나아가 '국어교육을 배우는 모임'에서의 토카이東海 · 칸사이関西의 교사들과의 협동, 도쿄대학을 정년퇴직한 후에는 시가대학志賀大学 · 테이쿄대학帝京大学 · 시나노 교육회 교육연구소信濃教育会教育研究所에서의 협동 등 그 네트워크는 전국 각지의 학교 및 교육센터에 이른다.

　교사들과의 이러한 협동 연구는 이나가키 선생님에게 있어서 수업연구 그 자체였다. 더 정확하게 말하자면, 이나가키 선생님의 수업연구란 교사와의 협동을 통해 수업의 새로운 사실을 교실 안에 창조하는 영위였다. 영미에서 지금 '액션 리서치'라 부르는 연구 방법을 이나가키 선생님은 50년이나 앞서 추진해온 것이다. 액션 리서치는 구체적인 수업의 관찰과 기록, 비평을 기초로 하여 교직의 전문성을 개발하기 위한 것으로, 서구에서는 1980년대에 초점화된 '케이스 메소드'라 불리는 방법에 의해 추진되고 있는데, 수업의 사례연구를 기초로 교직의 전문성을 개발하는 이나가키 선생님의 방식은 일본 교사문화의 비형식적인informal 전통에 의한 것이지만, 국제적으로 보면 지극히 선구적인 스타일을 50년 전부터 개척해온 것이나 다름없다.

　교사와의 협동에 의한 수업의 창조와 교직 전문성의 개발이라는 수업연구 스타일에는 연구와 실천이라는 이원론의 극복을 지향하는 이나가키 선생님의 정신이 깃들어 있다. 이러한 이원론의 극복은 예정조화적인 융합을 의미하는 것이 아니며, 한쪽을 다른 쪽으로 옮겨 담는다고 해서 달성되는 것도 아니다. 교육연구가 연구로서 자립하고, 교육실천이 실천으로서 자율성을 획득하는 과정에서 연구가 실천을 내재화하는 동시에 실천이 연구를 내재화하는 상호매개적인 관계 속에서만 실현되는 것이다. 이나가키 선생님은 그것을 달성하는 어려움과 그로 인해 생기는 알력을 수많은 괴로운 체험을 통해 숙지해온 연구자이다. "실천자에게 배운다"라는 이나가키 선생님의 간결한 표현 속에는 연구자와 교사의 협동에 있어 앞서 말한 상호매개적인 관계 성립의 원칙이 담겨 있다.

넷째로, 영미의 수업 및 교사교육과의 비교를 통해 일본의 수업 과제와 개조에 대한 지표를 제시한다는 비교연구의 방법 속에도 구심성과 원심성이 순환하는 원근법이 표현되어 있다. 1974~75년의 재외 연구 경험을 기록한『미국 교육 통신 – 큰 나라의 작은 마을로부터』(1977) 이후, 이나가키 선생님은 때때로 영국과 미국을 방문하여 수업과 교사교육의 개혁을 둘러싼 동시대사同時代史의 탐구를 하나의 방법론으로 삼아왔다. 그 20년간 이나가키 선생님의 눈길은 일본 교실의 폐쇄성과 경직성을 극복하기 위한 과제에 더욱 쏠렸고, 나아가 중앙집권적 효율성에 의해 급속한 경제발전을 달성한 기업과 학교의 이면에 드리운 교육의 어두운 부분에 주목하게 된다.

『전후 교육을 생각한다』(1984)에서 이나가키 선생님이 지적하고 있듯이 그 20년간은 일본 교육에 대한 외부의 높은 평가와 내부의 낮은 평가 사이의 괴리가 확대된 시기였다. 또한 이나가키 선생님이 비교 대상으로 삼은 영미의 교육이 민주주의의 전통으로부터 신보수주의로 재편되면서 급속히 변천한 시기이기도 했다. 일본 교육 근대화의 질과 그 재편 구조를 주제화해온 이나가키 선생님의 연구가 통시적인 원근법뿐 아니라 공시적인 원근법도 획득한 것이다.

영미와의 비교연구를 통해 이나가키 선생님은 영국 인포멀 스쿨Informal school의 토픽 학습이나 미국 오픈 스쿨의 테마 학습 등의 구체적인 모습을 소개함과 동시에 교사센터의 기능이나 교사교육 프로그램에 관해서도 조사, 보고함으로써 일반대중 운동을 통해 일본의 교육개혁을 추진하기 위한 시사점을 제공했다.

2. 다시 교육학을 묻다

다층적으로 순환하는 구심성과 원심성의 원근법이 특징인 이나가키 선생님의 수업연구는 수업의 사실에 대한 집약성을 핵으로 삼아 한없이 확장하면서도 집약하는 문화적 실천의 연구라는 성격을 유지하면서 추진되었다. 이나가키 선생님의 연구는 수업에 한정된 교육연구로 완결된 것이 아니라 문화의 제반 영역에 열린 학제적인 교육연구였다. 교육, 교육기술, 교육학 모두를 함의하는 기술적 앎technique과 실천적 앎phronesis의 학문이라는, 문자 그대로의 교육학pedagogy이었던 것이다.

이러한 교육학은 이나가키 선생님의 은사인 카이고 토키오미가 1949년 도쿄대학 교육학부 설립 당시에 구상한 교육학과 직결되는 것이라 해도 좋을 것이다. 도쿄대학 교육학부의 교육학이란 교육

실천의 연구를 중심으로 여러 기초연구를 통합하는 학문을 의미했다. 이러한 전후 교육학의 전통이야말로 이나가키 선생님의 수업연구의 모태였다. 그런 의미에서 이나가키 선생님의 교육학은 도쿄대학 교육학부의 전통을 계승하는 정통한 적자의 성격을 가지고 있다. 이러한 전통의 선견성과 선구성은 명확했으며, 세계와 일본의 교육연구 진전에 있어서 이나가키 선생님의 선견성과 선구성이 해가 갈수록 입증되고 있는 것도 앞서 말한 대로이다.

그럼에도 불구하고 이나가키 선생님은 본인의 행보를 "나 나름대로의 곡절을 지난 궤적"이라 표현하고 있다. 이 말에는 이나가키 선생님의 겸허한 성품이 솔직하게 표현되어 있을 뿐 아니라 문자 그대로 곡절을 내포한 궤적으로서 우리가 성심껏 계승해야 할 문제가 숨겨져 있다고 생각한다. 이러한 이나가키 선생님의 성실하고 정직한 메시지에 우리는 어떻게 응답해야 할 것인가.

'곡절'이라는 이나가키 선생님의 표현에는 55년 체제를 기반으로 고도성장기를 거쳐온 학교·수업의 구조적 변화와 근대화의 종식을 알린 임시교육심의회(1984) 이후의 혼돈에서 거듭되는 변동에 대한 탄식이 담겨 있다. 이 탄식은 이나가키 선생님이 전후 50년간의 수업추이에 실천적으로 관여해왔다는 방증이기도 하지만, 그만큼 자책하고 계셨다는 의미가 아닐까.

이 문제를 이나가키 선생님이 던진 교육학에 대한 물음이라고 생각해보면, 갈피를 못 잡고 해체를 거듭하는 전후 교육을 목격하고 그 속에 몸을 던진 자신의 교육학 또한 격동을 향한 항변의 흔적으로 새겨질 수밖에 없는 곡절의 궤적이었음을 의미하는 것이 아닐까. 대부분의 교육연구자가 현실에 휩쓸려 스스로 해체되거나 교육학을 통속적인 인도주의로 탈바꿈시키고 이념화하여 현실과 거리를 두고, 아니면 실천과 가능한 멀리 떨어져 자신의 안위에만 급급해하던 상황에서 이나가키 선생님은 초지일관으로 교실의 현실에 맞서 교사들과 연대하고 수업을 창조해나가는 싸움을 멈추지 않았던 보기 드문 교육연구자였다. 고통을 각오해야 할, 상처 입기 쉬운 vulnerable 위치에 자신의 몸을 계속 던져온 것이다. 그런 만큼 이나가키 선생님이 경험한 곡절의 가치는 귀중하다고 생각된다.

이나가키 선생님이 교육학에서 겪은 곡절이란, 첫 번째로 '교수학 연구 모임'의 기술학과 인간학으로 짜여진 교수학 과정에서 파생된 무수한 알력 그리고 교수학에 대한 의문을 계기로 추진된 수업연구를 통해 자각하게 된 교육학의 무력함이었을 것이다. 전자는 사이토 키하쿠斎藤 喜博를 중심으로 결성된 교수학 연구 모임에서 탈퇴하는 결단을 내림으로써 드러났고, 후자는 『시리즈 수업』의 편집 과정에서 "교육학의 무력함"이라는 통한이 서린 당혹감으로 표현되었다. 이나가키 선생님이 말씀한 곡절이란, 교수학과 교육학의 존재 가치에 의문을 제기하는 근원적 통찰을 의미하고 있었다.

이 두 가지 곡절에서 중요한 점은, 이들로부터 제기되는 문제가 한쪽은 기술학과 인간학을 기반으로 한 교수학의 체계화(=교육학의 수립)에 대한 의심이고, 다른 한쪽은 교육학의 존재가치를 엄격하게 재고하는 방향으로 제기되고 있다는 점이다. 언뜻 전혀 다른 방향 사이에서 흔들리고 있는 것처럼 보인다. 그러나 이 두 가지를 합쳐서 보면 교수학이라는 기술적 체계를 지향하는 일을 적극적으로 거부하면서도 관련영역의 문화와 과학으로 환원되지 않는 새로운 교육학이 그곳에 생성되었으리라 짐작할 수 있다.

감히 말하자면 이나가키 선생님의 학문적 영위와 실천적 행동 모두가 선생님의 교육학일 것이라 나는 확신하고 있다. 선생님의 교육학은 전통적인 학문의 범주를 넘어선 '견식으로서의 학문'이기 때문에 이전까지의 학문 관념으로는 명료하게 정의할 수 없지만, 그것은 교사에게 실천의 논리와 담론을 제시할 수 있는 사색의 테크놀로지로서의 교육학이며, 이나가키 선생님이라는 개인의 풍부한 경험과 이를 기초로 한 견식으로 표현되는 교육학인 것이다.

실제로 나는 지난 37년 이나가키 선생님이 곡절을 겪는 동안 바로 곁에서 지내며 선생님의 작업에서 배우거나 지도를 받아 협동으로 작업하는 행운을 얻었는데, 내가 무엇보다도 학문적, 실천적, 철학적으로 크게 배운 것은 곡절이라 불리는 이나가키 선생님의 투쟁의 경험 그 자체이며, 반성을 통해 자신을 변혁하고 현실과 끊임없이 교섭하는 이나가키 선생님의 궤적 그 자체였다. 나는 이나가키 선생님의 연구와 경험과 실천과 행동의 모든 것에서 이제까지 찾지 못했던 교육학을 발견했으며, 나 또한 그러한 교육학을 연구와 경험과 실천과 행동 속에 구축해가고 싶다고 생각했다. 현대 일본에 사는 교육연구자와 교사는 본인에게 내재한 교육학의 '죽음과 재생'을 체험하지 않는 한 교육실천을 창조하는 새로운 논리와 사상을 산출할 수 없지 않을까. 이것 또한 이나가키 선생님은 그 궤적을 통해 선명하고 강렬하게 말해주고 있는 것이다.

3. 교육을 탐구하는 사람의 윤리
- 니힐리즘과 시니시즘과의 싸움

이나가키 선생님에게 있어서 수업을 연구한다는 것은 교육의 사실을 창조하는 사람들의 고난으로 가득 찬 영위를 격려하고 도와주며 그 노력과 연대하는 실천을 의미했다. 수업연구회에서 이나가키 선생님의 발언에는 그것이 아무리 엄격한 비판의 말이더라도 실천하는 사람에 대한 공감과 신뢰와 기대가 담겨 있었다. 교육의 사실을 확인하고 표현하는 실천자로서의 윤리와 교사와의 협동을 추진하는 연구자로서의 윤리는 이나가키 선생님 자신의 연구에 대한 엄격하고 반성적인 비평의식이 뒷받침되어 있었다. 여기에 이나가키 선생님의 교육학의 또 다른 특징이 있다.

벌써 30년 전의 일이다. 이나가키 선생님의 산장을 방문하여 교사를 비판하지 못하는 나의 위선을 어떻게 극복하면 좋을지 상담한 적이 있었다. 이나가키 선생님이 웃는 얼굴로 들어주시고 "역시 교사와 함께 일을 하려면 아무리 괴롭더라도 비판해야 할 일에는 자기 자신을 걸고 비판해야지"라고 타이르듯 말씀해주셨던 것을 기억한다. 그때 직감적으로 이해한 것이 이나가키 선생님은 교사에 대한 비평의 근거를 자신의 연구에 대한 책임으로서 엄격하게 물으며 교사와의 협동을 실현해왔다는 사실이다. 이나가키 선생님은 교사와 연구자가 함께 성장하는 연대가 어떠한 관계속에서 실현되는가를 수많은 경험을 반추하는 과정에서 체득한 것이다. 이것도 하나의 교육학이다.

사실 셀 수 없이 많은 교사가 이러한 교육학에 격려를 받으며 성장하고 있다. 무언가를 가르치고 지도하여 실천을 돕는 것이 아니라 실천과 성장이라는 과제를 교사와 공유하면서 한 명 한 명의 노고와 고민을 이해하고, 거기에 이나가키 선생님 자신의 성장의 계기도 되는 방법으로 교사를 구체적으로 격려하고 돕고 키우는 것이다. 정말 멋지다고밖에 표현할 수 없다. 그러한 교육학인 것이다.

그만큼 교육실천에 등을 돌리는 연구나 높은 곳에서 실천을 재단하는 비평, 실천자에게 상처를 주는 연구자의 태도에 대한 분노도 심했다. 나는 그러한 이나가키 선생님을 경애하고 그 엄격함과 신뢰할 만한 따뜻함을 보아온 사람 중 하나인데, 교육학을 전공하는 연구자 중에는 선생님의 분노를 이해하지 못하는 사람도 있었을 것이다. 이나가키 선생님은 상처받기 쉬운 상황에 몸을 맡겨야 한다는 위험을 알면서도 교육연구자가 한사람이라도 더 교실 내부로 들어가 교사와 확실한 연대를 형성하도록 하는 일에 힘써왔으며, 이로부터 도망치는 연구자들에게는 엄격한 질책을 서슴지 않았다.

이러한 탐구 윤리는 학교 비판과 교사 비판이 일제히 확대된 1980년대 일본의 교육과 수업에 대한 니힐리즘nihilism과 시니시즘

cynicism에 저항하면서 더욱 명확해졌다고 할 수 있다. 특히 도쿄대학에서 지낸 마지막 10년간은 평의원, 학부장, 부속학교장이라는 수많은 임무를 감당하면서도 교육학부의 개혁을 추진하고, 수많은 저서의 편집 또한 진행하셨는데, 이러한 일들은 침투하는 니힐리즘, 시니시즘과의 투쟁이라는 의미를 띠고 있었다고 생각한다. 이 시기의 작품인 『시리즈 수업』(전 11권, 1991~93), 『일본의 교사』(전 24권, 1993~95년), 『일본의 교사문화』(1993)를 통독해보면 당시의 교육적 고민을 교사들과 공유하면서 학교를 구출하고 교실을 소생으로 이끌려는 이나가키 선생님의 지치지 않는 도전 의지를 엿볼 수 있을 것이다.

이나가키 선생님은 시가대학으로 전임이 결정되기 전부터 도쿄대학을 정년퇴직한 후에는 교원양성학부가 있는 대학에서 교사교육에 종사하고 싶다는 의지를 굳히고 있었다. '다시 한번 초심으로 돌아가 교사교육의 장소에서 배우고 싶다'는 바람과 '교사에 대해 논해온 이상 다시 한번 교사교육의 책임을 다하고 싶다'는 바람이 이러한 결의로 연결되었다고 하셨다. 여기에도 교육에 대한 윤리를 내포하는 이나가키 선생님의 교육학이 표현되어 있다.

또한 이나가키 선생님의 교육학을 이해함에 있어 「교육실천의 구조와 교사의 역할」(1961)과 「수업의 사례연구와 교육연구」(『시리즈 수업』 별권 『수업의 세계』, 1993, 이와나미쇼텐)가 모두 수업연구를 통한 교직의 전문성과 자율성 수립을 주제로 하고 있다는 점은 상징적이라고 할 수 있다. 두 논문 사이에 30년의 세월이 흘렀는데도 불구하고 그 주제는 일관되어 있다. 「교육실천의 구조와 교사의 역할」(이와나미 강좌 『현대교육학 제18권 교사』)은 일본에서 처음으로 전문가로서의 교사라는 개념을 이론적으로 제시한 논문이다. 이 책의 다른 논문에도 반영되어 있듯이 당시에는 '교사=노동자'라는 논의가 교육계를 석권하고 있어 이 논문에 대해서도 집필자의 연구회에서 비판이 속출했다고 한다. 동일한 주제가 「수업의 사례연구와 교육연구」에서 전후 일본의 교육연구와 수업연구의 전개를 반성적으로 총괄하면서 재차 제시되어 있다. 여기서 나타나는 이나가키 선생님의 견식과 일관성에 뒷받침된 30년간의 경험이야말로 우리가 배워야 할 이나가키 선생님의 교육학이다.

4. 다음을 잇는 자의 한 사람으로서

마지막으로 이나가키 선생님의 가르침을 받은 사람으로서, 또한 개인으로서 스승에 대해 한마디 덧붙이고 싶다. 나의 작업을 알고 있는 사람이 곧잘 말하듯이 이나가키 선생님을 스승으로, 동지로서 만나 교육연구의 길을 걸어온 나는 행복한 사람이다. 이 한마디에 모든 것이 들어 있다. 좋은 스승을 만나는 것, 좋은 스승에게 계속 배우면서 연대할 수 있는 것, 스승의 일을 존경하며 협동할 수 있는 것, 스승에게 자신의 일을 존중받고 격려받는 것, 스승과 뜻을 하나로 하여 서로 개성을 존중하면서도 협동할 수 있는 것. 사제 관계에 있어서 이만한 행복은 없다.

38년 전 도쿄대학 대학원으로의 진학을 결의한 것은 이나가키 선생님의 『메이지 교수이론사 연구明治教授理論史研究』를 학생 시절에 읽고 받았던 감동 때문이었으며, 교육연구자로서의 길을 걸은 것도 이나가키 선생님의 연구와 실천을 동경해왔기 때문이다. 개인적으로는 학문에 있어서, 인생에 있어서 그리고 교육에 있어서 수많은 좌절과 굴곡을 겪은 내가 여기까지 걸어올 수 있었던 것은 이나가키 선생님이 언제나 내 옆에서 격려해주셨기 때문이라고 생각한다. 이런 생각은 이나가키 선생님의 지도를 받은 많은 제자가 공유하고 있는 것이라 단언할 수 있다.

생각해보면 나는 너무 오랫동안 이나가키 선생님의 가까이서 일을 해와서 선생님의 업적 전체를 종합적, 계통적으로 배우는 일을 게을리하고 있었고, 내 연구의 많은 부분이 표현 방식은 달라도 이나가키 선생님에 의해서 수십 년 전에 개척되어 있었다는 것을 충분히 인식하지 못했던 것 같다. 이나가키 선생님의 논문을 다시 통독했을 때 통감한 것은 그러한 반성이었다.

더욱 충격적이었던 것은 이나가키 선생님의 수업연구의 발걸음 자체가 전후 65년간의 교육과 수업의 역사를 구조적으로 농축하고 있다는 사실이었다. 수업이라는 구체적이고 미시적인 세계를 대상으로 하는 탐구 속에 전후 역사라는 거시적인 구조가 새겨져 있었던 것이다.

이것은 이나가키 선생님의 수업연구가 변동이 극심한 전후 사

회와 교육의 심장부에 바싹 다가서기위한 노력으로서 전개되었다
는 것을 의미한다. 이나가키 선생님의 방법론을 간결하게 표현한다
면 사례연구와 역사연구와 비교연구를 교착시켜 수업실천의 역사
적, 사회적, 문화적 특징을 구조적으로 해명하려는 시선에 있다고
해도 될 것이다. 세 가지 모두가 전후의 격동하는 사회와 교육에 있
어서 가치와 힘이 길항하는 심장부를 향하여 있었다고 해도 좋을
것이다. 이나가키 선생님의 수업연구 사상은 글자 그대로 근원적
radical이다.

오늘날 학교의 제도적인 한계가 드러나고 교육의 사사화와 시
장화가 가속되고 있는 상황에서 이나가키 선생님의 수업연구를 계
승하는 것은 더욱 어려운 일이 된 듯하다. 그러나 수업의 사실을 공
유하고 실천자와 함께 배우면서 걸어나간다면 아무리 교육의 위기
가 심각하고 많은 곤란이 있다 해도 끝없이 생겨날 실천을 위한 구
체적인 과제를 발견할 수 있으며, 이를 뒷받침할 확실한 견식은 항
상 필요하다. 나 자신도 이나가키 선생님의 한결같은 수업연구의
발자취를 따라가며 수업의 창조에 끊임없이 도전하는 견식을 탐구
해가고자 한다. 이러한 실천자로서의 지적 영위야말로 이나가키 선
생님의 일을 계승하는 자가 탐구해야 할 교육학인 것이다.

이나가키 선생님은 2011년 8월 18일 향년 79세로 영면에 드셨
다.

5장

죽은 자가 깃들어 있는 '나'

—————— 미야자와 켄지의 말과 신체 ——————

1. '나'라는 현상

근대의 작가 중 미야자와 켄지만큼 투명한 말로 '나'라는 일인칭을 기술한 이는 없다. 켄지의 '나'는 일본인의 자아의 심층에 뿌리를 두고 더군다나 그것을 상대화하는 투명한 장치로, 지금 보아도 신선하다.

켄지의 '나'의 출발점을 따라가다 보면 이 주제의 의의가 명료해질 것이다. 일본의 문인들이 사소설私小說*이라는 독자적 형식을 빌려 간신히 성립시킨 근대적 자아와는 전혀 다른 장소에서, 켄지

———————

* 일본 근대소설에 등장하는 작가가 직접 경험한 사실을 소재로 쓴 소설장르. 심경소설이라고도 함.-편주

의 '나'는 성립되어 근대적 자아의 표층을 부수고 있다. 켄지의 '나'
는 사소설의 근대적 자아뿐만 아니라 근대의 주체 그 자체의 표층
성을 부수는 언어로서 성립하고 있다. 켄지의 '나'를 꿰뚫는 투명성
은 그 예리한 날이 비추어내는 빛의 소산인 것이다.

나라고 하는 현상은

가정仮定된 유기교류전등의

하나의 파란 조명입니다.

(온갖 투명한 유령의 복합체)

풍경이나 사람들과 함께

쉴새없이 깜박이며

보란듯이 또렷이 켜져 있는

인과교류전등의

하나의 파란 조명입니다.

(빛은 영원하나 전등은 소멸하리)

— 시집『봄과 아수라春と修羅』의 서문序 중에서, 1924

이 한 구절을 읽은 사람은 '나'가 '유령의 복합체'라는 표현에 깜
짝 놀랄 것이다. '나'라는 주체(가정된 유기교류전등)는 삼라만상이 교
차하는 우주(인과교류전등)의 현상이며, 우주의 에너지 교류가 가져
다주는 하나의 파란 조명이다. 낮과 밤, 빛과 그림자, 존재와 허무,
생과 사, 의식과 무의식, 이승과 저승이 쉴 새 없이 깜박이며 생성

되는 '나'라는 현상은 심상(빛)은 유지하면서도 신체(전등)를 상실하고 있어서 투명한 유령의 복합체로서 위태롭게 존재할 수밖에 없다. 켄지는 마치 죽은 자와 같은 시선으로 '나'를 서술하고 있는 것이다.

'서문序'에는 이 1절에 이어서 "모든 것이 내 안의 모두인 것처럼/ 모두의 각각 속에 있는 모든 것입니다"라는 독특한 우주론cosmology이 기술되어 있다. 여기서 모두란 사람뿐만 아니라 은하나 아수라나 성게海胆 등 우주의 티끌을 먹는 모든 존재이며, '심상 스케치'로 표출되는 풍경의 모든 것이다. 만물과 생생한 교감을 나누는 내 안의 모든 것은 현상임과 동시에 그러한 '나'는 모든 현상 속에 편재한다.

이렇듯 켄지의 '나'는 모든 제약을 끊고 내면으로 침체하는 사소설의 자아와는 이질적이다. 그 특이성에 대해 몇 가지 언급해두고자 한다.

먼저 켄지의 '나'는 하나의 현상이자 가상이며 실체가 아니다. 이러한 '나'는 제4차 연장第四次延長이라 불리는 우주의 심리학에 기반하고 있어 하나의 풍물의 '심상 스케치'로 '나'를 인식하는 방법이 필요했다.

『타네야마가하라』(種山ケ原, 1925)의 선구형의 다음 한 구절은 이러한 '나'의 확장성을 표현하고 있으며 신체와 자연이 하나의 유동체와 같이 서로 섞여 교감하는 모습을 나타내고 있다.

아아, 하나같이 모두가 투명하다

구름이 바람과 물과 허공과 빛과 핵의 티끌로 만들어질 때

바람도 불도 지각도 또 나도 그것과 똑같이 만들어져

정말 나는 물이나 바람이나 그들의 핵의 한 부분으로

그것을 내가 느끼는 것은 물이나 빛이나 바람 전체가 나인 까닭이다.

이러한 '나'의 무한한 확장성은 주체의 신체에 생생한 생명력을 가져다줌과 동시에 우주의 티끌로서 확장되고 흩어지는, 타는 듯한 죽음의 이미지와도 연결되어 있었다. 이렇게 한없이 확장되고 모든 것과 연결되는 '나'가 자율적으로 완결된 개체로서 '나'를 정립시키는 근대의 주체와는 이질적이라는 점은 명료하다.

예를 들면, 켄지의 '나'는 2인칭과의 관계를 전제로 하지 않는 1인칭이다. 켄지는 많은 사람과 친밀한 교류를 맺었지만, 2인칭인 '너'는 켄지가 가장 사랑했던 여동생 토시코(토시)의 경우를 제외하면 소통이라는 형태를 갖추지 못했다. 또한 켄지는 우편이나 철도라는 통신과 교통수단에 이상하리만큼 집착했는데, 켄지의 소통을 위한 매체의 중심이 편지였던 점에도 주목할 필요가 있다.

실제로 켄지의 세상과의 교류는 서투른 것을 넘어서서 우스꽝스럽기까지 하다. 진정한 농민百姓이 되기를 바라며 설립한 라스지인협회羅須地人協会*에서 시작한 꽃장사도, 손수레로 마을에 나가기

---

* 1926년 미야자와 켄지가 현재의 이와테현 하나마키시에 설립한 사숙(私塾).-역주

는 하였으나 한 송이도 팔지 못했을뿐더러 꽃을 무료로 다 나누어 주었다고 한다. 자연의 풍물과의 풍성한 연결 속에서 살아간 켄지의 신체는 세상 사람들과의 관계에서는 번번이 엇갈렸다. 세상을 모르는 유쾌한 괴짜였던 것이다. 그리고 켄지는 가까운 가족이나 이웃보다도 몇억 광년 떨어진 멀리 있는 별에 친근감을 느낀 최초의 일본인이었다.

이러한 켄지의 '나'는 일본어 '나私'의 특징을 비추어주는 거울이다. 예를 들면, 이제까지 일본인의 개성이나 주체성이 결여되어 있는 원인으로 일본어의 '너あなた'와 '나'의 관계가 자율적으로 기능하지 않는다는 문제가 항상 거론되었다. 2인칭에 종속되어 1인칭이 확정되는 일본어의 구조가 경험이나 개성의 자율적인 형성을 막았다고 하는 것이다(모리 아리마사森有正, 1993). 그러나 켄지의 '나'는 이러한 인칭 관계의 분석으로는 설명할 수가 없다. '모든 투명한 유령의 복합체'라는 켄지의 '나'의 정의에는 일본어 '나私'의 독자성에 관한 중요한 통찰이 포함되어 있다고 생각되는 것이다.

일본어 '나私'의 특징 중 하나는 '나'의 복수형(우리, 私たち)이 그대로 1인칭 복수를 표현하고 있다는 것이다. 영어의 1인칭 단수I와 1인칭 복수we 처럼 '나'(개인)와 '우리'(공동체) 사이의 명료한 경계선을 일본어의 '나私'는 가지고 있지 않다. 영어로 we라고 했을 때 듣는 이는 자신을 포함한 we인지 제외한 we인지를 끊임없이 판단해야 하는데, 일본어의 '우리私たち'는 그러한 번잡한 작업을 필요로하지 않는다. '나'와 '우리'의 경계가 모호하고 연속되어 있어 영어

의 'we'처럼 의식적으로 나뉘어 대상화되는 일이 없는 것이다.

여기에 관해 이반 일리치와 『ABC』(1991)의 공동 저자로 알려진 배리 샌더스Barry Sanders는 최근의 저서에서 '나'의 복수형으로 '우리'를 표현하는 유라시아 북부나 동남아시아의 소수 언어에서는 '우리'가 조상 숭배의 신앙을 기반으로 하여 '죽은 자'를 포함하는 개념으로 성립되어 있다는 점에 주목하고 있다. 영어나 독일어나 프랑스어에서의 '나'가 2인칭과의 대상 관계(시민사회) 속에서 만들어진 개념이라고 한다면, 일본의 '나私'는 죽은 이들(공동체의 역사)을 내포하면서 성립된 것이다.

켄지가 '나라고 하는 현상'을 가상이라고 부르며 '모든 투명한 유령의 복합체'로 설명한 것은 '나私'라는 일본어의 고층에 드리워져 있는 심성을 통찰한 것이라고 해도 좋을 것이다. 죽은 자가 깃들어 있는 '나'이다. 투명한 죽은 자가 깃든 현상으로서의 '나'는 소멸한 전등(전통) 속에서 반딧불과 같이 깜박이는 미세한 빛으로밖에 스스로를 표현할 수 없지만, 그럼에도 또렷이 빛나는 빛(의식)이며 이러한 그림자와 빛의 연쇄야말로 '나'라는 현상이라고 켄지는 선언한 것이다.

일본어 '나'의 또 하나의 특징은 공사公私의 '사私'가 1인칭을 표현하고 있다는 것이다. 영어의 'I'나 중국어의 '我'는 사사성私事性을 의미하고 있지 않은 것에 비해, 일본어의 '나'는 공사 관계를 포함하여 기능하고 있다. 1인칭을 의미하는 '나わたし'는 무로마치시대室町時代(1336-1573)에 등장했다고 하는데 그 이전의 '나'는 '공公' 혹

은 조정의 반대어였으며, 은밀하고(『古事記(고사기)』*) 개인적인 집안일(『源氏物語(겐지 이야기)』)을 의미하는 말이었다고 한다(미조구치, 1996).

이렇게 '공'에 종속되어 성립된 '나'는 조심스러운 성격이라는 일본인의 미덕을 낳았지만, 한편으로는 무제한적인 에고이즘의 온상이 되기도 했다. '공'(상위)과 '나'(하위)의 관계는 상대적이며, 커다란 '공'인 사회와 상반되는 가족이나 학벌, 회사는 한 식구로서 자아ego를 관철해왔고, 더욱 큰 '공'인 세계 속에서도 일본이라고 하는 한 식구는 자아ego를 고집해왔다. 그곳에는 자율적인 개인(주체)도, 개개인이 만들어 내는 공공공간도, 양자를 통제하는 원리도 존재할 수가 없었던 것이다.

켄지는 이러한 '공(모두)'과 '나(혼자)'의 관계를 법화경法華経의 법칙에 따라 원리적으로 구성하려 했다. 삼라만상을 통괄하는 법화경의 법칙에서는 국가도 사회도 나도 바람과 비와 나무와 동등한 현상으로서 상대화되어 있었다. 켄지의 '모두'에는 사람뿐 아니라 나무나 동물이나 바람, 물도 포함되어 있었고 '나'는 '모두=공公' 속에 연속적으로 용해되어 있었다. 켄지가 종종 자기희생의 성인聖人으로 오해받는 것은 이러한 연속적으로 순환되는 '공'과 '사'의 관계가 인식되지 못했기 때문이다.

또한 사소설의 '나'가 근대적 자아로서 단일성을 지향한 것에

---

* 코지키, 현존하는 일본에서 가장 오래된 역사서. 나라(奈良)시대 초기에 편찬된 천황가의 신화를 기록함.-역주

비해 켄지의 '나'는 자아의 복수성을 지향한 점도 중요하다. 1인칭의 복수성은 일본어의 특징 중 하나이지만, 켄지는 그것을 자각함으로써 사소설과는 다른 근대화의 길을 탐구한 것이다. 그 분투의 흔적은 켄지의 편지에서 나타나는 1인칭의 복수성과 문체의 다양성에서 찾아볼 수 있다. '소생小生', '저私', '나僕'*, '나俺'**라는 1인칭의 복수성은 상대와의 정신적인 거리감을 표현하고 있으며, 이러한 1인칭에 입각해 서간체와 '입니다, 합니다' 같은 정중체, 구어체, 카타카나 문체를 나누어 쓰고 있다. 가령 부친 마사지로와의 편지에서는 1921년을 전후로 '소생'을 1인칭으로 하는 서간체에서 '저'를 1인칭으로 하는 정중체로 이행하고 있고, 친구인 호사카와의 편지에서는 '저'를 1인칭으로 한 정중체를 기본으로 쓰고 있지만, 가끔 화제나 관계를 반영해 '나'를 쓰는 구어체나 '소생'을 사용하는 서간체를 병용하고 있다.

표현양식의 다양성도 켄지의 언어의 복수성이 드러난 부분이라 할 수 있다. 단가短歌에서 시작된 창작 활동은 동화, 구어시口語詩, 문어시文語詩, 희곡, 가곡으로 확대되어 동일한 테마라도 서로 다른 양식으로 표현하는 도전을 거듭했다. 언어 그 자체의 복수성도 흥미롭다. 표준어 문체의 근저에는 농밀한 사투리의 세계가 있으며, 영어, 독일어, 러시아어와 서역의 불교어, 자연과학의 학술어와 에

---

* 보쿠, 주로 남자가 자신과 동등하거나 손위인 사람에게 자신을 낮추어 하는 표현.-역주

** 오레, 주로 남자가 자신과 동등하거나 손아래인 사람에게 허물없이 자신을 표현하는 말.-역주

스페란토어가 복합적으로 혼재되어 있다. 언어의 장르도 복수적인데, 지질학, 천문학, 생물학, 농림학의 언어, 『고사기』의 언어나 아이누의 언어, 법화경이나 기독교 등 종교의 언어, 동화의 언어 등이 장르를 넘어 혼재되어 있다.

언어 공간도 복합화되어 있다. '이하토브イーハトーブ*'라는 이계異界는 '순식간에 얼음구름 위로 날아올라 순환하는 바람을 타고 북쪽으로 여행을 떠나는 일도 있거니와, 붉은 꽃 아래를 지나는 개미와 이야기를 할 수도 있는' 장소이며 안데르센 동화의 주인공들이나 톨스토이의 이반, 이상한 나라의 엘리스와 조반니나 캄파넬라Campanella나 부도리**나 바람의 마타사부로나 쏙독새의 별よだかの星, 들고양이나 프란돈 농장의 돼지들The Frandon Agricultural School Pig이 함께 지내는 장소였다.

2. 죽음과 재생-'파랑'의 이미지

켄지의 '나'는 언제나 죽은 이의 시선을 의식한 것이었다. 죽은 이는 일상 속에 숨어 있다가 무의식으로부터 갑자기 출현한다. 14세의 켄지는 이미 그 시선을 등 뒤에서 느끼고 있었다.

---

* 미야자와 켄지에 의한 조어로 켄지의 심상세계 중에 있는 이상향을 일컫는다.-역주

** 켄지의 『구스코부도리의 전기』의 주인공.-편주

뒤에서부터 노려보는 자가 있다. 뒤에서 나를 노려보는 파란 것이 있다.

이 단가의 대단한 점은 단 한 글자로 표현된 '파랑靑'의 이미지이다. 파랑으로 표상되는 죽음의 이미지는 1918년, 켄지가 22세 때에 굳어진 것이라 할 수 있다. 징병검사에서 결핵 진단을 받고 그 직후 늑막염을 앓은 켄지는 친구들에게 자신의 남은 생이 앞으로 15년이라고 말한다. 결핵이라는 신체의 병이 그에게 끼친 영향은 자주 거론되어 왔으나, 전쟁이라는 문명의 병 또한 그에 못지 않게 켄지의 작품에 많은 영향을 끼쳤다는 점도 중요하다. 1918년은 1차 세계대전이 끝난 해이다. 사상 최악의 대량학살이라는 끔찍한 현실은 켄지를 두려움에 떨게 했을 것이다. 징병검사 직전의 토막글 「부활하기 전」에는 이렇게 기술되어 있다. "전쟁이 시작된다. 주변에 보이는 모든 생명을 말살하고 전진하라는 명령이 떨어졌다. 나는 검으로 늪이나 변소에 숨어 두 손 모아 빌고 있는 노인과 여자를 푹푹 찔러죽이고 울부짖으며 전진한다." 켄지는 전쟁 반대론자는 아니었다. 징병검사를 받은 것을 보아도 그렇고, 훗날의 시베리아 출병(1922)을 보아도 건강하기만 하다면 스스로 지원하려는 의지가 있었다. "전쟁이라든지 병이라든지, 학교와 집, 산이나 눈도 모두 같은 하나의 현상"(부친에게 쓴 편지에서, 1918)이라 여기는 것이 법화경의 길이라 믿고 있었기 때문이다. 그러나 '죽이는 자＝침략자'의 입장으로 전쟁에 참여한다는 것의 의미를 깨달은 켄지의 마음 속에는 그 책임으로 인해 수많은 죽은 이의 망령이 깃들어 살게 된 것이다.

내 안에 검은 강이 빠르게 흘러, 수많은 죽은 자와 파랗게 산 자가 함께 흘러갑니다. 파란 사람은 긴 팔을 뻗어 몸부림쳐보지만, 떠내려갈 뿐입니다. 파란 사람은 팔을 길게 길게 뻗어 앞서 흘러가는 사람의 다리를 붙잡습니다. 머리채를 잡아채 그 사람을 물에 빠뜨리고 자신은 앞으로 나아갔습니다. 어떤 사람은 화가 나서 몸을 찢어발겨 살점을 다 뜯어 먹었습니다. 물속으로 가라앉으면서도 분노는 검은 철의 기체가 되어 그 옆을 헤엄쳐가는 것을 덮칩니다. 흘러가는 사람이 저인지 아닌지는 아직 잘 모르겠습니다만, 아무튼 그렇게 느낍니다. (친구 호사카에게 보내는 편지 중에서, 1918)

켄지의 심상 속을 흐르는 수많은 죽은 이의 무리. 같은 해 켄지는 이 이미지를 단가의 연작 「파란 사람의 흐름」에서 다음과 같이 표현하는데, 이 '파란 사람'이야말로 켄지의 '나'를 형성하는 아수라修羅의 원형일 것이다.

저곳은 어느 곳의 강의 풍경인가 죽은 이가 흘러가
어떤 때는 파란 팔로 서로 당기는 흐름 속의 파란 망자들
어깨와 등을 다 먹힌 죽은 이가 소생하여 화내고 통탄하여
창백하게 흐르는 강의 언덕에 올라온 죽은 이의 무리
머리만 사람을 떠나서 이를 갈며 하얀 흐름을 지나간다

이 강에서는 죽은 이도 망자이다. 죽은 이는 소생하여 파란 사

람이 되어 분노하고 개탄하며 서로 잡아먹어 다시 죽은 이가 된다. 켄지가 '파란 사람'(아수라)이라는 것은 마지막 한 구절을 보면 분명하다. 같은 해에 창작된 문어시 「흘러가리라ながれたり」에서는 같은 정경을 "파랗게 질린 사람과 주검/ 수도 없이/ 물을 맞으며 흘러내려 간다/ 하늘색 물과 주검/ 수도 없이"라고 노래하고 있는데, 이 파란 정경은 켄지를 아수라의 의식으로 인도했다.

아수라를 표상하는 파란색은 켄지에게 있어서 극한까지 도달한 분노를 표상하는 색이기도 하다. 2년 후 호사카에게 보낸 편지에는 다음과 같은 구절이 있다.

> 분노가 확 달아올라 몸이 에탄올에 빠진 것만 같습니다. 책상에 앉아서 누군가의 말을 떠올리자니 불현듯 온몸으로 책상을 내려치고 싶어졌습니다. 분노는 빨갛게 보입니다. 너무 강렬할 때는 분노의 빛이 극에 달해 물처럼 느껴집니다. 그리고 결국에는 새파랗게 보입니다.(1920)

이어서 켄지는 "슬픔은 힘으로, 욕망은 자비로, 분노는 지혜로 인도되어야 한다"라는 기도의 말을 쓰고 있는데, 이 슬픔, 욕망, 분노의 구제를 갈망하여 본격적인 창작활동에 들어간다.

켄지의 창작행위가 생명을 구가하는 욕망이 아니라 죽음으로 향하는 악마적 욕망을 근원으로 하고 있었다는 점이 중요하다. 켄지의 작품에는 낭만주의나 휴머니즘을 파쇄하는 장치가 내재되어 있었다. 『쏙독새의 별』은 비극이 아니라 환생에 관한 황홀한 드라

마이며 구스코부도리와 캄파넬라도 동경 속에서 생명을 연소시킨다. 이러한 죽음을 향한 욕망(타나토스)은 아수라의 신체에 있어서 생(에로스)을 눈부실 만큼 연소시키는데, 그러한 에로스도 우주의 티끌인 별을 향한 동경이라는 욕망의 위험한 암유暗喩로 해소된다. '나'를 끌어내어 만들어가는 신체, 그러한 '나'를 해체시키고 태우는 신체, 미야자와 켄지는 이렇게 두 갈래로 분열된 신체를 살아간 시인이었다.

켄지는 죽음에 직면할 때마다 광인이 되어 '나'를 해체시키고 그 균열을 메우는 말을 생성시켜 나갔다. 환생과 신생을 열망한 켄지는 시와 문학의 언어가 생과 사의 중간영역(중유, 中有)에서 탄생한다는 것을 누구보다도 잘 이해하고 있었다.

사실 켄지는 6세 때 적리(이질의 한 가지)를 앓아 구사일생으로 살아난 이후에도 몇 번이나 병사할 위기에 직면했다. 18세 때는 비후성비염 수술로 입원, 22세의 징병검사에서는 폐결핵 판정을 받은 후 늑막염으로 입원했고, 32세 때는 과로와 영양실조로 입원한 후 급성폐렴을 앓아 37세까지 폐결핵으로 고통받았다. 켄지의 창작행위는 끊임없는 죽음의 예후와 인접한 상태에서 이루어진 것이다.

'파란 사람'의 이미지가 소멸 한 뒤 켄지의 창작행위는 무한한 퇴고 행위로 이행했다. 켄지의 주요 작품은 단기간에 폭발적으로 탄생한 것이다. 특히 갑자기 상경하여 코쿠츄카이国柱会의 활동에 관여한 1921년(25세) 1월부터 "토시 병 빨리 돌아와라"라는 전문을

받고 귀향한 9월까지는 가장 왕성한 창작 활동을 전개한 시기였으며, 커다란 트렁크 한가득 원고를 보이며 "한 달에 3000장이나 썼을 때는 원고용지에서 글자가 튀어나와서 주변을 돌아다녔다"고 했다고 한다(미야자와 세이로쿠宮澤清六『형의 트렁크兄のトランク』, 1987, 치쿠마쇼보). 이러한 창작의 폭풍은 토시의 죽음으로 중단된 시기까지 포함하면 라스지인협회를 설립한 1926년(30세) 즈음까지 계속되었다. 이 약 5년여간의 시간이 켄지가 '아수라로서의 나'를 살았던 기간이었다.

'파란 사람'이라는 '아수라'가 되어 그림자와 빛의 연쇄를 떼어 내 신체의 말로서 자아낸 켄지는 일본 고대 이야기의 전통을 계승하고 있었다. 사이교西行*나 마츠오바쇼松尾芭蕉**가 영靈에 이끌린 여행을 통해서 시적 세계를 구축했듯, 켄지도 산이나 숲을 배회하며 바람이 가져다주는 영의 말에 귀를 기울이고 그 말들을 스케치하듯이 적어갔다. 『주문이 많은 요리점』(1924)의 서문에는 "나의 이 이야기는 모두 숲이나 들이나 철로 등에서 무지개나 달빛으로부터 받아온 것입니다"라고 기록하고 있다.

영의 이야기라는 켄지의 방법은 토호쿠지방의 신들린 무당의 이야기나 일본 전통예능인 노能의 악곡 속에 있는 말투와 비슷하

---

*   12세기 승려이자 시인.-편주

**   1644~1694년. 에도시대의 문학가.-역주

다(카와무라川村, 1996). 오리구치 노부오折口 信夫*가 말하는 "모든 사물은 영의 뜻이다. 영계의 존재가 사람의 입을 빌려서 말하기 때문에 이야기物語**인 것이다"(야마토 시대의 문학, 『오리구치 노부오 전집』, 8, 1966)라는 이야기의 정의는 켄지의 생각과 같은 것이었다. 그 이야기의 말하는 이를 켄지는 아수라로서의 '나'에서 찾았던 것이다.

3. 분열되는 아수라의 신체

『봄과 아수라』의 다음 구절에서 켄지는 '나おれ'라는 1인칭으로 번민에 몸을 태우며 광야를 왕래하는 '아수라'로서의 자기상을 노래한다.

분노의 떫고 덜 여문 파란색
4월 하늘에서 쏟아지는 빛의 바닥에서
침을 뱉고 이를 갈며 어슬렁거리는
나는야 그저 아수라이어라

또한 다음과 같이 노래한다.

---

* 1887~1953년. 민속학자, 일본문학자, 일본어학자.-역주

** 이야기를 일본어로 '物語'라고 하는데, '사물 혹은 사물 안에 서려 있는 영혼이 말한다'라는 뜻이 포함되어 있다.-역주

진심은 소멸되고

구름은 찢겨져 하늘을 난다.

아아 빛나는 4월 하늘 아래

이만 벅벅 갈아대며 어슬렁거리는

나는야 그저 아수라이어라

때는 봄. 살아 있는 모든 것이 신비로운 빛을 연주하는 계절이지만 '사방은 온통 아첨으로 가득한 모습'이라 기록되어 있듯이 '아수라'에게 있어서는 생명의 격렬함 때문에 운명의 부조리에 분노하고 번민에 속 썩는 계절이기도 하다. 모두 이중의 풍경인 것이다. 이전에 '파란 사람의 강'에 비유되었던 심상 세계는 여기서는 '빛나는 4월의 해류와 같은 하늘의 바닥에 사는 아수라의 세계'로 그려지고 있다.

아수라란 육도(지옥, 아귀, 축생, 아수라, 사람, 하늘)의 하나이며, 분노와 모욕과 어리석음의 업에 의해 깊은 바다 속에 잠겨 제석천帝釈天과 싸워야만 하는 숙명을 부여받은 악신의 이름이기도 하다. 이 아수라라는 자기의식은 여동생 토시와의 위험한 관계 없이는 탄생하지 못했을 것이다. 켄지의 여동생으로는 토시 외에도 시게가 있었고 연애감정은 다른 여성과의 사이에도 보이지만, 일본의 고유어인 '이모토(여동생)'와 연결되는 여성은 토시코 외에는 존재하지 않았다. 서로가 인간 세계에서 아수라의 성불의 길을 찾고 있었다는 점에서 켄지와 토시는 누구와도 대체 불가능한 관계를 맺고 있었던 것이다. 토시코도 마찬가지이다. "여러 개의 나무 조각으로/ HELL 이라 쓰고 그것을 LOVE로 고치고/ 하나의 십자가를 세운다"(「오호츠크 만가」)로 회상되는 토시의 모습은 토시코 또한 아수라의 의식을 공유하고 있었다는 것을 암시하고 있다.

그런 토시의 죽음(1922년 11월 27일)으로 인해 아수라의 말은 한층 애달프게 울려 퍼지고 있다. 둘도 없는 종교상의 동지이자 가장 사랑했던 여성인 토시코를 잃고 '검푸른 수라도修羅道를 걸었던 나'(『무성통곡』)는 이듬해 제자의 취직을 주선하기 위해 카라후토에 가서 잠시 머물며 떠도는 토시의 영혼을 달래고 스스로 위로받을 말을 찾는다. 이것은 바람 한 올 한 올의 이야기를 엮으며 토시의 환생과 신생을 지켜보는 여행인 동시에 켄지 자신의 죽음과 재생의 여행이기도 했다.

이러한 죽음과 재생의 무대는 아오모리青森와 오호츠크가 아니면 안 되었다. 토시의 볼을 상징하던 사과의 이미지가 아오모리와 닮았기 때문만이 아니다. 켄지의 북방문화 취향이나 토시의 "진눈깨비를 가져다 줘"라는 마지막 말에 담긴 눈雪의 이미지가 그를 북쪽으로 인도하였기 때문만도 아니다. 토시의 신생을 '한 쌍의 커다란 하얀 새白い鳥'로 보고 그 뒤를 쫓듯이 기차를 탄 켄지는 아오모리와 오호츠크의 풍광 속에 안부를 묻는 노래를 엮어 보냈다. 「아오모리 만가」는 파란(죽은 이) 숲(무리)을 향한 애도곡이다. 밤의 철도 여행은 죽은 이를 향한 애도를 더욱 절절하게 하였을 것이다. 기차라는 것은 외부의 풍경이 보였다가 사라지는 기묘한 심리적 장난으

로 우리 시공의 의식을 혼탁하게 한다. 켄지도 밤 차창의 어렴풋함 속에서 토시의 죽음과 사후의 연속성, 즉 사유四有, 생유生有, 본유本有, 사유死有, 중유中有를 확인하였음이 틀림없다.

그런데 그 확신을 흐트러뜨리는 것이 '나'라는 1인칭과 짝을 이룬 '너'라는 2인칭 혹은 '그 녀석'이라는 3인칭의 토시코이다. 이미 부재를 나타내는 암호에 지나지 않을 '너'나 '그 녀석'은 켄지의 신체에 다시 한 번 깊은 균열을 만들며 환생한 토시코를 다시 불러오고 만다. 그 결과 『아오모리 만가』는 한자(의미)를 최소한으로 줄이고 히라가나(음)을 통해 표현되었고, 『오호츠크 만가』의 「훈카완噴火灣(녹턴)」에서는 다음과 같은 통곡의 말로 침묵 속에 녹여낼 수밖에 없었던 것이다. 그리하여 처음으로 토시의 죽음이 죽음으로 받아들여진 것이다.

아아, 아무리 이성이 가르쳐주어도
나의 외로움이 낫질 않는다
내가 느낄 수 없는 다른 공간에
지금까지 여기에 있던 현상이 비친다
그것은 너무나도 외로운 일이다
(그 외로움은 죽음이라고 부른다)
만약 그 다른 눈부신 공간에서
토시코가 살며시 웃는다면
나의 슬픔으로 일그러진 감정은

자꾸만 어딘가에 숨겨진 토시코를 그린다

토시의 환생과 신생을 염원하는 켄지는 토시코라는 고유명사를 지우지 않으면 안 되었다. 그러나 어떻게 켄지로부터 토시코의 이름을 지울 수가 있을까. 아무리 "모두 옛날부터 형제이니까/ 결코 한 명만을 위해 기도해서는 안 된다"라고 스스로를 깨우치며 "나는 딱 한 번이라도/ 그 녀석만이 좋은 곳으로 가면 된다고/ 그러한 기도는 하지 않았다고 생각합니다"라며 「아오모리 만가」를 끝맺으려 해도, 10일 후의 「훈카완(녹턴)」에서는 토시코를 향한 연모를 숨기지 않는다. 이런 트라우마가 '혼자'를 축으로 세계를 구성해온 켄지를 모두를 축으로 하는 사고로 변모시킨 것이 아닐까.

이니시에이션(죽음과 재생)의 기법으로서 여행이 유용한 것은 출발 전에는 내부에 침전되어 있던 자신이라는 존재를 귀환 후에는 외부로부터 현상으로 인식할 수 있기 때문이다. '나'라는 존재를 형상으로 치환하는 회로가 거기에 있다. 이렇게 하여 『봄과 아수라』의 서문에서 나온 '나라고 하는 현상'의 해명은 '토시코'와 '나'의 모든 관계를 묻고 장례를 치르는 여행을 통해 달성된 것이다.

4. 표현하는 아수라의 신체

　『봄과 아수라』와『주문이 많은 요리점』은 모두 '심상 스케치'라 불리는 독자적인 방법, 즉 아수라의 신체를 통해서 사물의 언어를 적어가는 방식으로 창작되었다. 아수라의 신체는 동경이나 슬픔이나 분노로 마음을 졸이고 모든 사물과 생생하게 교감하는 소년과 같은 신체이다. 말이 말로서 맺히는 감각이 피처럼 흐르고 있는 신체라고 해도 좋다. 이러한 아수라의 신체는 「눈을 건너서雪渡り」의 다음 문장과 같은 언어 세계를 어렵잖게 창출하고 있다.

　눈은 꽁꽁 얼어서 대리석보다 딱딱했는데 하늘도 차갑고 매끄러운 파란 돌 판자로 만들어져 있는 것 같습니다.
　'딱딱한 눈 딱딱, 젖은 눈 척척'

　대리석 결정과 같이 동결한 눈밭은 파란 돌 판자와 같은 하늘의 차가움과 매끄러움을 배경으로 하는 것으로 "딱딱한 눈 딱딱, 젖은 눈 척척"이라고 노래하는 어린아이들의 따뜻한 목소리까지도 얼어붙게 하여, 그 부드러운 목소리의 울림을 광물의 빛과 같이 차갑게 동결시키고 있다. 이러한 세계는 언어가 신체감각으로부터 이탈하지 않은 아이들의 심상 속에서 체험되는 세계이며, 그렇기 때문에 시로四朗와 칸코かん子가 발하는 "딱딱한 눈 딱딱, 젖은 눈 척척"이라는 주문과 같은 말은 아기 여우 콘자부로子狐の紺三郎와의 유쾌한

교감을 가능하게 하는 것이다. 실제로 아기 여우 콘자부로가 적절하게 지적하고 있듯이 켄지의 요토카이幼灯会에는 12살 이상은 들어오지 못했던 것이다.

물론 심상 스케치라는 방법은 어른에게도 매력적인 방법이다. 예를 들면, 「사할린과 8월」의 다음과 같은 한 구절과 같이 말이다.

> 저 멀리 바다가 공작석 색깔과 짙은 감색으로 무늬를 만든 경계 어디쯤에서 너무나 투명한 바람들이 파도를 위해 조금씩 흔들리며 빙그르르 모이더니 내게서 가져간 조각난 말들로 너덜너덜해진 지도를 맞출 때처럼 숨죽이고 응시하며 이리저리 맞춰보고 있는 것을 나는 일순 보았습니다.

사할린 바다의 광경에 투영된 깊은 슬픔 속에서 해체된 언어의 조각이 바람과 파도의 너울거림 속에서 다시금 합쳐지는 모습이 훌륭하다. 이러한 풍성한 표현력은 문학적인 수사학이 아니라 아수라의 신체가 만들어 내는 풍경, 자연과의 생생한 교감에서 유래하고 있으며, 거기에 켄지는 말이 말로서 생성되는 기초를 이끌어내고 있다. 나 자신도 이국땅에서 『봄과 아수라』를 읽고 일본어의 생생함에 경탄한 경험을 가지고 있는데 켄지는 시베리아라는 이국을 전망하는 사할린을 일본어의 성지로 인식했던 것 같다. 실제로 거의 무명으로 지낸 켄지였지만, 생전 출판한 두 권의 책(『봄과 아수라』와 『주문이 많은 요리점』)은 타지와 전쟁터에서 많은 독자를 획득하고 있었다고 한다. 아수라로서의 '나'는 일본이라는 보이지 않는 제도로부터 '나'의 신체를 뜯어내는 장치이기도 했다.

5. 무산되는 '나'

그러나 과연 켄지는 아수라로서의 '나'로 계속 살아갔을까? 아수라라는 자기규정이나 아수라의 신체로부터 말을 엮어내는 방법은 하나마키농업학교花巻農学校의 교사를 그만두고 라스지인협회 활동에 몰두한 1926년 이후, 즉 진짜 농사꾼이 되는 길을 선택하고 난 뒤로는 차츰 그 그림자가 옅어지다가 동북쇄석공장東北砕石工場에서 일에 몰두했던 1931년 즈음부터는 소멸한 것으로 보인다. 적어도 "평범한 농사일이 나에게는 견디기 힘들다"(호사카에게 보낸 편지 중에서, 1919)고 하던 켄지에서 진짜 농사꾼이 되려는 켄지로의 변화는 분명했고, '절대 화내지 않고'와 '멍텅구리'인 '나'를 선언한 보살계의 켄지가 아수라계를 살아간 켄지와 다른 것도 명료하다. 켄지의 '나'는 진짜 농사꾼을 예찬한 『농민예술개론강요』(1926)에서 아수라로부터 이탈하기 시작하여 동북쇄석공장에서의 일을 통해 보살의 신체로 변용한 것이 아닐까. 그러한 변모의 증거는 '나'의 복수성의을 통해 드러난다.

켄지의 '나'의 복수성은 "모든 것이 내 내면의 모든 이를 존재하는 것처럼/ 모든 이 각자의 내면에 있는 모든 것이므로"라 노래했던 우주론을 기초로 하고 있었다. 이 우주론의 특징은 중심이 모든 곳에 편재하며 이들이 합쳐져서 하나의 우주론을 구성함과 동시에, 그들 하나하나가 독자적인 우주론을 구성하고 있는 점에 있다. 이렇게 복수적으로 편재하는 우주론에 있어서 "모두 나와 명멸하여/모두가 동시에 느끼는 것"으로서 '나'라고 하는 '파란 조명'이 기록되어 있었던 것이다.

그러나 『농민예술개론강요』(1926)의 "세계가 전부 행복해지지 않는 한 개인의 행복은 있을 수 없다"라는 유명한 구절은 보편적인 중심을 설정하여 모두가 혼자보다 우선시된다. 이러한 강요는 국가주의로의 직접적인 편향은 피하고 있을지언정 예술과 과학과 노동을 일원화하고 노동을 미학화한다는 점에서 보편주의와 전체주의를 지향하고 있음은 부인할 수 없다. 농업도 중심을 일원화하고 있다. 켄지가 그려내는 농업은 아이누의 노동과의 연속성도 의식하여 벼농사를 중심에 두고 있지는 않았지만 『구스코부도리 전기』에서는 '벼'가 중심적인 작물로 벼농사가 특권화되어 있다.

한 번 더 켄지의 '나'의 복수성의 의의를 확인해두자. 원래 이계로서의 '이하토부'는 정치나 경제를 매개하지 않고 자유자재로 왕래하는 문화를 가진 성지였다. 사할린을 향한 특별한 관심도 그곳이 토호쿠지방의 기원과 관련이 있으면서도 서역이나 서양으로 연결되는 요소로서 인식되고 있었기 때문이다. 켄지가 사할린으로 여행한 1923년은 연락항로를 포함하여 우에노上野에서 사할린의 사카에하마역栄浜駅까지 통하는 철도가 전면 개통한 해였다. 현재로서는 믿기 어렵지만, 1912년에는 이미 우에노역에서 사할린을 경유하여 블라디보스토크에서 환승하는 도쿄발 시베리아 철도 직결편인 모스크바행과 파리행의 국제침대열차가 개통했던 것이다.

그러고 보면 『주문이 많은 요리점』은 러시아식의 서양요리점으로, 영국 군대의 모습을 한 신사에게 들고양이가 덤벼드는 이야기였다. 또한 켄지에게 있어서는 일본도 탈 중심화되어 있었다. 『도토리와 들고양이』에서 이치로一郎와 들고양이를 가로막고 있던 것은 국어 능력이었으며 이치로가 말하는 국어는 들고양이가 싫어한 '멀리서 적을 공격하는 무기'나 '토리들을 제압했던 마차의 가죽 회초리'를 초월하는 힘을 발휘하는 것으로 묘사되어 있다. 켄지의 일련의 작품은 니시 마사히코西 成彦가 『숲의 게릴라 미야자와 켄지(森のゲリラ 宮沢賢治)』(1997)에서 갈파했듯이 식민지문학으로서 다시 읽힐 필요가 있다.

켄지의 '나'의 복수성은 일본문화의 복합성도 표현하고 있었다. 죠몬 문화와 야요이 문화, 아이누 문화와 야마토 문화, 농민 문화와 산인 문화, 곡물의 문화와 낙농의 문화, 나아가 표준어와 사투리, 아이누어, 영어, 독일어, 이탈리아어, 러시아어, 산스크리트어, 에스페란토어 등 언어의 복합성은 이문화가 혼재된 언어의 가능성을 표현하고 있으며, 단가短歌, 구어시, 문어시, 동화, 희곡, 가곡 등의 다양한 양식으로 표현된 작품군은 일본어 표현의 복합성과 다층성을 나타내고 있었다.

그렇다면 중심점을 '혼자'에서 '모두'로 이행시킨 『농민예술개론강요』이후의 켄지는 어떻게 이해하면 좋을까? 『농민예술개론강요』는 오스발트 슈펭글러Oswald Arnold Gottfried Spengler나 윌리엄 모리스William Morris 등 서양의 몰락으로 이어지는 오리엔탈리즘에 입각해 마련되었으며, "자아의 의식은 개인으로부터 집단사회우주集團社會宇宙로 점차 진화한다"는 직선적인 진화론은 제국주의의 중심화를 추진하는 논리를 제공하고 있다. 그리고 "먼저 빛나는 우주의 티끌이 되어 끝없는 하늘로 뿌려지자"라는 신체 없는 투명한 주체로의 소망을 말하고 있다.

그렇다고 하더라도 토호쿠 쇄석공장에서 석탄암 채굴의 기술지도와 판매에 헌신하던 시절의 켄지를 이야기하는 것은 마음이 아프다. 왜 그렇게까지 몸을 깎아가며 죽음으로 돌진해야 했던 것일까. 경영자인 스즈키鈴木 東蔵에게 보낸 수많은 편지는 모두 영업 문서이며 '나'를 주격으로 하는 내면의 언어를 켄지는 한마디도 쓰지 않았다. 또한 켄지의 연수입 600엔은 부친 마사지로政次郎가 켄지의 취업을 위해 몰래 스즈키에게 보낸 돈이었다.

석회암에 의한 토양의 개량은 비료 값을 낼 수 없는 토호쿠의 농민에게 있어서는 틀림없이 가장 좋은 방법이었다. 그러나 그것뿐만이 아닐 것이다. 석회암은 고대의 물풀, 유공충, 조개류, 산호 등 생물의 뼈나 껍질이 응고한 암석이며, 말하자면 생명의 흔적이 응축된 시체이다. 석회암에 의한 토양 개량은 시체를 환생시키는 종교적 실천이 아니었을까. 켄지 자신이 스스로의 신체를 혹사하고 태워서 우주의 티끌인 석회암으로 환생한 것이다. 이러한 켄지의 행보와 죽은 이를 말소하고 '나'를 모호하게 만들어온 근대 이후 일본인의 역사를 겹쳐서 볼 때, 그 좌절의 궤적에서 배울 수 있는 것은 너무나 크다.

인용문헌

『신교본, 미야자와 켄지 전집』, 전,16권, 별권1, 전 19편, 2009, 치쿠마
쇼보.

참고문헌

- 이반 일리치 외, 1991, 『ABC』, 이와나미쇼텐.

- 카와무라 쿠니미츠, 1996, 『민속 공간의 근대』, 죠우쿄출판.

- 미조구치 유조, 1996, 『공사公私』, 산세이도.

- 모리 아리마사, 1993, 『경험과 사상』, 이와나미쇼텐.

저자후기 ————

본서에 담겨있는 논문의 대부분은 2000년 전후에 집필한 것이
다. 나의 철학적 편력에 대해 말하자면, 급진적 프래그머티즘에 의
한 탈구축주의와 포스트구조주의라는 입장은 젊은 시절부터 변하
지 않았지만 2000년 이후에는 문화연구cultural studies의 영향을 받
아 포스트 모더니즘 비판의 방법을 모색하는 동시에 문화의 정치학
으로서의 교육학을 모색했다. 이 시기에 쿠리하라 아키라栗原彬 씨,
코모리 요이치小森陽一씨, 요시미 슌야吉見俊哉 씨와 함께 『시리즈, 경
계를 넘는 앎』(전 6권, 0권 『내파하는 앎』을 포함하여 합계 7권, 도쿄대학출
판회)을 편집한 경험은 그 후 나의 철학적 탐구에 결정적인 영향을
미쳤다. 이 책의 1부 1장과 2장, 2부의 1장은 이 시리즈에서 집필한
문장이 기초가 되었다.

같은 시기에 나의 교육연구도 전환점을 맞이하고 있었다. 하나는 1998년에 치가사키시茅ヶ崎市 교육위원회와 협력하여 창설한 파일럿 스쿨인 하마노고 소학교浜之郷小学校가 '21세기의 학교'로서 국내외의 관심을 모아 '배움의 공동체'를 표방하는 학교개혁이 폭발적으로 퍼진 일이다(2012년 현재 국내의 소학교 1500개교 중학교 2000개교 고등학교 300개교가 개혁에 도전하고 있으며, 파일럿 스쿨은 약 300개교이다. 일본 국외에서는 중국, 한국, 멕시코, 싱가폴, 베트남, 인도네시아 등에서 실천 중이다).

　또 하나의 전개는 국제화이다. 나의 연구는 일본과 미국의 교육과정 개혁과 교사교육 개혁의 협동연구를 기반으로 하고 있었는데, 이 시기에는 전미 교육 아카데미 회원 선출(2001년), 미국 교육학회 대회회장 초대기조강연(2006년), 미국 교육학회 명예회원 선출(2009년) 등의 영예를 얻어 라틴 아메리카 각국과 유럽 각국의 교육학자와도 연계를 강화했다. 여기까지는 예측한 범위 내의 일이었으나 유럽 및 미국과 병행하여 한국, 중국, 싱가포르, 홍콩, 인도네시아, 베트남, 타이완 등 아시아 각국의 교육개혁에 관여하게 될 줄은 상상하지 못하였다. 특히 중화인민공화국 인민대회당에서의 초대강연(2006년), 한국 대통령 자문 교육혁신 위원회의 초대강연(2006년) 이후 중국과 한국에서의 '배움의 공동체' 학교개혁의 눈에 띄게 활발해져 나의 연구는 국제화 속에 놓이게 되었다. 최근 10년간의 논문과 저서의 많은 부분이 영어뿐 아니라 중국어, 한국어, 독일어, 프랑스어, 스페인어로 번역되어 출판된 것은 놀라운 일이다.

학술연구는 국제화에 의해 보편성을 획득한다. 용어체계나 개념의 의미를 다른 언어로 치환하여 되묻는 과정을 통하여 번역어와 개념을 재고하는 것 자체가 철학적 내성을 촉진하는 것이다.

또한 이 시기는 수많은 직책의 중압감에 눌리는 나날이기도 하였다. 일본교육학회회장(2003~09년), 도쿄대학 대학원 교육학연구과정(2004~06년), 일본 학술회의 회원(2003년 이후 제1부 부부장副部長, 2005~2008년), 부장(2011년~현재) 등의 중책를 맡았는데, 이러한 중책은 행정적 능력이나 실무 능력이 누구보다도 떨어지는 나에게는 큰 짐이 되었다. 사실 2010년에 큰 수술로 기적적으로 건강을 회복하기까지 말 그대로 목숨을 건 고난의 날이 계속되었다. 이러한 경험이 연구에 가져다준 것은 거의 아무것도 없으며 이로 인해 학문연구가 정체기를 맞이한 것 또한 인정하지 않을 수 없다.

다행히 이 책의 대부분은 그 이전의 시기, 즉 학문의 뮤즈가 아직 내 몸에 머물고 있을 때의 논고이다. 학문의 뮤즈는 내가 추구한다고 해서 모습을 드러내지 않는다. 뮤즈 쪽에서 나에게 찾아와 주어야 한다. 또 다시 학문의 뮤즈가 나에게 와줄지 아닐지는 미지수이지만, 적어도 특정 시기에는 분명히 나의 연구가 빛날 수 있도록 축복해주었다. 그 일말의 빛을 이 책에서 느껴주신다면 행복하겠다.

마지막으로 이 책의 출판에 대해 이야기하고 싶다. 도쿄대학출판회와의 만남은 박사학위 과정논문『미국 교육과정 개조사 연구-

단원학습의 창조』(1990년)를 출판했을 때로 거슬러 올라간다. 이 책은 30대 중반의 미숙한 연구자가 저술한 지루한 전문적 학술서임에도 지금까지 절판되지 않고 거듭하여 출판되고 있다. 감사할 따름이다. 그때부터 도쿄대학출판회 편집부의 이토 카즈에伊藤一枝 씨로부터 다음 단행본을 출판하자는 의뢰를 받았고, 이토씨의 후임인 고토 켄스케後藤健介 씨도 매년 단행본 출판을 권해주셨다. 그러나 나의 태만으로 23년간 약속을 지키지 못하고 있었다. 올해 60세가 된 것을 계기로 24년간 근무한 도쿄대학을 퇴직하면서 어떻게든 이 약속을 지키고 싶어서 이 책의 출판을 결의하게 되었다. 지금까지 출판을 계속 권해주신 이토 카즈에 씨와 고토 겐스케 씨에게 깊은 사죄와 감사의 말을 드리고 싶다.

나의 연구는 아무리 생각해도 '행복한 교육학 연구'인 것 같다. 나만큼 좋은 스승을 만나고, 국내외의 좋은 동료를 만나고, 좋은 대학원생과 학생을 만나고, 또 좋은 문학자 사회과학자, 예술가, 철학자의 선배 및 친구를 만나고, 학교 현장의 좋은 교사들과 좋은 학생들을 만난 축복받은 교육학자는 없을 것이다. 그중에서도 학문연구의 출발점으로부터 37년간 은사 이나가키 타다히코 선생님에게 배우고 격려받은 것이 얼마나 행복했는지 모른다. 그러한 이나가키 타다히코 선생님이 2011년 여름, 병으로 돌연 타계하셨다. 향년 79세셨다. 이제는 고인이 되셨지만 이나가키 선생님과 나의 사제 간 대화는 앞으로도 끊이지 않고 평생 계속될 것이다. 이 책

을 이나가키 선생님께 바치며 크나큰 학은에 대한 작은 보답으로
삼고자 한다.

2012년 3월 10일 도쿄대학 마지막 강의의 날에

저자

역자후기 ————

　일본 도쿄대학교 대학원 교육학 연구과 사토 마나부 연구실에서 교육학을 배우기 전까지 나에게 있어서 '철학'은 어딘가 난해하고 거리가 있는 추상적인 학문이었다.

　하지만 대학원에서의 배움은 나에게 '너에게 있어서 학교란 어떤 장소인가?' '교사란 어떤 존재라 생각하는가?' '아이들의 배움은 어떠해야 하는가?' 등의 근본적인 물음을 끊임없이 던져주었고, 철학이란 먼 곳에 있는 것이 아니라 나의 학문과 삶 하나하나에 대해 내가 어떠한 생각과 태도를 가지고 있느냐를 묻는, 대단히 구체적이고 실천적인 학문이라는 것을 알게 되었다. 교육이란, 학교란 무엇이고 어떠해야 하는가에 관한 철학을 가장 선명하게 보여준 것 중의 하나가 은사 사토 마나부 선생님이 교육학을 탐구하는 모습

그 자체였다. 일본에서는 손에 꼽힐 만큼 저명한 교육학자이면서
도 그 누구보다 오랜 시간을 학교 현장에서 보내고, 지금은 일본뿐
만 아니라 한국, 중국, 대만 등 해외의 학교에도 방문하셔서 교사들
과 협력하며 아이들의 배움을 보장하기 위한 학교개혁에 앞장서고
계신다. 학술연구와 학교현장, 이론과 실천을 왕복하는 자신을 가
리켜 일본어 표현으로 '두 켤레의 짚신을 신고 일한다(二足の草鞋を
履く :원래는 양립할 수 없는 두 가지 일을 동시에 하고 있다는 뜻)'고 하시며
교육학이라는 학문은 늘 학교 현장과 소통해야 하고 교육학자는 교
사의 지혜로부터 배워야 한다고 강조하셨다.

　　사토 선생님의 현장과 연구실을 오가시는 모습에서 교육과 학
교, 교사에 대한 철학을 선명하게 읽을 수 있었고 그 철학이 현재
나의 연구와 교육에도 굵고 견고한 맥으로 흐르고 있다.

　　현재 '한국 배움의 공동체'의 실천에도 영향을 끼치고 있는 사
토 마나부 선생님의 학교개혁 철학은 많은 사람의 사상과 학문에
영향을 받아 형성된 것이며 이 책은 그러한 사토 선생님의 철학의
근간을 이루는 몇몇 인물들, 사실들과의 철학적 대화에 관한 논고
를 모은 책이다. 잘 배우는 사람의 가장 큰 특징은 겸손함modesty이
라고 당신이 제자들에게 늘 강조하셨듯이, 일본 국내는 물론 많은
나라의 학교와 교사들에게 큰 영향을 끼치고 있는 학교개혁의 철학
이 사토 선생님 자신이 만난 사람들과 직접 경험한 일들로부터 겸
허하게 배운 결과물이라는 것을 이 책이 증언하고 있다. 키사라기
코하루如月小春(극작가, 연출가), 츠모리 마코토津守真(교육학자), 이나가

키 타다히코稲垣忠彦(교육학자, 사토 선생님의 은사), 미야자와 켄지宮澤賢治(작가) 등 한국의 독자에게는 낯선 이름들이 많이 등장하고 또 일본 특유의 문맥이 자주 등장하기에 다소 난해한 부분도 있을 것이라 생각된다. 그러나 일본 및 해외의 학교 현장과 연구실을 쉼 없이 오가며 모든 아이들이 한 명도 빠짐없이 배우고 성장하고, 또 모든 교사들이 한 명도 빠짐없이 행복하게 가르치며 배울 수 있는 학교를 치열하게 구상한 한 교육학자의 삶과 학문의 이야기에 꼭 한번 귀 기울여보시기를 권해드린다.

역자 신지원

출처목록

1부 ― 학교의 철학

1장

쿠리하라 아키라, 코모리 요이치, 사토 마나부, 요시미 쥰야 『내파하는 앎-신체, 언어, 권력을 다시 편성하다』. (도쿄대학출판회, 2000년)

2장

쿠리하라 아키라, 코모리 요이치, 사토 마나부, 요시미 쥰야 『경계를 넘는 앎 4, 장치-부수고 다시 세우다』. (도쿄대학출판회, 2000년)

3장

「리터러시의 개념과 그 재정의」, 『교육학연구』 (일본교육학회) 70권 3호, 2~10쪽, 2003년 9월.

4장

「공공권의 정치학-양 세계대전 사이의 듀이」, 『사상』 (이와나미쇼텐) 907호, 18~40쪽, 2000년 1월.

5장

「학교 재생의 철학-배움의 공동체와 활동 시스템」 개제, 타나카 사토시 『글로벌한 배움으로-협력과 쇄신의 교육』 (토신도, 2008년).

2부 — 철학적 단상

1장

쿠리하라 아키라, 코모리 요이치, 사토 마나부, 요시미 준야 『경계를 넘는 앎 1 신체-되살아나다』, 『동4 장치-부수고 다시 만들다』, 『동6 앎의 식민지-경계를 넘다』 (도쿄대학출판회, 2000~2001년) 의 각 「프롬나드」와 「서장」에서 저자가 집필한 부분을 발췌, 재구성함.

2장

「키사라기 코하루 양과의 대화」, 키사라기 코하루는 광장이었다 편집위원회 편저 『키사라기 코하루는 광장이었다』 (신주쿠쇼보, 2001년)을 게재.

3장

「인간 츠모리 마코토-기도의 심리학으로, 희망의 보육자로」, 『발달』 (미네르바쇼보) 88호, 2~6쪽, 2002년을 게재.

4장

「해설, 35년의 발자취에서 배우는 것 = 이나가키 타다히코의 교육학(페다고지)」, 이나가키 타다히코, 『교육연구의 발걸음 1960-1995년(헤이론샤 교육선서27)』, (헤이론샤, 1995년)을 게재.

5장

「죽은 자가 깃든 '나'」-미야자와 켄지의 말과 신체」, 카와이 하야오 책임 편집, 『현대 일본 문화론1-'나'란 무엇인가』 (이와나미쇼텐, 1998년).

학교를 철학하다

초판 1쇄 발행 2019년 1월 28일

지은이 | 사토 마나부
옮긴이 | 신지원

발행인 | 김병주
출판부문 대표 | 임종훈
주간 | 이하영
편집 | 류순미, 김준섭, 박현조
디자인 | 디자인붐
마케팅 | 박란희
펴낸 곳 | (주)에듀니티(www.eduniety.net)
도서문의 | 070-4342-6110
일원화 구입처 | 031-407-6368 (주)태양서적
등록 | 2009년 1월 6일 제300-2011-51호
주소 | 서울특별시 서대문구 연희로2길 76 4층

ISBN 979-11-85992-93-8   (13370)